JN241554

1300年前の息吹を感じる「まほろば」『日本書紀』の舞台をゆく

鳥見山の雲海

（奈良県宇陀市・桜井市）

神武天皇による荘重な祭祀が行われた地

九州から大和《やまと》への東征を果たし、橿原宮《かしはらのみや》で即位した神武《じんむ》天皇は、即位から3年後（神武天皇4年2月23日）、郊外の鳥見山《とみのやま》に斎場を設け、皇祖天神《こうそてんじん》に対する特別な祭祀を行った。山上で祭祀を行う天皇の姿は、祭政一致時代の「古代日本」の原像である。

伊吹山山頂からの眺望 （岐阜県・滋賀県）

東征後の日本武尊が伊吹山の神に敗れる

日本武尊《やまとたけるのみこと》は父景行《けいこう》天皇の命を受けて東西諸国の平定を成し遂げるが、帰途、伊吹山《いぶきやま》の荒ぶる神の退治に出かけたとき、山中で遭難してしまう。神剣草薙剣《くさなぎのつるぎ》を外していたため、神の邪気にあたったのだった。古来、伊吹山は吹きおろす寒風で知られ、勇敢な英雄の悲劇の場面にふさわしい霊峰である。

対馬最北端の町鰐浦

（長崎県対馬市）

神功皇后が新羅征討に出発した伝承地

九州遠征中に夫仲哀《ちゅうあい》天皇が急逝すると、神功《じんぐう》皇后は神託に従って朝鮮半島の新羅《しらぎ》への征討を決意し、神々の祝福を受けて対馬《つしま》の和珥津《わにつ》（鰐浦《わにうら》）を発ったという。鰐浦は対馬の北端で、古くから半島への渡海の拠点として知られる。

桜田池公園から室宮山古墳を望む

（奈良県御所市）

被葬者は、葛城氏の祖葛城襲津彦か

室宮山《むろみやま》古墳は墳長238メートルもある大型の前方後円墳で、後円部の竪穴式石室からは長持形石棺が出土し、5世紀前半の築造と推定されている。被葬者はこの地域を本拠とした有力豪族葛城《かずらき》氏の始祖襲津彦《そつひこ》だろうとみられている。

大山古墳（仁徳天皇陵古墳）空撮

（大阪府堺市）

ヤマト王権最盛期を物語る日本最大の古墳

墳丘の全長が486メートルある大山古墳《だいせん》は日本最大の前方後円墳である。5世紀中頃の築造と推定され、仁徳《にんとく》天皇陵として管理されているが、異論もある。ともあれ、墳墓の規模の面で5世紀にヤマト王権が極点に達したことは確かだ。

樟葉宮跡

（大阪府枚方市）

越前から迎えられた継体天皇が即位した地

6世紀初頭、武烈《ぶれつ》天皇が継嗣のないまま没したため、越前《えちぜん》にいた、応神《おうじん》天皇の5世孫という継《けい》体《たい》天皇が新帝として迎えられることになった。だが、朝廷の旧臣たちの反抗に遭ったのか、大和《やまと》ではなく河内《かわち》の樟葉宮《くすはのみや》で即位している。

大聖勝軍寺

（大阪府八尾市）

蘇我・物部戦争で物部守屋が抗戦した最期の地

用明《ようめい》天皇2年（587）、対立する有力豪族の蘇我《そが》氏と物部《もののべ》氏はついに戦火を交えたが、物部氏が討たれ、以後、蘇我氏が圧倒的な権勢をふるうことになった。大聖勝軍寺《だいせいしょうぐんじ》は戦場跡で、物部氏のトップ守屋《もりや》はここで敗死したという。

斑鳩の里と法起寺

(奈良県斑鳩町)

聖徳太子一族「上宮王家」興亡の地

飛鳥《あすか》時代、推古《すいこ》天皇の摂政《せっしょう》として国政改革に取り組んだ厩戸皇子《うまやとのみこ》(聖徳太子)は、飛鳥と難波《なにわ》を結ぶ要地の斑鳩《いかるが》に宮殿を築いて自身の一族「上宮《じょうぐう》王家」の本拠とした。同地には法隆寺《ほうりゅうじ》、法起寺《ほうきじ》など厩戸皇子ゆかりの古寺が今も残る。

飛鳥宮跡（伝飛鳥板蓋宮跡）

（奈良県明日香村）

天皇の目前で起きた暗殺事件（乙巳の変）の舞台

皇極《こうぎょく》天皇4年（645）、飛鳥板蓋宮《あすかのいたぶきのみや》で「乙巳《いっし》の変」が起こり、中大兄皇子《なかのおおえのみこ》（のちの天智《てんじ》天皇）らが天皇の面前で蘇我入鹿《そがのいるか》を謀殺。蘇我氏本宗家は滅亡し、これを機に豪族政治は終焉して、古代日本は新たなステージに入った。

錦江

（韓国中西部）

白村江の戦いの舞台地と推定される古代朝鮮の水上要路

天智《てんじ》天皇2年（663）、百済《くだら》復興を目論む日本（倭国）は、朝鮮半島の白村江《はくすきのえ》（現在の錦江《クムガン》河口付近）で唐《とう》・新羅《しらぎ》の連合軍と戦うも、完敗に終わった。日本にとって大きな挫折だったが、このことが内政の充実を促すことにもなった。

藤原宮跡
（奈良県橿原市・明日香村）

天武天皇による日本初の計画的宮都

7世紀末、天武《てんむ》天皇は飛鳥北方の平原で唐にならった都城を計画した。その新都藤原京《ふじわらきょう》は東西南北約5キロの条坊制で区画された計画的都市で、中心に位置する藤原宮は、現在でいえば、皇居・国会議事堂・霞ヶ関の官庁街を合わせたような場所であった（奈良文化財研究所提供）。

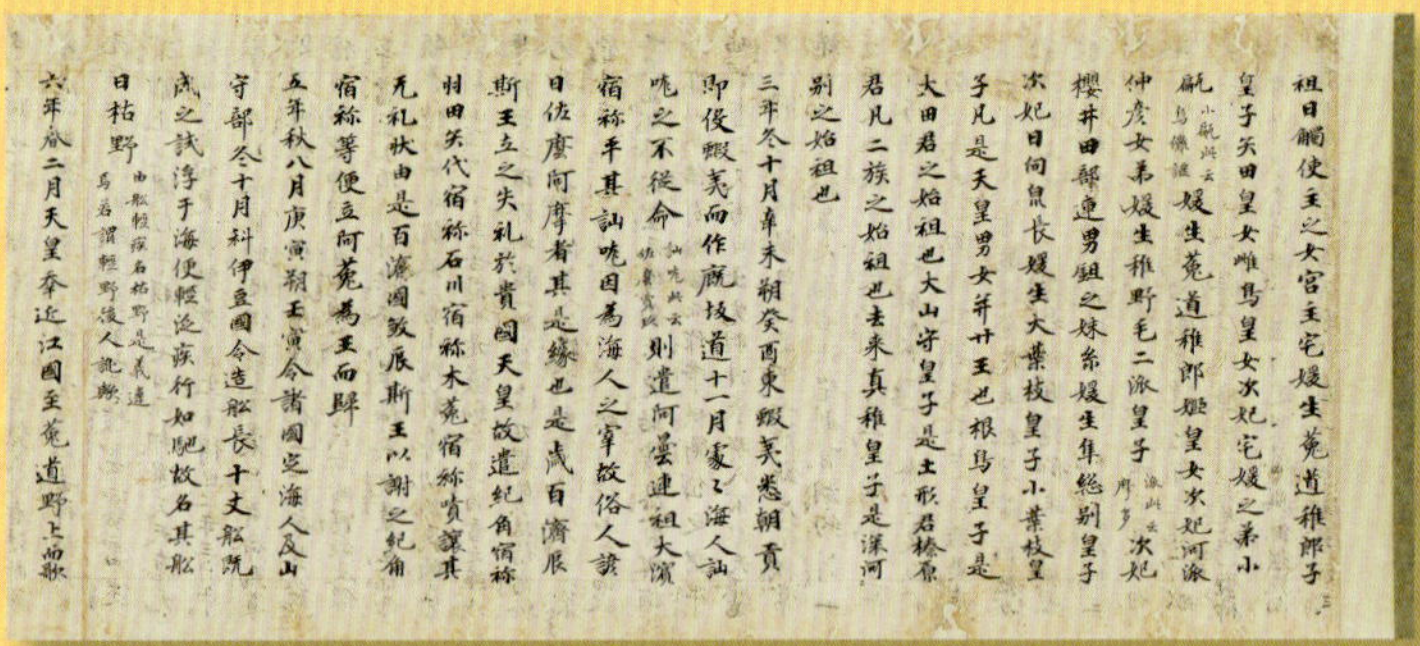

祖日觸使主之女宮主宅媛生菟道稚郎子
皇子矢田皇女雌鳥皇女次妃宅媛之弟小
甂媛生菟道稚郎姫皇女次妃河派
仲彦女弟媛生稚野毛二派皇子 次妃
櫻井田部連男鉏之妹糸媛生隼総別皇子
次妃日向泉長媛生大葉枝皇子小葉枝皇
子凡是天皇男女并廿王也根鳥皇子是
大田君之始祖也大山守皇子是土形君榛原
君凡二族之始祖也去来真稚皇子是深河
別之始祖也
三年冬十月辛未朔癸酉東蝦夷悉朝貢
即役蝦夷而作厩坂道十一月處々海人訕
哤之不從命 則遣阿曇連祖大濱
宿禰平其訕哤因爲海人之宰故俗人諺
曰佐麼阿摩者其是縁也是歳百濟辰
斯王立之失禮於貴國天皇故遣紀角宿禰
羽田矢代宿禰石川宿禰木菟宿禰嘖讓其
无禮狀由是百濟國殺辰斯王以謝之紀角
宿禰等便立阿花爲王而歸
五年秋八月庚寅朔壬寅令諸國定海人及山
守部 冬十月科伊豆國令造船長十丈船既
成之試浮于海便輕泛疾行如馳故名其船
曰枯野
六年春二月天皇幸近江國至菟道野上而歌

現存最古の『日本書紀』(田中本)

巻第十「応神天皇紀」のみが残る平安時代の写本(国宝)

養老4年（720）に完成した『日本書紀』は書写が繰り返されながら、人々に大切に読み継がれてきた。「田中本」は9世紀の書写と推定され、断簡ながら、現存最古級の『日本書紀』とされている（奈良国立博物館所蔵）。

人物でわかる日本書紀

―歴代天皇、后妃、有力豪族、渡来人、神々―

古川順弘 著

山川出版社

はじめに　『日本書紀』の面白さを「人物」で味わう

奈良時代の養老4年(720)に完成した『日本書紀《にほんしょき》』は、日本初の「国家によって編纂された正式な歴史書」、すなわち、日本初の「正史」である。ほぼ同時期に編纂された史書としては『古事記《こじき》』(712年成立)があるが、こちらは「皇室の私的な書物」という性格がみられ、正史としての扱いは受けていない。

そして『日本書紀』は、日本に現存する書物としては、『古事記』についで2番目に古い、非常に貴重な文献でもある。

そこには、天地開闢《かいびゃく》にはじまる日本神話や初代神武《じんむ》天皇から飛鳥《あすか》時代の持統《じとう》天皇にいたる古代日本の歴史が縷々《るる》叙述されていて、日本のルーツや国風《くにぶり》を知るうえでは欠かすことのできない記録や情報にあふれている。日本の古典の中の古典たる所以である。そのうえ、幸いにも、そのテキストがほぼ完全な形で現在にまで伝わっている。

とはいえ、たとえ現代語訳であっても、その全体を読み通すことは容易ではない。

それは、全30巻というボリュームや難解な表現もさることながら、冒頭の神話部分を除くと、

「○年○月○日に○○が○○をした」という、単調な記述が延々と続く場合が多いからだ。現代人からみると、さして重要とは思えない記事も多いだろう。このことは、『古事記』が神話を中心として物語性・文学性を強くもっていることと比べて、著しく対照的である。

そんなとっつきにくさのある『日本書紀』を、「神話」や「歴史」ではなく、あえて「人物」に焦点をしぼって読み解き、その魅力を説き明かしてみようというのが本書の趣旨である。『日本書紀』は、基本的に事件・出来事を年代順に書き連ねてゆくというスタイルをとっていて(これを編年体という)、巨大な年表のような性格をもっているが、そこに横断して登場する「人物」に着目し、個々の人物像を描出してゆくことで、『日本書紀』を読み解いてみようという試みである。

したがって、本書では、『日本書紀』の神話や神々についてはほとんど触れていない。『日本書紀』は、神話よりも神武天皇にはじまる人間の歴史(人代)についての記録が豊富で、全体の分量の9割以上を占める。それは、神話が全体の3分の1を占める『古事記』と比べた場合の大きな特徴でもある。つまり、神話ではなく、「人物」をめぐる記述こそが『日本書紀』の真骨頂なのだ。行間から浮かび上がってくる古代人の愛憎劇や権力をめぐるドラマも、読みどころのひとつだろう。

本書では、有名・無名にかかわらず、日本の古代史を考えるうえでカギとなりうる人物、およそ150人をピックアップして紹介している。

第1部ではまず歴代天皇を取り上げた。『日本書紀』は初代天皇神武にはじまる古代天皇の事績を叙述することを主たる目的としているので、おのずと『日本書紀』全体の「あらすじ」となっている。したがって、第1部をまず通読していただければ、『日本書紀』全体の流れをつかむことができるはずだ。

第2部では、皇族・豪族・官人・渡来人など、『日本書紀』に登場する「天皇以外の人物」をテーマに据え、重要な人物、ユニークな人物をいくつかのテーマに分けて列伝風に紹介した(第7章では「人物」と関わりの深い「神」も若干取り上げている)。

各項目では、それぞれの人物が、『日本書紀』においてどう叙述されているかをまず略述している。だがそれだけではなく、考古学や歴史学の研究成果も踏まえて、彼らの事績が歴史的にどのような意義をもつのか、彼らをめぐる記述が伝説なのか、造作なのか、史実なのかといった問題についても、かぎられた紙幅ではあるが、なるべく触れるようにしたつもりである。

『日本書紀』には、天智天皇《てんじ》(中大兄皇子《なかのおおえのみこ》)や武内宿禰《たけうちのすくね》のように、頻繁に登場する人物もいるが、名前がわずかに1度出てくるだけという人物ももちろん大勢いる。また、日本人だけでなく、朝鮮半島や中国の人々もたびたび登場するし、ペルシア人も顔を出している。『日本書紀』は古代日本の外交史という性格ももっているからだ。

もとより、本書で紹介したのは、『日本書紀』に登場する人物のうちの、ほんのごく一部にすぎない。取り上げた人物についても、その横顔を紹介したにすぎない。もし本書を読んで、取り上げられている人物に興味をもったならば、ぜひ『日本書紀』そのものを手にとっていただきたい。

歴史とは、個々の人間の営みの集積である。そのことがのみこめれば、『日本書紀』のささいな記事も、「日本」を知るための、かけがえのない貴重な記録であることがよくわかってくる。

そして、『日本書紀』がますます面白くなってくるだろう。

令和2(2020)年は、『日本書紀』が完成してからちょうど1300年後にあたる。つまり、『日本書紀』誕生から1300年というメモリアル・イヤーだ。

本書を通じて、『日本書紀』の魅力と古代史の面白さを知っていただければ幸いである。

第2章　全国に拡大するヤマト王権

第3章　東アジア動乱と国政改革の萌芽

第4章　「日本」誕生への道

第2部 『日本書紀』を彩る古代人物群像

第1章 ヤマト王権を動かした影の主役

第2章　まつりごとに携わった后妃・皇女

第3章　表舞台から消えた皇位継承候補

第4章　古代史を揺るがした戦乱・政変の敗者

第5章　古代日本に影響を与えた官僚・学者・軍人

◆日本を変えたテクノクラート

大田田根子《おおたたねこ》　崇神朝の祭祀を司った大物主神の末裔　232

野見宿禰《のみのすくね》　埴輪・土器制作の祖とされる謎の出雲人　234

秦河勝《はたのかわかつ》　厩戸皇子のブレーンとなった渡来系の有力者　236

司馬達等《しまのたちと》　公伝に先立ち仏教の布教に努めた知識人　238

小野妹子《おののいもこ》　随の煬帝に国書を渡した遣隋使の代表的人物　240

田道間守《たじまもり》　常世国から不老不死の霊薬を入手／身狭村主青《むさのすぐりあお》　大陸に派遣された雄略天皇の寵臣／

日羅《にちら》　敏達天皇に召された日本生まれの百済高官　242

鞍作鳥《くらつくりのとり》　今も姿を残す飛鳥大仏を造った名仏師　243

南淵漢人請安《みなぶちのあやひとしょうあん》　大陸留学後、中大兄皇子の師となった学問僧／犬上御田鍬《いぬかみのみたすき》　最後の遣隋使にして最初の遣唐使　244

阿倍倉梯麻呂《あべのくらはしまろ》　仏寺と関係が深い左大臣第1号／伊吉博徳《いきのはかとこ》　書紀の参考資料を記した外交官　245

◆戦乱で名を馳せた武将

道臣命《みちのおみのみこと》　神武東征の先鋒を務めた大伴氏の祖　246

四道将軍《しどうしょうぐん》　王権の支配地拡大を担った4人の皇族将軍　248

大伴金村《おおとものかなむら》　6世紀の王権を支えた軍事の主導者　252

阿倍比邏夫《あべのひらふ》　幾度もの北方遠征を指揮した北陸の首長　254

高市皇子《たけちのみこ》　壬申の乱を指揮した天武天皇の第1皇子　256

本書の凡例

●各人物の事績に関する記述は、とくに注記がなければ、原則として『日本書紀』の記事にもとづいている。

●本文中の年次表記は、元号のない時代は「神武天皇2年」というように天皇名をもって表した。また、継体天皇以降については、（ ）を付してそれに対応する西暦を記入した。

●本文中の年月日表記のある記述は、とくに注記がなければ、『日本書紀』の記事にもとづいている。

例：「神武天皇4年2月」↓これ以下の記述が『日本書紀』の神武天皇4月2月条の記事にもとづくものであることを示している（日付は原則として省略）。

●「○○天皇紀」とある場合は、『日本書紀』内の該当する天皇の一代記のことを指す。

●天皇以外の人物で、複数の表記がある場合は、原則として『日本書紀』初出の表記に統一した。ただし、一般的と思われる人名がある場合は、それを優先した。

●固有名詞の表記は、原則として『新編日本古典文学全集　日本書紀』（小学館）に依拠した。

●人物名について、姓《かばね》は原則として表記を略した。

●「日本」「中国」など当時の表記ではないものも、便宜上使用した。また、現在の奈良県にあたる旧国名としての「大和」は『日本書紀』では「倭」と表記されているが、本書ではわかりやすさを考慮して「大和」と表記した。

プロローグ

『日本書紀』の基礎知識

基礎知識 1

成立の経緯と編纂時期の謎

いつ、何のために作られたのか？

◆国家的大事業の背景

『日本書紀《にほんしょき》』（以下、書紀）は記念すべき日本初の正史*だが、編集による序文が存在しないため、いつ誰が何の目的で書いたのか、という基本的な情報を書紀それ自体だけから明確にすることはできない。

だが成立年については、元正《げんしょう》天皇の養老《ようろう》4年（720）と考えられている。書紀に続く『続日本紀《しょくにほんぎ》』の養老4年5月21日条に「是《これ》より先、一品舎人親王《いっぽんとねりしんのう》（天武《てんむ》天皇の皇子）、勅を奉《う》けたまはりて日本紀《にほんぎ》を修《あ》む。是《ここ》に至りて功成りて奏上す。紀三十巻・系図一巻なり」とあり、ここにみえる「日本紀」が書紀のことを指しているとみられるからである。

では、編纂はいつからはじまったのだろうか。書紀によると、天武天皇10年（681）3月17日、天武天皇は川島皇子《かわしまのみこ》をはじめとする12人に対し「帝紀《ていき》」と「上古《じょうこ》の諸事《しょじ》」（「旧辞《きゅうじ》」）を記し定めるよう命じた。「帝紀」は天皇の系譜を中心とした書物、「上古の諸事」は神話や伝説・歌謡などを主体とした記録あるいは口誦のこととされている。要するに天武天皇は国家の歴史書の編纂事業の開始を命じたわけで、一般にこれが書紀編纂のはじまりとみられている。

　さらに『続日本紀』をみると、和銅《わどう》7年（714）2月10日条に「元明《げんめい》天皇が紀清人《きのきよひと》と三宅藤麻呂《みやけのふじまろ》に国史を撰述させた」という記事もある。

　これらの記事を合わせて考えると、「古代日本最大の内乱・壬申《じんしん》の乱（672年）をへて成立した天武朝に国家の正式な史書の編纂事業がはじまったが、大掛かりな作業になったために編纂が長期化し、一時は頓挫しかけたが、和銅7年に編纂が再開され、6年後にようやく『日本書紀』として完成した」と想定するのが妥当ではないだろうか。

　編纂の目的については、神話にさかのぼる天皇家と国家の歴史と伝統を明記し、それを国の内外に知らしめるため、とするのが一般的な理解である。さらにいえば、前述の天武朝の編纂開始のおよそひと月前（天武天皇10年2月25日）に天武天皇は律令《りつりょう》（国家の基本法典）の編纂を命じているので、国史編纂事業が律令編纂という国家的な大事業とセットで進められたととらえることもできる。

『日本書紀』成立の歩み

天武天皇元年（672）	壬申の乱
天武天皇10年（681）	2月、律令編纂の開始 3月、「帝紀」「上古の諸事」の制作開始
和銅5年（712）	『古事記』完成
和銅7年（714）	「国史」撰述の開始
養老4年（720）	『日本書紀』完成

＊正史：国家事業として編纂された歴史書。中国では、前漢から明にいたる歴代王朝を扱った24書が作られ、日本では、『日本書紀』以降、平安時代前半まで6つの史書（六国史）が編まれた。

基礎知識 2

書名と原典をめぐる謎

中身はどんな構成なのか？

◆原本は現存しない

書紀は、前項で引用した『続日本紀《しょくにほんぎ》』の記事にみられるように、古くは「日本紀《にほんぎ》」と書かれることもあるため、「日本紀」が正式な書名だったのではとも考えられている。また、「紀」は事柄を年代順に記述する編年体という形式の歴史書を意味し、中国の正史が「本《ほん》紀《ぎ》」（帝王の伝記）のほかに「列伝」（臣下などの伝記）「志」（地理・礼楽《れいがく》など）「表」（各種の年表）から構成されるため（これを「紀伝体」という）、書紀は本来、「日本書の紀」というニュアンスだったという見方もある。

全部で30巻からなるが、編年体で書かれた中国の『漢紀』や『後漢紀』が30巻であることにならったためといわれる。当初は別巻として系図1巻があり、鎌倉時代までは伝存したとされるが、現存しない。

全体の構成をみると、第1巻・第2巻が「神代」で、世界のはじまり（天地開闢《てんちかいびゃく》）から初代神武《じんむ》天皇の誕生にいたる神話がまとめられている。第3巻以降は神武天皇から7世紀末の第41代持統《じとう》天皇までの事績が記述されていて、歴史書の体裁をとっている。必ずしも1代の天皇につき1巻となっているわけではなく、事績の少ない天皇については複数代で1巻というようなかたちでまとめられている。

『日本書紀』の素材になったと思われる資料

「帝紀《ていき》」（天皇の系譜を中心とした記録）
「上古《じょうこ》の諸事《しょじ》」（「旧辞《きゅうじ》」。天皇家の神話・伝説などを主とした記録）
諸氏族に伝わる先祖の物語
地方の諸国に伝わる物語
朝廷の記録
個人の手記（『伊吉連博徳書《いきのむらじはかとこのふみ》』など）
寺院の縁起
百済《くだら》系あるいは中国の史料（『百済記』『百済本記』『魏志』など）

※いずれの資料も現存しないか、もしくは『日本書紀』中に逸文が残存するのみ。

逆に、事績が非常に多い第40代天武《てんむ》天皇は2巻分を占めている。また、事績の豊富な神功《じんぐう》皇后（第14代仲哀《ちゅうあい》天皇の皇后）に対しては、天皇ではないものの、例外的に独立した1巻がもうけられている。

そして書紀は、「帝紀《ていき》」（天皇の系譜を中心とした記録）と「上古《じょうこ》の諸事《しょじ》」（「旧辞《きゅうじ》」。天皇家の神話や伝説などを主とした記録）のほかに、表に挙げたような資料をもとに編まれたと推測されている。なお、書紀の原本は現存せず写本があるのみで、最古のものとしては奈良時代末期～平安時代初期の書写とされる「佐佐木本」などがあるが、一部のみ。全巻揃いで最古のものは慶長《けいちょう》年間（1596～1615）頃の書写とされる「内閣文庫本」（国立公文書館蔵）になる。

基礎知識 3

「もうひとつの歴史書」の謎

『古事記』とどこが違うのか？

◆なぜ、同時期に編纂されたのか？

書紀とよく比較される書物に『古事記』（以下、古事記）がある。書紀成立8年前の和銅《わどう》5年（712）に完成し、書紀と同じように天武《てんむ》天皇の命令によって編纂が開始されたといわれる。神話と古代天皇の歴史を記しているため、書紀と重なり合う記述も多く、なぜ、ほぼ同じ時代に、似たような内容をもつ史書が編まれたのか疑問が残る。

両書の原文をみると、いずれもすべて漢字で書かれているが、書紀が完全な漢文体（中国語）で書かれているのに対し、古事記には万葉仮名《まんようがな》がまじっていて、和漢混淆《こんこう》のスタイルになっている。このことは、書紀はおもに国外（東アジア諸国）に向けて、古事記は国内に向けて、天皇家と自国の歴史を伝えることを目的に書かれたことを示していると考えられている。

日本は7世紀から中国に正式な使節をしばしば派遣するようになるが（遣隋使《けんずいし》、遣唐使）、中国では古代以来、歴代王朝による正史が多く作られていた。したがって、日本側もそれに対抗するようなかたちで正式な歴史書を編纂し、それを中国に見せる必要性を感じたのだろう。そして、中国に見せるとなると、和文まじりの古事記では意味をもたず、書紀のような当時のグローバル・スタンダードである漢文体の史書が求められたのだろう。

古事記の構成は上中下の3巻で、そのうちの1巻（上巻）つまり全体の3分の1を神話が占めているのに対し、書紀の神話部分は30巻のうち2巻と1割未満にすぎない。しかも、古事記は第33代推古《すいこ》天皇までの記述で終わっていて、26代継体《けいたい》天皇以降は系譜程度の記述しかないのに対し、書紀は第41代持統《じとう》天皇まで豊富な分量が記述されている。つまり、両書には同じ資料に依拠している部分もそれなりにあると思われるが、古事記が神話に力点を置くのに対し、書紀は歴史に力点を置いているといえるのである。

『古事記』と『日本書紀』の違い

	古事記	日本書紀
成立年	和銅5年(712)	養老4年(720)
編纂者	太安万侶	舎人親王
巻数	3巻(上·中·下)	30巻
文体	和風的漢文体	正格の漢文体
内容	物語性が強く、歌謡も豊富。神話や初期天皇の事績の記述が中心。扱う時代は33代推古天皇まで。	歴史書の要素が濃く、本文の他に「一書」「一云」などの別伝も併記。推古朝以降も叙述し、大化改新や壬申の乱を詳細に記述。
神名·人名表記の例	天照大御神 倭建命 宗賀稲目	天照大神 日本武尊 蘇我稲目

基礎知識 4

和暦西暦換算をめぐる謎

年代はどう決まっているのか？

◆中国の讖緯説が神武天皇即位年を決めた

編年体というスタイルをとる書紀は、初代神武《じんむ》天皇以降の記事について、そのほとんどに年月日を記載している。その起点となっているのが、神武天皇が大和《やまと》の橿原宮《かしはらのみや》で即位した「辛酉年《しんゆう》」で、これは60年で一巡する干支《かんし》（十干と十二支の組み合わせ）による数え方で58番目にあたる年のことである。書紀の編年の記述にもとづいて計算すると、神武天皇が即位した辛酉年は、同じく辛酉年の推古《すいこ》天皇9年から1260年前となる。推古天皇9年が西暦601年に相当することは国外史料との対照などから明らかなため、これにもとづくと、神武の辛酉年は紀元前660年にあたるということになる。

紀元前660年は日本では縄文《じょうもん》時代の終わりもしくは弥生《やよい》時代に相当するため、この時期に確固とし王朝が存在したことを史実として認めることは難しく、神武天皇の実在は疑われているが、問題は、なぜこの年が初代天皇即位の年に設定され、書紀の紀年の始点に置かれたのか、ということである。

これについては、中国から伝えられた予言思想の讖緯《しんい》説によるものとする説が有力である。讖緯説では60年周期で辛酉の年には革命が起こるとされ、さらに60年×21の１２６０年を周期として大革命が起こると考えられた。この思想のもとに、聖徳太子が活躍した推古朝の辛酉年を基準に、そこから１２６０年前の辛酉年が神武元年と考えられたのだろう、というのである。この説を最初に説いたのは明治時代の史学者那珂通世《なかみちよ》である。

神武天皇即位年の設定

辛酉年＝神武天皇元年＝ B.C.660 年

↕ 1260年間＝60年×21
※中国の讖緯説では1260年周期で大革命が起こるとされた。

辛酉年＝推古天皇９年＝ A.D.601 年

そして、讖緯思想にもとづく１２６０年周期に合わせるために、初期天皇の寿命は異様に長く引き伸ばされたのではないか、ということもいわれている。

また、暦日（月日）表記についてみると、書紀は20代安康《あんこう》天皇の記事からは南朝宋《そう》の時代(5世紀なかば)に作られた元嘉暦《げんかれき》を用い、それ以前の記事には唐《とう》代（7世紀後半）に作られた儀鳳暦《ぎほうれき》を用いていることが研究によってほぼわかっている。古い時代には7世紀の暦を用い、新しい時代には5世紀の暦を用いるというのは不自然だが、これを推測すると、古い時代の原資料には暦日の表記がなかったので、編者が編纂段階で日本で用いられていた暦つまり儀鳳暦で逆算して暦日を与えたのだろうということになる。

基礎知識 5

考古学や中国文献との整合性

記述はどこまで信用できるのか？

◆書紀の記述を裏づける発掘も多い

書紀によれば、天皇家の祖先ははじめは九州にいたが、そこから豊かな土地を求めて東へ移動し、大和《やまと》に住み着いて天皇を中心とするヤマト王権を築いた。さらにそこを拠点として畿内各地、あるいは日本各地へと勢力をしだいに広げ、朝鮮半島にもしばしば進出したとされる。

書紀の記述は古くさかのぼるほど史実性が疑われ、初期の天皇や人物については実在が疑われる者も多い。だが、すべて虚構かというと、考古学的な研究や国外資料の記述と照合した場合、そうとも言い切れないケースもままある。

たとえば、第10代崇神《すじん》天皇は、書紀にもとづけば紀元前1世紀頃の人で、奈良盆地南東部にそびえる三輪山《みわやま》の西麓に宮を営み、三輪山の神である大物主神《おおものぬしのかみ》を祀《まつ》って国を治めたことになっている。また、その頃に大物主神の妻となった倭迹迹日百襲姫命《やまとととひももそびめのみこと》は亡くなると「箸墓《はしはか》」と呼ばれる墓に葬られたという。

一方、考古学的な視点からみると、三輪山西麓には広大な纒向《まきむく》遺跡があり、3世紀前半にまでさかのぼりえる大型建物の遺構が見つかっている。また、書紀の箸墓に比定される前方後円墳の箸墓古墳もこのエリアにあり、築造年代は3世紀なかばと推測されている。三輪山をご神体として大物主神を祀る古社大神《おおみわ》神社がそのそばにあることも見逃せない。

つまり、纒向遺跡には、年代の差はみられるものの、書紀の崇神天皇の記述と重なる要素が多く、このようなことから、「3世紀には三輪山の西麓に天皇（大王《おおきみ》）をリーダーとする原始ヤマト王権が成立していた」という推測が成り立つ。

国外資料との対照の点で重要視されるのは、中国の史書『宋書《そうしょ》』だ。同書の「倭国伝《わこくでん》」には、5世紀に5人の倭の国王が中国王朝に遣使したことが明記されている。その倭の五王、すなわち讃《さん》・珍《ちん》・済《せい》・興《こう》・武《ぶ》がどの天皇に比定されるのかについては議論があるが、478年に遣使した武が、書紀では「幼武《わかたける》」という和名で記される第21代雄略《ゆうりゃく》天皇にあたることはほぼ確実視されている。

また考古学的な資料からは雄略天皇の時代にヤマト王権の勢力範囲が東は関東、西は九州にまで拡大したことが明らかにされていて、書紀の記述ともある程度符合する。5世紀後半に雄略天皇が実在し、彼によってヤマト王権が大きく発展した可能性はかなり高いとみるべきだろう。

書紀の記述は、日本古代史を知るうえで、かけがえのない史料なのである。

人代につながる神々の物語

基礎知識 6

神話編のあらすじはどうなっているのか？

本書は『日本書紀』に登場する「人物」をテーマにしているため、書紀冒頭の第1巻・第2巻に記されている神話や神々についてはほとんど触れていない。しかし書紀に登場する人物をよく理解するためには、その前段にあたる神話の内容も把握しておく必要もある。そこで、神話編の概略をたどってみる。

天地開闢から八岐大蛇退治まで

天地が開闢《かいびゃく》すると、国常立尊《くにのとこたちのみこと》をはじめとする神々が次々に生まれ、7代目に伊奘諾尊《いざなきのみこと》・伊奘冉尊《いざなみのみこと》が生まれた（神世七代《かむよななよ》）。伊奘諾尊・伊奘冉尊は夫婦の交わりをして淡路島、本州、四国などの島々を産み、最後に天照大神《あまてらすおおみかみ》・月読尊《つくよみのみこと》・素戔嗚尊《すさのおのみこと》を産んだ。

しかし素戔嗚尊は乱暴者なので根国《ねのくに》に追放されることになったが、その前に姉の天照大神に暇乞いをしようと天上界に昇ると、警戒する天照大神と対峙して誓約《うけい》（正邪を決める占いの一種）を行うことになった。だが、素戔嗚尊の乱行に天照大神がショックを受けて天石窟《あまのいわや》に籠ってしまい、世界中が暗闇に包まれてしまう。そこで、神々が集まって相談し、天児屋命《あまのこやねのみこと》（中臣《なかとみ》氏の祖神）や太玉命《ふとたまのみこと》（忌部《いんべ》氏の祖神）らが祭祀を行って大神の出現を願った。また神憑《かみがか》った天鈿女命《あまのうずめのみこと》が滑稽な所作をすると、これに心を引かれた大神は外へ誘い出されて、再び世界に明るさが戻った。

一方、素戔嗚尊は天上界から追放されてしまうが、いったん出雲《いずも》国に降り立つ。そして、八岐大蛇《やまたのおろち》が少女の奇稲田姫《くしいなだひめ》を生け贄《にえ》にしようとしていることを知ると、八岐大蛇を酒に酔わせ、十握剣《とつかのつるぎ》でずたずたに斬り裂いた。このとき、大蛇の尾から剣が見つかるが、これがいわゆる草薙剣《くさなぎのつるぎ》で、素戔嗚尊はこれを天《あま》つ神に献上した。

大蛇を退治した素戔嗚尊は奇稲田姫を妻に迎えて出雲に宮殿を建てるが、大己貴神《おおなむちのかみ》が生まれると、根国へと去って行った。

葦原中国の平定と国譲り

天上界では、天照大神の子天忍穂耳尊《あまのおしほみみのみこと》が高皇産霊尊《たかみむすひのみこと》の娘栲幡千千姫《たくはたちぢひめ》をめとって瓊瓊杵《ににぎの》尊《みこと》を産み、瓊瓊杵尊は高皇産霊尊の寵愛を受けて育てられた。高皇産霊尊は瓊瓊杵尊を葦《あし》原中国《はらのなかつくに》（地上世界）の君主にしようと考えたが、葦原中国が邪神に支配されていたので、まず、天照大神の勾玉《まがたま》から生まれた天穂日《あまのほひの》命《みこと》を邪神平定のために葦原中国へ遣わした。ところが、天穂日命は葦原中国を司る大己貴神におもねり媚びて、3年たっても復命しなかった。

そこで、高皇産霊尊は天稚彦《あめわかひこ》を弓と矢を授けて遣わしたが、この神は、大己貴神の娘下照姫《したでるひめ》をめとってそのまま葦原中国に住み着いてしまい、やはり復命しなかった。高皇産霊尊は雉《きじ》を遣わして様子をうかがわせたが、天稚彦は雉を射殺《いころ》し、さらにその矢は天高く飛んで高皇産霊尊の前まで届いた。高皇産霊尊が不審に思って矢を下界に投げ返すと、その矢は天稚彦に命中し、天稚彦はそのまま死んでしまった。

天稚彦の遺体は天上に運ばれ、喪屋《もや》が築かれて葬儀が行われた。このとき、天稚彦の親友味耜高彦根神《あじすきたかひこねのかみ》が喪を弔ったが、味耜高彦根神の姿が天稚彦によく似ていたので、天稚彦の親族妻子は天稚彦が死なずに生きていたのだと思って彼にすがりついた。だが、味耜高彦根神は自分が死者に間違えられたことにはげしく怒り、喪屋を切り倒してしまった。

その後、高皇産霊尊は神々と相談のうえ、刀剣の神である経津主神《ふつぬしのかみ》と武甕槌神《たけみかづちのかみ》を葦原中国の平定に遣わした。経津主神と武甕槌神は出雲国に降り立ち、大己貴神に対して「高皇産霊尊が皇孫《すめみま》をこの国に君臨させようとお考えだ」と言って、国を譲るように迫った。大己貴神は子の事代主神《ことしろぬしのかみ》にどうすべきか相談したが、海辺で魚釣りを楽しんでいた事代主神は使者に「お譲りすべきでしょう」と答え、海中に隠れ去った。

そこで大己貴神は経津主神、武甕槌神に国を譲ることを約し、かつてこの国を平定したときに用いた広矛《ひろほこ》を2神に渡し、「天孫がこの矛を用いて国をお治めになれば、必ず天下は平安になるでしょう。私は、遠い隅の世界（幽界）に隠れることにします」と言って隠れ去ってしまった。

天孫降臨と海幸・山幸説話

国譲りを受けて、高皇産霊尊は瓊瓊杵尊を降臨させ、瓊瓊杵尊は威風堂々と日向《ひむか》（宮崎県）の高千穂峰《たかちほのたけ》に天降った。そして、吾田《あた》の長屋の笠狭《かささ》の碕《みさき》（鹿児島県南西部の野間岬）に着くと、その地にいた大山祇神《おおやまつみのかみ》の美しい娘鹿葦津姫《かしつひめ》（またの名は木花之開耶姫《このはなのさくやひめ》）を見初め、鹿葦津姫は一夜のうちに身ごもった。

瓊瓊杵尊は「おまえが身ごもったのは我が子ではあるまい」と疑ったが、姫はこれを怒り恨み、戸のない産室を造って中に籠り、「私が身ごもった子がもし天孫の子であれば、その子は焼け死ぬことはないでしょう」と言って産室に火をつけた。すると燃え上がる炎の中で、火闌降命《ほのすそりのみこと》・彦火火出見尊《ひこほほでみのみこと》・火明命《ほのあかりのみこと》の3柱の御子が無事に生まれ出たのである。

兄の火闌降命（海幸《うみさち》）は釣針を用いる漁を、弟の彦火火出見尊（山幸《やまさち》）は弓矢を用いる狩りを得意としたが、あるとき兄弟は道具を交換してそれぞれ獲物をねらった。ところが、彦火火出見尊は兄の釣針を海でなくしてしまい、兄から返すように責められて困惑するが、潮流を司る神である塩土老翁《しおつちのおじ》のアドバイスを受けて、隙間のない籠の中に入って海中にもぐり、海神《わたつみ》の宮殿にたどり着く。そして海神に歓待され、海神の尽力で釣針を見つけ出し、海神の娘豊玉姫《とよたまひめ》をめとって3年もそこで暮らした。やがて故郷が恋しくなって帰郷するが、地上で兄の火闌降命に釣針を返す際に、海神から授けられた不思議な呪力をもつ潮満《しおみつ》珠《たま》・潮干珠《しおふるたま》を使って兄を降参させた。

その後、豊玉姫が妹の玉依姫《たまよりひめ》を連れて地上の海辺にやって来た。やがて豊玉姫は彦火火出見尊が造った産屋《うぶや》で出産することになるが、豊玉姫が「私が子を産むときの姿は絶対に見ないでください」と頼んだにもかかわらず、彦火火出見尊はひそかにのぞき見てしまった。

まさに子を産もうとしていた豊玉姫は、驚いたことに竜の姿をとっていた。見られたことに気づいた豊玉姫はこれをひどく恥じ、「もう夫婦仲睦まじく暮らすことはできない」と言い、生まれたばかりの子を海辺に捨てて海中に去ってしまった。

このとき生まれた子の名は、鸕鶿草葺不合《うかやふきあえずの》尊《みこと》という。鸕鶿草葺不合尊が叔母の玉依姫を妃としてもうけた子が、彦五瀬命《ひこいつせのみこと》、稲飯命《いなひのみこと》、三毛入野命《みけいりののみこと》、神日本磐余彦尊《かむやまといわれびこのみこと》（神武《じんむ》天皇）である。

＊

『日本書紀』の神話には本文（正文）のほかに「一書《あるふみ》」と呼ばれる異伝が多く挿入されていて、そこにも興味深い記述が豊富にあるが、ここでは本文にかぎって神話部分のあらすじを紹介した。

神話（神代）は第1巻・第2巻で終了し、続く第3巻では、天つ神の子孫である神日本磐余彦尊が九州から大和に東征して初代神武天皇となる物語が綴られる。

第1部

古代天皇で知る『日本書紀』のあらすじ

※❷❸は、推古天皇の9年を西暦601年として、『日本書紀』の年次を西暦に換算したもの。❺の御陵名と所在地は宮内庁の治定にもとづく。

《凡例》

❶国風諡号
❷生没年
❸在位年
❹皇后名
❺御陵

第1部 古代天皇で知る『日本書紀』のあらすじ

第1章

初代天皇の即位とヤマト王権の誕生

「天《あま》つ神の子孫が、理想の土地を求めて九州から東遷し、大和《やまと》地方を征服して神武《じんむ》天皇として即位した」——これがいわゆる神武東征伝説だ。この伝説にどれだけの史実が反映されているのかという問題については種々の説があり、九州が皇室の発祥地であることを疑う向きもある。

だが、考古学の成果により、北部九州では弥生時代から朝鮮半島との活発な交易が行われ、大和地方に先んじて大陸系の先進文化が流入して繁栄していたことがわかっている。神武東征をたんなる「伝説」としていちがいに片付けることはできない所以である。

そして、古墳時代初め（3世紀前半）には大和に大規模な集落（纒向《まきむく》遺跡）が出現するが、これを第10代崇神《すじん》天皇を中心とする初期ヤマト王権の宮都と結びつける考え方もある。

初代神武天皇から欠史八代をへて第14代仲哀《ちゅうあい》天皇に至る時代、それは王権の黎明期であった。

この章で扱う天皇

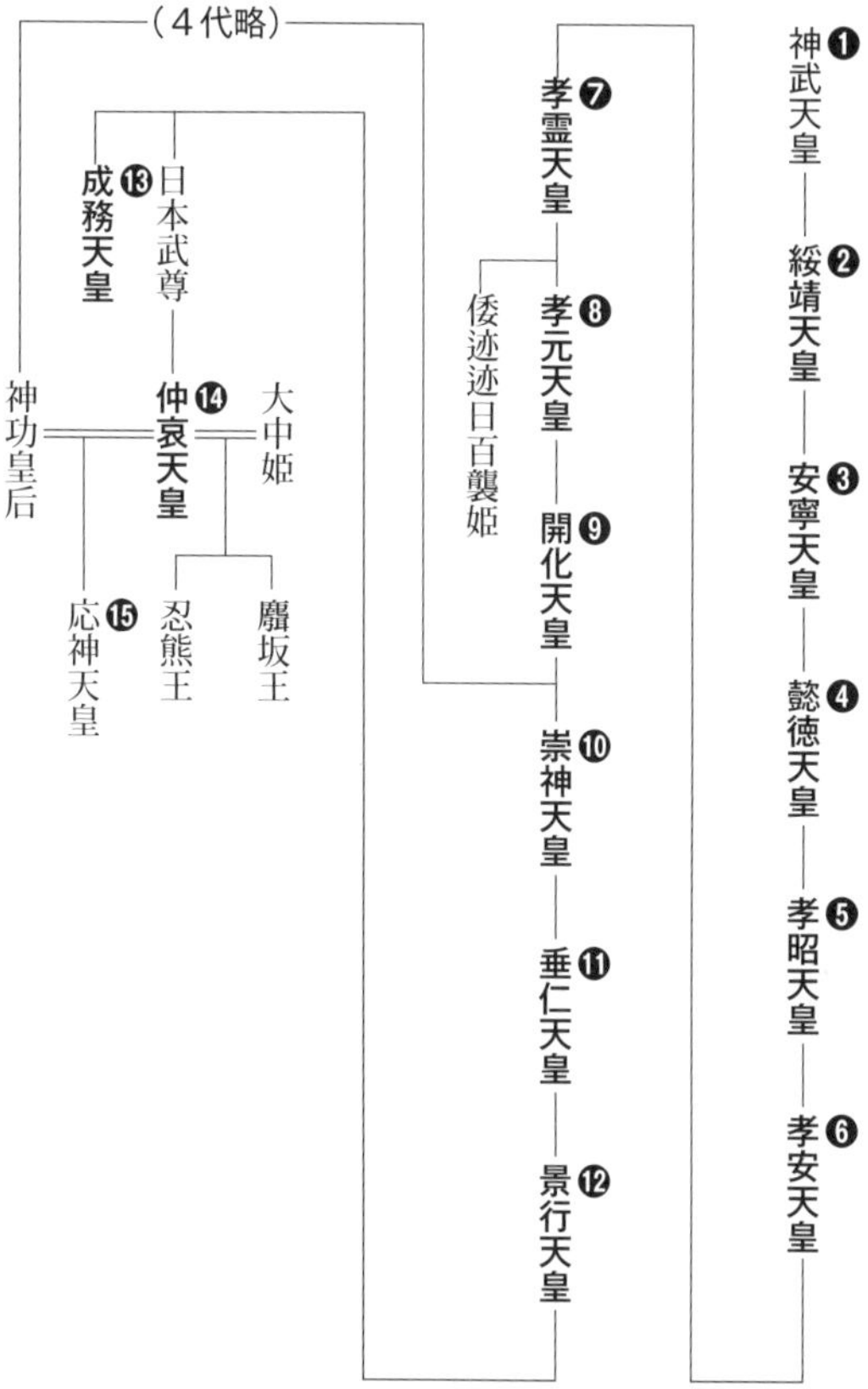

※●数字は天皇代数

神武《じんむ》天皇

初代

天皇誕生に至る記述に隠された実在の足跡

❶神日本磐余彦天皇
❷前711～前585
❸前660～前585
❹媛蹈鞴五十鈴媛命
❺畝傍山東北陵（奈良県橿原市）

神代と人代をつなぐ苦難の東征

『日本書紀』（以下、書紀）は、神話時代である「神代」の記述を終えると「歴代天皇」の事績の記述に移る。その冒頭に登場するのが、天孫瓊瓊杵尊《ににぎのみこと》の曾孫にあたる神日本磐余彦尊《かむやまといわれびこのみこと》（神武天皇）である。書紀によると、磐余彦は45歳のとき、兄弟や子どもたちを前に次のように言った。

「天孫が降臨してから、179万2470年余もの歳月が流れた。塩土老翁《しおつちのおじ》（潮流を司る神）によると、東方には四方を青山に囲まれた美しい国があり、その中へ天磐船《あまのいわふね》に乗って飛び降りた者がいるという。そこはきっと我が国の中心（六合《くに》の中心《もなか》）であり、飛び降りた者とは饒速日《にぎはやひの》命《みこと》のことだろう。そこに都をつくろうではないか」

そして兄弟や子どもたちを率いて東征に出発した。このとき磐余彦たちがどこにいたのか、書紀ははっきり書いていないが、『古事記』（以下、古事記）には、高千穂宮《たかちほのみや》に住み日向《ひむか》（宮崎県）から船出したと書かれていて、つまり当初は南九州のどこかで暮らしていたということになる。

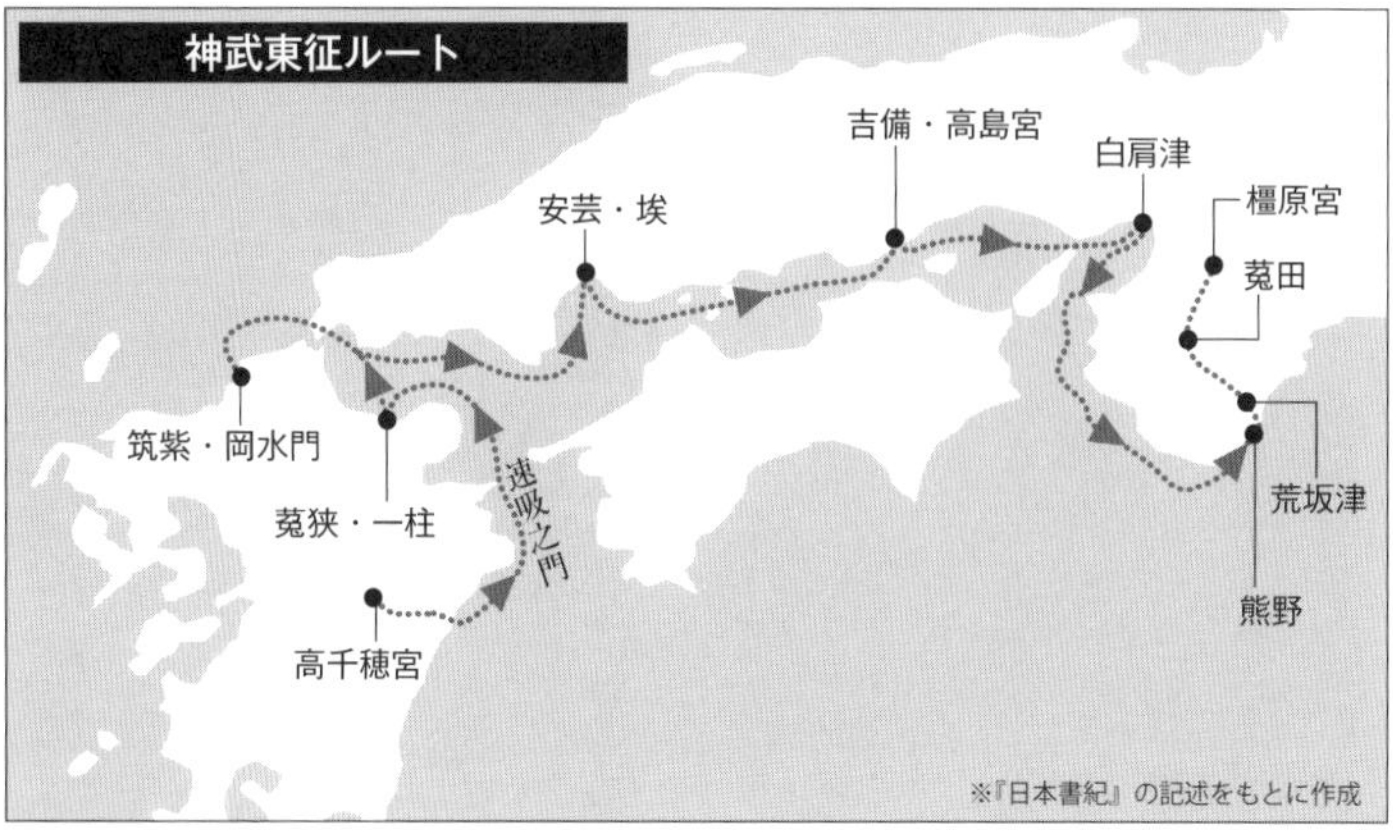

磐余彦一行は九州から瀬戸内海をへて東へ漸進し、出発から4年後、河内国《かわちのくに》の草香邑《くさかのむら》の白肩津《しらかたのつ》（大阪府東大阪市日下付近）に上陸するが、土豪《どごう》の長髄彦《ながすねびこ》が立ちはだかり苦戦する。いったん退却して海に戻り、紀伊《きい》半島の沿岸をまわって熊野《くまの》に上陸した。そして、天照大神《あまてらすおおみかみ》の助けで得た霊剣韴霊《ふつのみたま》の力や、大神から遣わされた頭八咫烏《やたからす》の導きによって菟田《うだ》（宇陀《うだ》）、吉野へと進軍し、各地の土豪たちを制してついに大和《やまと》に入る。

この征討の途次、磐余彦は天《あま》つ神《かみ》の夢告にもとづいて天香山《あまのかぐやま》の土で土器を作り、それを用いて菟田川の上流で*天神地祇《あまつかみくにつかみ》を祀《まつ》り、占いや呪いを行い、さらに高皇《たかみ》産霊尊《むすひのみこと》に対して「顕斎《うつしいわい》」を行う。顕斎とは目に見えない神の身を見えるように斎《いつ》きまつることを指し、この場合は、磐余彦が自身に高皇産霊尊の霊を憑《よ》りつかせ、神との一体化を乞うことを指しているとみられる。それは拡大解釈で、たんに神饌《しんせん》を供する儀礼を指しているにすぎ

＊天神地祇：高天原にいる天つ神と、地上世界にいる国つ神のこと。天地の神々の総称。

ないとする見方もあるが、いずれにしても、この場面は、神の子孫であり祭司でもある古代天皇のあり方をよく伝えている。

ただし、川辺で天神地祇を祀り、顕斎を行うといった叙述は、古事記にはまったくみられない。したがって、もし古事記が書紀よりも古層の伝承にもとづいているとするならば、書紀の磐余彦祭祀の記述は、たんなる武人ではない、祭司王としての初代天皇の性格を強調するために、古層の伝承に付加されたものと考えることができる。

「モデル」をめぐるさまざまな説

大和に入った磐余彦は長髄彦との決戦にのぞみ、飛来した金色の鵄《とび》の助力を得て勝利。磐余彦に先立って畿内に降臨していた饒速日命も、長髄彦を殺害したうえで軍勢を率いて磐余彦に帰順する。

こうして大和を平定した磐余彦は畝傍《うねび》山の東南に橿原宮《かしはらのみや》（奈良県橿原市）を築き、辛酉《しんゆう》年正月に即位して神武天皇となった。そして事代主神《ことしろぬしのかみ》の娘である媛蹈韛五十鈴媛命《ひめたたらいすずひめのみこと》を皇后に立て、神武天皇4年、橿原宮郊外の鳥見山《とみのやま》に斎場をもうけて皇祖天神《こうそてんじん》を祀った。この鳥見山祭祀は祭政一致社会としての古代日本の原点に位置づけられている。

神武天皇については非実在説が一般的である。それでも、各地の英雄伝説が集約されたものとする説、九州から大和への東征は天皇家のルーツにまつわる何らかの史実を反映しているとする説など、さまざまなとらえ方がある。たとえば、国風諡号《しごう》*の「神日本磐余彦天皇」のうちの「磐余」は、現在の奈良県桜井市から橿原市に広がる一帯の地名なので、神武物語の背景には奈良盆地の古い英雄伝承があるのではないか、という見方がある（神話学者の松前健）。

書紀によれば、神武の諱《いみな》は彦火火出見《ひこほほでみ》だが、このことから、本来の伝承では瓊瓊杵尊の子の彦火火出見尊（山幸彦《やまさちひこ》）が東征の主人公だったのではないかとする見方もある（歴史学者の津田左右吉）。

神武東征の終盤、吉野から菟田を通って奈良盆地に入るというルートは、壬申《じんしん》の乱（672年）を起こすにあたって、大海人皇子《おおあまのみこ》（のちの天武《てんむ》天皇）が吉野宮から菟田を通過して東国に向かったことと関係があるのではないか、だとすれば東征説話は7世紀後半以降に潤色されたものではないか、とする考え方もある（歴史学者の直木孝次郎）。

一方で、「天武天皇紀」には、壬申の乱の際に事代主神と生霊神《いくたまのかみ》の託宣にもとづいて大海人皇子が神武天皇陵に馬や兵器を奉ったという記事がある。このことは、実在の当否やこの時点での東征説話の成立の有無はともかくとして、7世紀後半にはすでに日本建国の祖としての「初代天皇神武」に関する伝承が確固として存在し、祭祀の対象として公的に「神武天皇陵」とされるものが存在していたことを物語る。神武天皇をまったくの架空の人物と決めつけることは軽率だろう。

＊国風諡号：「諡号」とは死後におくられる尊称のことで、古代天皇の諡号には国風（和風）と漢風の２種がみられる。

欠史八代《けっしはちだい》

第2〜9代

異常な長寿により実在が疑われる8代の初期天皇

皇后の多くが大和地方の首長の出身

神武《じんむ》天皇没後、第3子の神渟名川耳尊《かむぬなかわみみのみこと》（母は媛蹈鞴五十鈴媛命《ひめたたらいすずひめのみこと》）と彼の異母兄手研耳命《たぎしみみのみこと》とのあいだで皇位争いが生じるが、神渟名川耳尊が手研耳命を討ち、第2代綏靖《すいぜい》天皇となった。綏靖天皇以降、第9代開化《かいか》天皇までの8代は、記紀では系譜的な記述が主で事績的な記述がほとんどないことから、「欠史八代」と総称される。これら8人の天皇は１００歳以上の異常な長寿者が散見されることもあって、天皇家の歴史を引き延ばすために書き加えられた架空の存在とみなされるのが学界では一般的となっている。

とはいえ、8代の天皇の后の多くが大和《やまと》の県主《あがたぬし》家（大和各地の首長）を出自としていることから、欠史八代は必ずしも造作ではなく、大和を基盤として発展した初期天皇家の史実に依拠しているのではないかとする見方などもあり、とらえ方によっては古代史の貴重な手掛かりを与えてくれる。

欠史八代一覧

※宮都・御陵の比定地・伝承地はすべて奈良県

❶生没年　❷在位年　❸宮都　❹御陵

第2代　綏靖天皇《すいぜい》 （神渟名川耳天皇《かむぬなかわみみのすめらみこと》）：神武《じんむ》天皇の第3子	❶前632～前549　❷前581～前549　❸葛城高丘宮《かずらきのたかおかのみや》（御所市森脇）　❹桃花鳥田丘上陵《つきだのおかのえのみささぎ》（橿原市四条町）
第3代　安寧天皇《あんねい》 （磯城津彦玉手看天皇《しきつひこたまてみのすめらみこと》）：綏靖天皇の皇子	❶前567～前511　❷前549～前511　❸片塩浮孔宮《かたしおのうきあなのみや》（大和高田市片塩町）　❹畝傍山西南御陰井上陵《うねびやまのひつじさるのみほどのいのえのみささぎ》（橿原市吉田町）
第4代　懿徳天皇《いとく》 （大日本彦耜友天皇《おおやまとひこすきとものすめらみこと》）：安寧天皇の第2子	❶前553～前477　❷前510～前477　❸軽曲峡宮《かるのまがりおのみや》（橿原市見瀬町）　❹畝傍山南織沙溪上陵《うねびやまのみなみのまなごのたにのえのみささぎ》（橿原市西池尻町）
第5代　孝昭天皇《こうしょう》 （観松彦香殖稲天皇《みまつひこかえしねのすめらみこと》）：懿徳天皇の皇子	❶前506～前393　❷前475～前393　❸掖上池心宮《わきがみのいけごころのみや》（御所市池之内）　❹掖上博多山上陵《わきのかみのはかたのやまのえのみささぎ》（御所市三室）
第6代　孝安天皇《こうあん》 （日本足彦国押人天皇《やまとたらしひこくにおしひとのすめらみこと》）：孝昭天皇の第2子	❶前427～前291　❷前392～前291　❸室秋津島宮《むろのあきづしまのみや》（御所市室）　❹玉手丘上陵《たまてのおかのえのみささぎ》（御所市玉手）
第7代　孝霊天皇《こうれい》 （大日本根子彦太瓊天皇《おおやまとねこひこふとにのすめらみこと》）：孝安天皇の皇子	❶前342～前215　❷前290～前215　❸黒田廬戸宮《くろだのいおとのみや》（磯城郡田原本町黒田）　❹片丘馬坂陵《かたおかのうまさかのみささぎ》（北葛城郡王寺町本町）
第8代　孝元天皇《こうげん》 （大日本根子彦国牽天皇《おおやまとねこひこくにくるのすめらみこと》）：孝霊天皇の皇子	❶前273～前158　❷前214～前158　❸軽境原宮《かるのさかいはらのみや》（橿原市見瀬町）　❹劔池嶋上陵《つるぎのいけのしまのえのみささぎ》（橿原市石川町）
第9代　開化天皇《かいか》 （稚日本根子彦大日日天皇《わかやまとねこひこおおびびのすめらみこと》）：孝元天皇の第2子	❶前208～前98　❷前158～前98　❸春日率川宮《かすがのいざかわのみや》（奈良市本子守町）　❹春日率川坂上陵《かすがのいざかわのさかのえのみささぎ》（奈良市油阪町）

崇神《すじん》天皇

第10代

事績の記述が豊富になる「三輪王朝」の主

❶御間城入彦五十瓊殖天皇
❷前149〜前30
❸前97〜前30
❹御間城姫
❺山邊道勾岡上陵（奈良県天理市）

ヤマト王権を築いた実質的な初代天皇か

開化《かいか》天皇の第2子。磯城瑞籬宮《しきのみずかきのみや》（奈良県桜井市金屋）に宮を遷した。欠史八代の天皇と違い記紀ともにその事績の記述が豊富で、実在の可能性が高いとされ、書紀では「ハツクニシラス天皇」と称えられたと記されていることから、この異名（「国の初めを治める」）をもって実質的な初代天皇であるとする見方もある。「崇神天皇紀」には四道《しどう》将軍による諸国平定、武埴安彦《たけはにやすびこ》の反乱、倭迹迹日百襲姫命《やまとととひももそびめのみこと》の箸墓《はしはか》伝承、出雲神宝の献上など、ドラマチックな記事が多いが、次のような祭祀関連の重要な記事が並ぶことも特徴だ。

崇神天皇6年：前年から疫病流行、人民の離散などが起きて国内が混乱に陥る。天皇はひたすら政務にはげんで天神地祇《あまつかみくにつかみ》に赦しを請い、また、それまで宮中に祀《まつ》られていた天照大神《あまてらすおおみかみ》と倭大国魂神《やまとのおおくにたまのかみ》の神威を畏れ、天照大神を豊鍬入姫命《とよすきいりびめのみこと》に託して倭《やまと》（大和）の笠縫邑《かさぬいのむら》に遷し祀り、倭大国魂神は渟名城入姫命《ぬなきのいりびめのみこと》に託して祀らせた（天照大神の奉遷は次の垂仁《すいにん》朝に引き継がれ、最終的に伊勢《いせ》に祀られて、これが伊勢神宮の創祀縁起となっている）。

同7年：大物主神《おおものぬしのかみ》の神託に従って八十万《やそよろず》の神々を祀り、神社と神地《かむところ》（神社の費用をまかなう土地。神田など）、神戸《かんべ》（神社に租税を納める民）を定めた。するとようやく疫病は途絶え、国内は静穏となり、五穀は稔って百姓は豊かになった。

同8年：高橋邑《たかはしのむら》（奈良県天理市櫟本《いちのもと》町付近）の活日《いくひ》を大物主神の掌酒《さかびと》（神酒を神に奉る職）とし、さらに大田田根子《おおたたねこ》に大物主神を祀らせた。

同9年：夢告にもとづき、墨坂神《すみさかのかみ》と大坂神《おおさかのかみ》を祀った。

7年・8年に登場する大物主神は三輪山《みわやま》（奈良県桜井市）の神で、これらの記事は三輪山の西麓に鎮座する大神《おおみわ》神社の創祀縁起にもなっている。大神神社は三輪山をご神体とし、境内や山中には巨岩が散在し、その周囲からは勾玉《まがたま》、土器などの遺物が発見されている。これは、巨岩を神霊の依《よ》り憑《つ》く「磐座《いわくら》」として原始神道的祭祀が行われていたことを示し、最も古い祭祀遺跡は4世紀後半にさかのぼり、「崇神天皇紀」の祭祀記事に一定の裏づけを与えている。

三輪山西麓は崇神が営んだ磯城瑞籬宮の伝承地でもあり、そのことは、ここが三輪山信仰の影響のもとに成立した原始ヤマト王権の揺籃《ようらん》の地であったことを示唆している。また、古代日本に複数の王朝が興亡・交替したとする三王朝交替説*によれば、崇神天皇は三輪王朝の祖であるという。

＊三王朝交替説：古代日本に崇神天皇が開いた三輪王朝（古王朝）、応神・仁徳天皇が開いた河内王朝（中王朝）、継体天皇が開いた継体王朝（新王朝）が興亡したとする学説。歴史学者の水野祐が唱えた。

垂仁《すいにん》天皇

第11代

祭祀や神社、葬儀・墓にまつわる多くの伝承

❶活目入彦五十狭茅天皇
❷前69～後70
❸前29～後70
❹狭穂姫、日葉酢媛命
❺菅原伏見東陵（奈良市）

纒向遺跡は垂仁天皇時代の王宮なのか？

崇神《すじん》天皇の第3子で、母は御間城姫《みまきひめ》。24歳で皇太子となり、崇神天皇没後、41歳で即位。纒《まき》向珠城宮《むくのたまきのみや》（奈良県桜井市穴師）を営み、狭穂姫《さほびめ》を皇后に迎えた。兄豊城《とよき》入彦命《いりびこのみこと》をさしおいて皇太子になったことについては興味深いエピソードがある。

「崇神天皇紀」48年条によれば、崇神天皇は兄弟のいずれを皇嗣《こうし》とするかは夢占いで決めるとした。活目尊《いくめのみこと》（のちの垂仁天皇）は三輪山《みわやま》に登って四方に縄を張り、粟を食べる雀を追い払う夢を見たが、崇神天皇はこの夢を四方に君臨する意に解し皇嗣とした。夢の中とはいえ、三輪山が王権の聖地として重視されていたことが改めてわかる。

「垂仁天皇紀」のおもな記事としては、新羅《しらぎ》の王子天日槍《あめのひほこ》の渡来と神宝献上、皇后の兄狭穂《さほ》彦王《びこのみこ》の謀反や、出雲国《いずものくに》の野見宿禰《のみのすくね》と当麻蹶速《たぎまのけはや》の相撲譚、口のきけない皇子誉津別命《ほむつわけのみこと》の発話譚、皇女倭姫命《やまとひめのみこと》による伊勢神宮の創祀、出雲神宝の調査、殉死の禁止と埴輪《はにわ》の起源譚、石上《いそのかみ》神宮へ

の神宝献納と物部《もののべ》氏による管理（石上神宮の縁起）、田道間守《たじまもり》の常世国《とこよのくに》派遣と帰朝後の自死などが挙げられる。また古事記では、垂仁天皇が出雲大社を修造させたことになっていて、垂仁の事績・伝承には、祭祀や神社、葬儀・墓などに関わるものが目立つ。

また、次の景行《けいこう》天皇まで「纏向」地区（三輪山西麓、桜井市北部）に都を置いたが、このエリアは古墳や遺構が集積する3世紀の巨大な遺跡纏向《まきむく》遺跡があることで知られ、近年、遺跡の中央付近（桜井市辻地区）では3世紀前半と考えられる大型建物跡が見つかり、王宮跡とも推測されている。垂仁・景行天皇、そして纏向に隣接する磯城《しき》に都を置いた前代の崇神天皇がもし実在していたとすれば、彼らはこの纏向遺跡と深い関わりをもっていたことだろう。

景行《けいこう》天皇

第12代

書紀ではみずから九州平定におもむく日本武尊の父

❶大足彦忍代別天皇
❷25〜130
❸71〜130
❹播磨稲日大郎姫、八坂入媛
❺山邊道上陵（奈良県天理市）

皇子皇女が各地に散らばり地方首長に

垂仁《すいにん》天皇の第3子。母は日葉酢媛命《ひばすひめのみこと》。纏向日代宮《まきむくのひしろのみや》（奈良県桜井市穴師）を宮とし、晩年に志賀高穴穂宮《しがのたかあなほのみや》（滋賀県大津市穴太《あのう》）に宮を遷した。

多くの后妃をもち、あわせて80人もの皇子女があったとされる。そして、その皇子女は、后播磨稲日大郎姫《はりまのいなびのおおいらつめ》が産んだ日本武尊《やまとたけるのみこと》、播磨稲日大郎姫没後に后となった八坂入媛《やさかのいりびめ》が産んだ成務《せいむ》天皇と五百城入彦皇子《いおきいりびこのみこ》以外は、みな地方に分封され、その子孫が諸国の別《わけ》になったという。ワケとは、古代日本における有力者の称号のひとつで、「統治権を分かち合う」という意味に由来し、地方首長が名の下にひとしくつけていたもので、彼らの中には＊国造《くにのみやつこ》になっているものも多い。「景行天皇紀」の「別」起源説話は、各地の地方首長が天皇の血につながっていることを説くもので、天皇家の全国支配の正当性を示しているともいえる。

また、日本武尊（古事記では倭建命《やまとたけるのみこと》）の父親であることから、記紀ともに景行朝の記事は日本武尊の東西遠征の説話が大部分を占める。ただし書紀では、日本武尊がいきなり征討に向かう古事記と違って、まず天皇自身が熊襲《くまそ》征討のために西下して九州を平定・巡幸し、その後に日本武尊が改めて征討に向かったことになっている。そして、古事記では死に瀕した日本武尊の望郷の歌として有名な「倭は国のまほろば　たたなづく青垣《あおかき》　山隠《ごも》れる　倭し麗《うるは》し」も、書紀では九州巡幸時の天皇が詠んだことになっている。また書紀では、日本武尊没後、天皇自ら皇子を追慕して東国を巡幸している。

悲劇の英雄としての皇子日本武尊の遠征のみを記す古事記が本来の素朴な伝承を記し、書紀にみられる天皇親征は、王権による辺境や異民族の征服・支配を強調するため、本来の伝承に新たに付け加えられたものとみるのが一般的である。

ただし、天平《てんぴょう》年間（７２９～７４９）に成立したとみられる九州の古伝が収められた『豊後《ぶんごの》国風土記《くにふどき》』『肥前国風土記《ひぜんのくにふどき》』には景行天皇の親征伝承が豊富に記述されているので、史実かどうかはともかく、九州には景行天皇遠征の伝説が古くから語り伝えられていた可能性はある（書紀の景行天皇親征記事を参照して『風土記』が編纂された可能性も考えられるが）。

いずれにしても、景行天皇の時代は、記紀においては、ヤマト王権が支配地を大幅に拡大し、局地的勢力から全国的勢力へと一気に躍進した時代として位置づけられていると考えることができる。

＊国造：古代、ヤマト王権に服属した地方首長の称。

成務《せいむ》天皇

第13代

異母兄日本武尊の没後に順番がめぐってくる

❶稚足彦天皇
❷84～190
❸131～190
❹?
❺狭城盾列池後陵（奈良市）

諡号に「足」が続くのは意味があるのか?

景行《けいこう》天皇の第4子で、母は八坂入媛《やさかのいりびめ》。異母兄の日本武尊《やまとたけるのみこと》亡きあと皇太子となり、即位後は父に引き続き近江《おうみ》の志賀高穴穂宮《しがのたかあなほのみや》（滋賀県大津市穴太《あのう》）で治政を行った。

在位は60年に及んだが、記紀ともにその事績についてはほとんど伝えていない。書紀は后妃の名すら記していないが、古事記には弟財郎女《おとたからのいらつめ》をめとって皇子和訶奴気王《わかぬけのみこ》をもうけたとある。ところが書紀によれば、成務天皇48年、日本武尊の子で、成務の甥足仲彦尊《たらしなかつひこのみこと》（のちの仲哀《ちゅうあい》天皇）が皇太子に立てられている。和訶奴気王が夭折してしまい、ほかに皇子がいなかったということなのだろうか。

父の名（国風諡号《しごう》）がオオタラシヒコ（大足彦）であるのに対してワカタラシヒコ（稚名彦）という名であることを考えると、景行天皇の分身的な性格が強いといえる。さらに、事績の記述が少ないこともあって、実在性が強く疑われている天皇のひとりである。

その一方で、次のようなユニークな見解もある。

高城修三氏によれば、景行・成務・仲哀3天皇の国風諡号（大足彦、稚名彦、足仲彦）にはいずれも「足（タラシ）」という語を含むが、一方で、10代崇神《すじん》天皇、11代垂仁《すいにん》天皇の国風諡号と、景行天皇皇子の五百城入彦皇子《いおきいりびこのみこ》（成務天皇の同母弟）の名には「入（イリ）」が共通している。

このことから、「景行朝末期に皇位継承争いが生じ、景行天皇と成務天皇は近江の高穴穂宮に逃れてタラシ皇統を起こしたが、五百城入彦皇子はイリ皇統を称してその正当性を主張し、大和《やまと》を支配した」という流れが推測できるという（『神々と天皇の宮都をたどる』）。

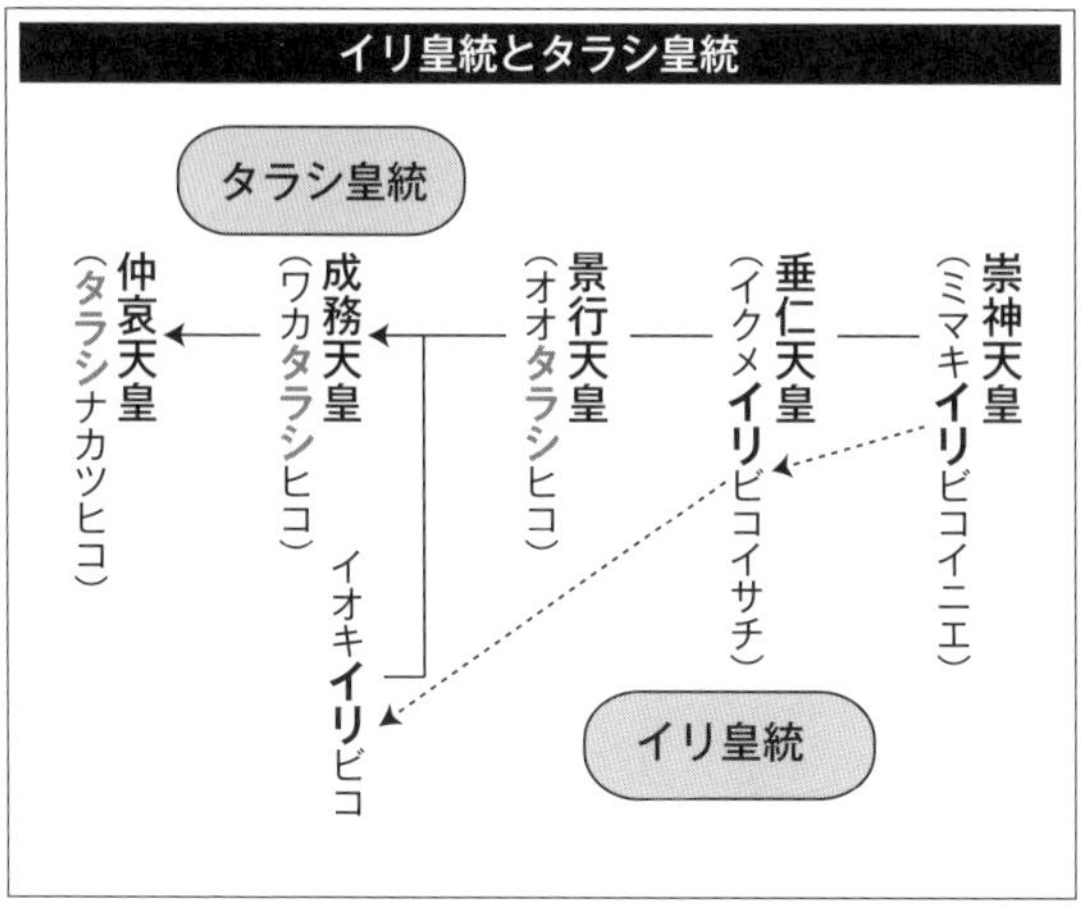

この見方は、古代天皇は一代一宮が原則だったにもかかわらず、成務天皇が先代の宮をそのまま引き継いで遷都しなかった理由を説明することもでき、一定の説得力をもっている。

成務天皇をめぐる記紀の沈黙は、封印された王朝の秘史を暗示しているのだろうか。

仲哀《ちゅうあい》天皇

第14代

病死か敗死か。九州遠征中の「急死」をめぐる謎

❶足仲彦天皇
❷149～200
❸192～200
❹神功皇后（気長足姫尊）
❺恵我長野西陵（大阪府藤井寺市）

熊襲の矢に当たって敗死したという異説も

日本武尊《やまとたけるのみこと》の第2子で、母は両道入姫命《ふたじのいりびめのみこと》（垂仁《すいにん》天皇の皇女）。容姿は端正で大男だったという。叔父の成務《せいむ》天皇に皇子がいなかったため皇太子となり、成務天皇没後に即位した。神武《じんむ》天皇以降、皇位はここではじめて直系（親子間）ではなく、傍系で継承されることになった。

仲哀天皇2年、気長足姫尊《おきながたらしひめのみこと》（開化《かいか》天皇の曾孫気長宿禰王《おきながすくねのおおきみ》の娘）を皇后に迎えた。これが神《じん》功《ぐう》皇后で、古事記によれば、*新羅《しらぎ》の王子天之日矛《あめのひほこ》の5世孫にあたる。

同年、角鹿《つぬが》（福井県敦賀市）、紀伊国《きのくに》に行幸《ぎょうこう》ののち、反逆した熊襲《くまそ》を征討するため皇后とともに九州に向かった。穴門《あなと》（山口県西部）をへて同8年筑紫《つくし》に入り、橿日宮《かしひのみや》（福岡市東区香椎）に滞在した。そして群臣らと熊襲征討計画を相談していると、突如皇后が神憑《かみがか》り状態になり、次のような神託を下した。

「熊襲の国は不毛の地であり、討つ必要などない。この国より優れた、宝物にあふれる新羅と

いう国がある。私をよく祀《まつ》るならば、新羅は易々と帰服し、熊襲も帰服するだろう」

だが天皇はこの神の言葉を疑い、高い丘に登って遠望するが、海ばかりで新羅国は見えない。そのため「大空に国があろうか。いかなる神が私を欺くのか」と神を難詰するが、するとまた神が皇后に乗り移り、「なぜ私の言葉を謗《そし》るのか。信用しないのなら、あなたはその国を得ることができず、たった今身ごもった皇后の御子が得ることになるだろう」と神託を告げた。それでも天皇は神託を信じず、熊襲征討を強行したが、失敗。翌９年春２月には急病で亡くなってしまった。神の怒りに触れて命を落としたのである。

仲哀天皇の死因については敗死説もある。仲哀天皇９年２月条に「一云《あるにいわく》」として「天皇は自ら熊襲を討とうとして、賊の矢にあたって崩じたという」と付記されているからである。じつはこの別伝こそが真実だったが、天皇の敗死は不名誉なことなので、神の呪いを受けて急逝したという伝承が生じ、それが本伝に採用された――ということなのかもしれない。

その一方で、九州征討と急死の記述については、朝鮮への出兵のため北九州に出征した斉明《さいめい》天皇が同地で急死したという７世紀の史実が重ね合わせられているのでは、とする見方があることも興味深い。

なお、書紀は仲哀天皇没後については巻を変えて「神功皇后紀」をもうけ、神功の新羅親征や摂政《せっしょう》としての69年間の事績を詳細に記している。

＊新羅：４世紀、朝鮮半島南部には新羅、百済《くだら》、加羅《から》諸国（任那《みまな》）があり、九州とも接触や通交があったと考えられている。

コラム1

深掘り！『日本書紀』と古代日本

2つの「天皇名」はどう違うのか？

――古代天皇の国風諡号と漢風諡号

「天皇」号は7世紀後半から

神武《じんむ》天皇の事績を記す『日本書紀』（以下、書紀）第3巻の標題をみると、原文では「神《かむ》日本磐余彦天皇《やまといわれびこのすめらみこと》　神武天皇」となっている。前者は天皇の「国（和）風諡号《しごう》」、後者は「漢風諡号」を表している。わかりやすくいえば、前者は大和《やまと》言葉としての天皇名、後者は中国風の天皇名である。「諡号」とは「その人物の生前の行いをたたえて死後におくられる名」のことである。

ただし、書紀にみられる歴代天皇の国風諡号には、その天皇の死後にはじめてつけられた名前かどうかがはっきりせず、在世中の名前（尊号《そんごう》）でもあった可能性のあるもの、つまり厳密には国風諡号とはいい難いと思われるものもある。

たとえば、第15代応神天皇の国風諡号は「誉田天皇《ほむたのすめらみこと》」だが、これは正確には尊号である可能性が高いという。ホムタにはとくに人を称讃するような語義を見出しがたく、たんにゆかりのある地名を指しているにすぎないと考えられるからである。

一方、第29代欽明《きんめい》天皇の国風諡号「天国排《あめくにおし》

開広庭天皇《はらきひろにわのすめらみこと》」は、「天と地を押し開いたヒロニワ天皇」の意と分析でき、ヒロニワが名前の核で、それ以外はすべてその人物を称える修辞であり、死後におくられた名前、つまり純粋な国風諡号である可能性が高いという。

漢風諡号は現代人にはなじみ深いが、書紀の歴代天皇の漢風諡号はすべて、8世紀後半に天皇の命によって漢学者淡海三船《おうみのみふね》が一括して撰進したものといわれている。つまり、書紀が成立した時点ではまだ漢風諡号は存在しておらず、書紀の原本にも漢風諡号は記されていなかったが、のちに漢風諡号が普及するようになると、各天皇紀の標題に書き加えられるようになったのだろう。当然、書紀本文には漢風諡号はいっさい登場しない。

「天皇」という称号が使用されるようになった時期については、7世紀後半の天武《てんむ》・持統《じとう》天皇の時代からとする説が有力で、それまでは「大王《おおきみ》」が公的な称号だったとみられている。「天皇」の由来については、唐《とう》の高宗《こうそう》が674年に君主号として「天皇」を用いたからとか、古代中国の道教《どうきょう》で「天皇」が北極星の神格化を表していたから、などといったことが説かれている。

また、国風諡号の場合、「天皇」はテンノウではなく、大和言葉式にスメラミコトと読まれる。

スメラミコトには「神の言葉を取り持つ人」というような意味があり、至尊の祭司として人間世界を統治する「天皇」の本来的な性格をよく言い表している。

第2章

全国に拡大するヤマト王権

ヤマト王権は当初は奈良盆地を拠点としたが、第15代応神《おうじん》天皇以降は大阪平野への進出を強め、権力闘争や争乱を繰り返しつつも、各地の有力豪族・首長を取り込んで成長をつづけてゆく。そして、第21代雄略《ゆうりゃく》天皇の時代には、関東から九州にいたる広い範囲を支配下に置くようになった。

その時期はおよそ4世紀から5世紀にかけてのことと推定されているが、興味深いことに、この時期になると、地方では古墳の数が減少し、またその規模も縮小の傾向を示している。これは、地方の有力首長たちが巨大墳墓を築造するヤマト王権＝大王への従属の度合いを強めていったことを徴証しているのだろう。

だが、『日本書紀』によれば、雄略天皇没後は後継者不足により王権継承の不安定な時代が続き、皇子のない第25代武烈《ぶれつ》天皇が没すると、皇統はついに断絶の危機を迎えてしまうのである。

この章で扱う天皇

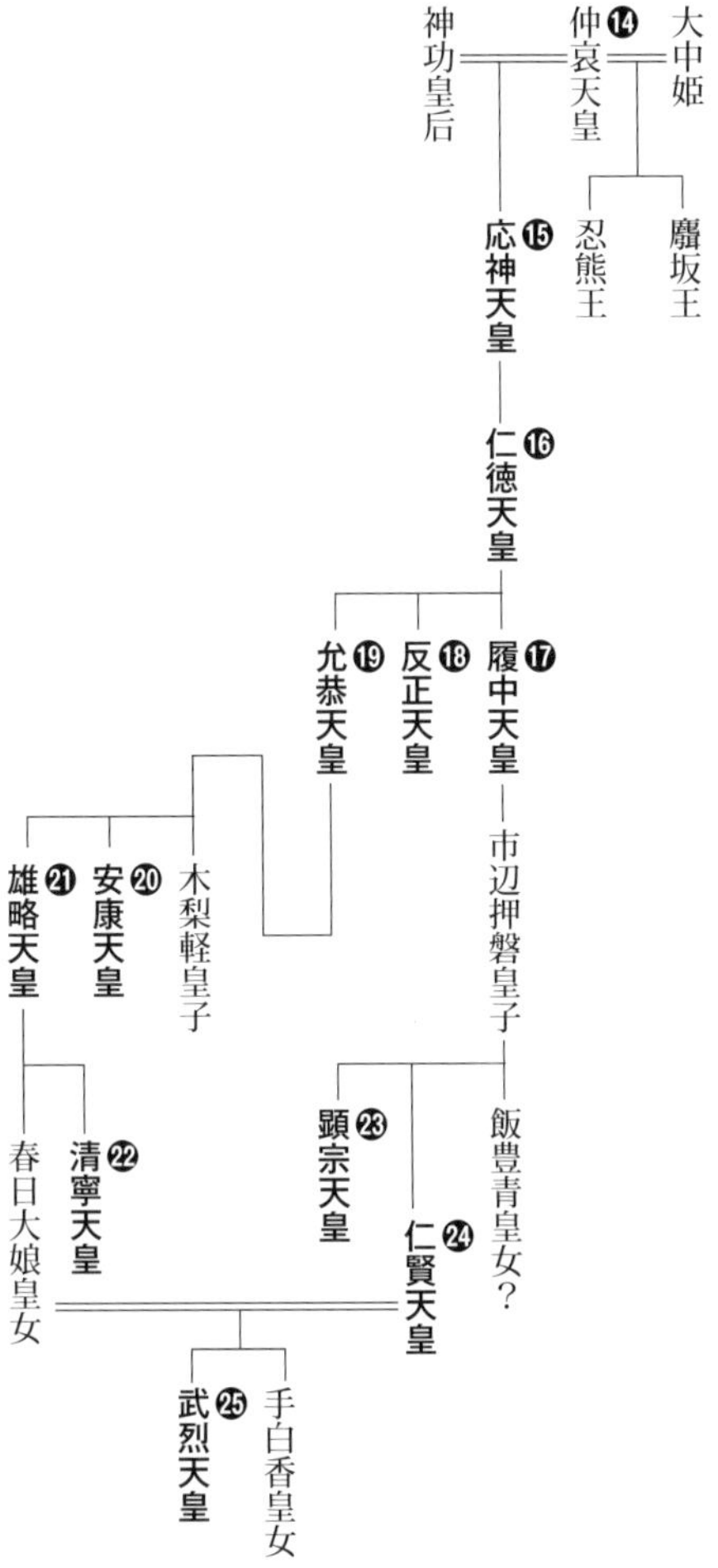

※●数字は天皇代数

応神天皇《おうじん》

第15代

なぜ新たな王朝の始祖王といわれるのか

❶誉田天皇
❷201〜310
❸270〜310
❹仲姫
❺恵我藻伏崗陵（大阪府羽曳野市）

出自、基盤、諡号の変化

誉田別尊《ほむたのわけのみこと》とも称し、仲哀《ちゅうあい》天皇の第4子で、母は神功《じんぐう》皇后。書紀では、仲哀天皇9年2月6日の仲哀天皇の死をへて新羅《しらぎ》征討をひかえた同年9月、皇后は臨月を迎えたが、神に祈請をして出産をのばし、征討から帰還後の12月14日に筑紫《つくし》で応神天皇を産んだことになっている。父の死亡日から10カ月を過ぎて誕生しているので、リアルに考えると仲哀・応神の父子関係を疑いたくもなるが、天平《てんぴょう》3年（731）の奥書をもつ『住吉大社神代記《すみよしたいしゃじんだいき》』では、仲哀天皇の死後、皇后と住吉神が「密事《みそかごと》」を通わせたとあるので、この伝承にもとづけば、応神天皇の父は住吉神ということになる。

九州で生まれた応神天皇は異母兄らの謀反を制して母とともに大和《やまと》に凱旋し、皇后が100歳で没すると天皇に即位し、仲姫《なかつひめ》（景行《けいこう》天皇の皇子五百城入彦《いおきいりびこ》の孫）を皇后にたてた。

記紀によれば、この時代には大陸・朝鮮半島から技術者や学者が来日し、縫衣や酒造の技術、

『論語』や『千字文《せんじもん》』などの文物がもたらされ、そのまま日本に帰化する者も多かった。書紀は宮都を明記しないが、「応神天皇紀」の最後の41年2月条に応神天皇は明宮《あきらのみや》（奈良県橿原市大軽町）で110歳で没したと記し、大隅宮《おおすみのみや》（大阪市東淀川区）で没したという別伝も併載している。

古事記によると朝鮮半島の百済《くだら》の肖古王《しょうこおう》（照古王）から馬2頭を奉られているが、肖古王は375年に没した人物である。古代の日朝関係を語る史料として有名な*広開土王《こうかいどおう》碑は4世紀末の高句麗《こうくり》と倭国との戦いを記すが、この「倭国」は応神天皇を戴くヤマト王権の可能性が高い。こうしたことから、応神天皇は実在性が高いといわれている。

九州に生まれ、御陵の場所などから河内《かわち》地方の勢力と関係が深かったと思われること、応神天皇以後の国風諡号《しごう》のスタイルに変化がみられることなどから、応神天皇を九州あるいは河内から台頭して新たな王朝（河内王朝）を樹立した始祖王に位置づける説がある。昭和戦後に大反響を巻き起こした考古学者江上波夫の「騎馬民族王朝征服説」は、現在ではあまり顧みられることはないが、アジア北東部の騎馬民族が朝鮮半島を経由して日本に到来し九州や畿内を征服してヤマト王権を樹立したという独創的な仮説であり、この説でも、九州から畿内に東遷したのは応神天皇ということになっている。

「大王《おおきみ》」権力の画期に応神天皇は位置しているといえるだろう。

＊広開土王碑：朝鮮半島北部の高句麗の第19代王広開土王（好太王《こうたいおう》）（在位391～412年）の功績を記した石碑で、高句麗と倭国の交戦を記す。中国吉林省集安に現存。

仁徳《にんとく》天皇

第16代

聖帝としてイメージされた 列島最大の古墳の主

❶大鷦鷯天皇
❷?～399
❸313～399
❹磐之媛命、八田皇女
❺百舌鳥耳原中陵（大阪府堺市）

類似した説話があることから「応神・仁徳一体説」も

応神《おうじん》天皇の第4子で、母は仲姫《なかつひめ》。応神天皇が没すると、太子に選ばれていた菟道稚郎子《うじのわきいらつこ》が異母兄の大鷦鷯尊《おおさざきのみこと》（仁徳天皇）に皇位を譲るため即位を辞退する。しかし大鷦鷯尊も固辞し、互いに譲り合うことが3年も続いたが、菟道稚郎子が自殺したため、ついに仁徳天皇が即位した。難波《なにわ》の高津宮《たかつのみや》（大阪市中央区法円坂）を営み、応神朝を引き継ぐかたちで河内《かわち》を拠点とした。

天皇は、高台から炊煙が立たないことを遠望して民の貧しさを憂い、6年も税を免除して質素な暮らしを厭わなかったという、聖帝としての故事が有名だが、これを史実とせず、古代天皇を儒教的な聖天子として描くために漢籍の潤色をまじえて書かれたものとする見方が学界では強い。

皇后となった磐之媛命《いわのひめのみこと》は嫉妬深く気性の激しい女性だったとされるが、歴史学的な観点から注目したいのは、彼女の父が葛城襲津彦《かずらきのそつひこ》であることだ。葛城氏はこの時代における奈良盆地西南部の有力豪族で、葛城氏出身の磐之媛命は仁徳天皇とのあいだに4人の皇子を産み、そのうち3

人が皇位についている。さらにその3人の長子の履中《りちゅう》天皇は襲津彦の孫黒媛《くろひめ》を后としている。このことは、応神天皇にはじまる河内王朝が仁徳天皇の代になって大和の有力者葛城氏の協力をかち得、政権を強大化させたという見方を可能にする（直木孝次郎『日本古代国家の成立』）。

応神・仁徳天皇父子については、類似する説話が多くみられることなどから、本来は同一人物で、のちに父子2人に分化したとする「応神・仁徳一体説」がある。一方で、中国の史書『宋《そう》書《しょ》』にみえる「＊倭《わ》の五王」のなかの讃《さん》（421年、425年遣使）または珍《ちん》（438年遣使）に比定する説がある。世界文化遺産に登録された百舌鳥《もず》・古市《ふるいち》古墳群のなかの、日本最大の前方後円墳・大山《だいせん》古墳（大阪府堺市）は「仁徳天皇陵古墳」と呼称されているが、考古学的に仁徳天皇の陵墓と確証されているわけではなく、そこから1キロほど南にあるミサンザイ古墳（現・履中天皇陵）が大山古墳より古い形式をもつとみられることから、これを仁徳天皇陵に比定する説もある。伝承も史資料も比較的豊富だが、意外に実像がはっきりしない天皇だといえよう。

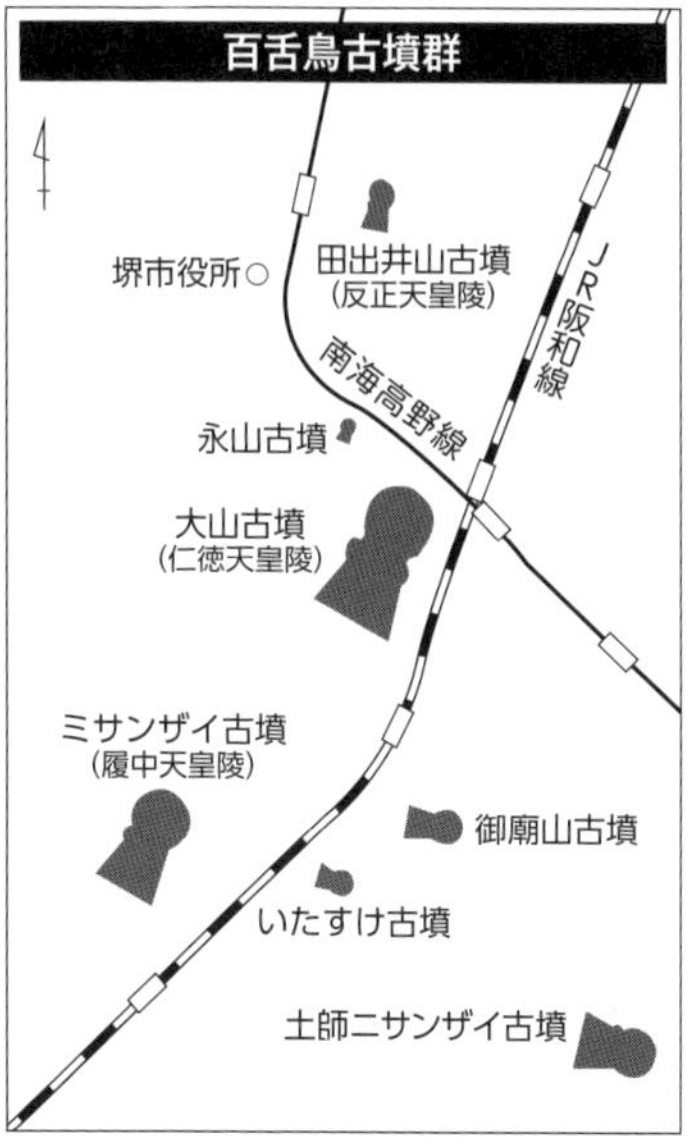

＊倭の五王：『宋書』「倭国伝」などにみえる、5世紀頃に中国王朝に宝物を贈った5人の倭の国王（讃・珍・済・興・武）をいい、それぞれ天皇の名を中国的な表記になおしたものと考えられている。

履中《りちゅう》天皇

第17代

書紀では豪族に国事を委ねた最初の事例

❶去来穂別天皇
❷336?~405
❸400~405
❹幡梭皇女
❺百舌鳥耳原南陵（大阪府堺市）

古代中国の史書に登場する倭の五王「讃」に比定

仁徳《にんとく》天皇と磐之媛命《いわのひめのみこと》の第1子。皇太子となるが、仁徳天皇が没すると、同母弟住吉仲皇子《すみのえのなかつみこ》とのあいだで皇位継承をめぐって争いが発生した。履中天皇は豪族らの手引きで大和《やまと》に逃げ、もうひとりの同母弟瑞歯別皇子《みずはわけのみこ》（のちの反正《はんぜい》天皇）に仲皇子を討たせ、磐余稚桜宮《いわれのわかさくらのみや》（奈良県桜井市池之内）で即位した。この地はかつて神功《じんぐう》皇后が宮居した場所だったが、ここに改めて宮を築き、重臣の平群木菟宿禰《へぐりのつくのすくね》、蘇我満智宿禰《そがのまちのすくね》、物部伊莒弗大連《もののべのいこふつのおおむらじ》、葛城円大臣《かずらきのつぶらのおおおみ》らに国事を執らせた（書紀での天皇が豪族に執政を委ねた記事の初見）。履中天皇5年条には、履中天皇が淡路島で狩猟をしたとき、伊奘諾神《いざなきのかみ》から「血の臭気に堪えられない」という神託が下り、神の崇《たた》りで都にいた妃の黒媛《くろひめ》が没するというミステリアスな記事があって興味をひく。また、「倭の五王」の讃《さん》（421年、425年遣使）を履中にあてる有力な説がある。皇子の市辺押磐皇子《いちのへのおしはのみこ》らはのちに雄略《ゆうりゃく》天皇に殺害されるが、孫の世代に顕宗《けんぞう》・仁賢《にんけん》天皇が出て、履中系の皇統をつないでいる。

反正《はんぜい》天皇

第18代

五王「珍」に比定されるも記述はとぼしい

❶瑞歯別天皇
❷?~411
❸406~411
❹?
❺百舌鳥耳原北陵（大阪府堺市）

兄弟間での皇位継承を果たした初の天皇

仁徳《にんとく》天皇と磐之媛命《いわのひめのみこと》の第3子で、淡路島で生まれたという。履中《りちゅう》天皇の同母弟で、長兄（履中天皇）と次兄住吉仲皇子《すみのえのなかつみこ》のあいだで皇位争いが生じると、仲皇子を殺して履中天皇の即位を助け、その功で皇太子になった。兄弟間の皇位継承は天皇史上これがはじめてである。和珥《わに》氏（奈良県天理市和爾付近を本拠とした豪族）系の津野媛《つのひめ》とその妹の弟媛《おとひめ》を妃とし、河内《かわち》の丹比《たじひ》に宮を築いて柴籬宮《しばかきのみや》（大阪府松原市上田付近か）と名づけた。大和《やまと》と難波《なにわ》の中継点に都を遷したのである。

書紀は反正天皇の治世を「人民は富み栄え、天下は太平であった」と評すものの、在位わずか6年で没したためか、記紀ともに治世に関する記述はとぼしい。ただし、「倭の五王」の珍《ちん》に比定する有力な説があり（『宋書《そうしょ》』によれば珍は先王讃《さん》の弟で、履中・反正天皇が兄弟であることと符合する）、珍は438年に宋に遣使して「安東《あんとう》将軍倭国王」に任じられたという。

允恭《いんぎょう》天皇

第19代

朝鮮半島南東部の支配権を任された五王「斉」とも

❶雄朝津間稚子宿禰天皇
❷?～453
❸412～453
❹忍坂大中姫命
❺恵我長野北陵（大阪府藤井寺市）

飛鳥に都を遷し、氏姓の乱れを正す

仁徳《にんとく》天皇と磐之媛命《いわのひめのみこと》の第4子で、履中《りちゅう》・反正《はんぜい》天皇の同母弟。反正天皇が没すると、高官たちから皇位を継ぐことを再三求められたが、病弱を理由にこれを固辞。しかし妃である忍坂大中姫命《おしさかのおおなかつひめのみこと》（応神《おうじん》天皇の孫）の死をも辞さぬ強い懇請を受けてついに即位を決意した。病気は新羅《しらぎ》から医者が来朝して治療にあたったところ、ほどなく治ったという。古事記によれば、遠飛鳥宮《とおつあすかのみや》（奈良県高市郡明日香村）を営んだ。

事績としては、氏姓の乱れを盟神探湯《くかたち》（熱湯の中に手を入れて神意を伺う古代の占い）によって正したというのがよく知られている。当時、偽って「私は○○天皇の子孫だ」「○○神の末裔だ」などと自称する氏族が目立ったが、その当否をはっきりさせたということだろう。「倭の五王」のなかでは、先王の珍《ちん》（反正天皇か?）より地位が上がって、451年に「六国《りっこく》諸軍事安東《あんとう》将軍」に任じられて宋《そう》から新羅を含む朝鮮半島南東部の軍政権を公認された済《せい》に比定される。

安康《あんこう》天皇

第20代

兄との戦闘を制すも史上初の暗殺された天皇に

❶穴穂天皇
❷?~456
❸453~456
❹中蒂姫
❺菅原伏見西陵（奈良市）

皇族間の抗争に終始見舞われる

允恭《いんぎょう》天皇の子で、母は忍坂大中姫命《おしさかのおおなかつひめのみこと》。皇太子木梨軽皇子《きなしのかるのみこ》が皇位を継ぐはずだったが、暴虐で淫行におぼれたので信望を失い、同母弟の穴穂皇子《あなほのみこ》（安康天皇）を推す声が強くなった。軽皇子は穴穂皇子を倒そうとするが、逆に穴穂皇子の軍に包囲され、結局自害。穴穂皇子が即位し、石上穴穂宮《いそのかみのあなほのみや》（奈良県天理市田町）に宮を遷した。

安康天皇元年、天皇は大草香皇子《おおくさかのみこ》（仁徳《にんとく》天皇の皇子）の妹幡梭皇女《はたびのひめみこ》を弟大泊瀬皇子《おおはつせのみこ》（のちの雄略《ゆうりゃく》天皇）の妻にしようとしたが、大草香皇子がこれを拒んだという報せを聞くと（じつは讒言《ざんげん》だったが）、兵を送って皇子を殺し、さらに彼の妻中蒂姫《なかしひめ》を奪って皇后とした。ところが同3年、大草香皇子と中蒂姫の子で、いまだ少年だった眉輪王《まよわのおおきみ》によって不意をつかれて殺されてしまう。史上初の天皇暗殺である。４６２年に「安東《あんとう》将軍倭国王」の爵号をおくられた「倭の五王」の興《こう》に比定される。

雄略《ゆうりゃく》天皇

第21代

「大悪」「有徳」「英雄」——多様な評価をもつ

❶大泊瀬幼武天皇
❷418〜479
❸456〜479
❹幡梭皇女
❺丹比高鷲原陵（大阪府羽曳野市）

考古学的に実在が確認されたワカタケル大王

允恭《いんぎょう》天皇の第5子で、母は忍坂大中姫命《おしさかのおおなかつひめのみこと》。安康《あんこう》天皇の同母弟。兄安康天皇が眉輪王《まよわのおおきみ》に暗殺されると、雄略天皇は兄たちをその黒幕と疑って惨殺。さらに、皇位継承のライバルとなった皇子たちも次々に殺害した。

そして泊瀬朝倉宮《はつせのあさくらのみや》（奈良県桜井市脇本）で天皇に即位し、幡梭皇女《はたびのひめみこ》を皇后に立てた（履中《りちゅう》天皇の皇后と同じ名前だが、別人と考えられる）。また即位とともに平群真鳥《へぐりのまとり》を大臣《おおおみ》に、大伴室屋《おおとものむろや》・物部目《もののべのめ》を大連《おおむらじ》に任じた。これが、有力豪族の代表が天皇の政治を補佐する、大臣・大連制の実質的なはじまりとされている。

即位後もたびたび殺人を犯したため、人々は彼を「大悪の天皇」と謗《そし》った。その反面、雄略天皇は葛城山《かずらきやま》で一事主神《ひとことぬしのかみ》に出会うと、ともに遊猟を楽しみ、最後は神の送別を受けたため、神にも敬われたということで「有徳の天皇」とも呼ばれたという。

その他の「雄略天皇紀」の記述としては、内政面をみると、吉備《きび》氏をはじめ、天皇に叛意を抱いた諸氏を誅滅《ちゅうめつ》したという記事が目立つ。外交面では、朝鮮半島南部に進出し、将軍を派遣して新羅《しらぎ》征討を試み、また、呉国《くれのくに》（中国の宋《そう》）にも使者を派遣するなど、積極的な活動を展開している。雄略天皇23年、皇太子（のちの清寧《せいねい》天皇）に後事を託す遺詔《いしょう》をして62歳で没した。

稲荷山古墳出土の鉄剣銘

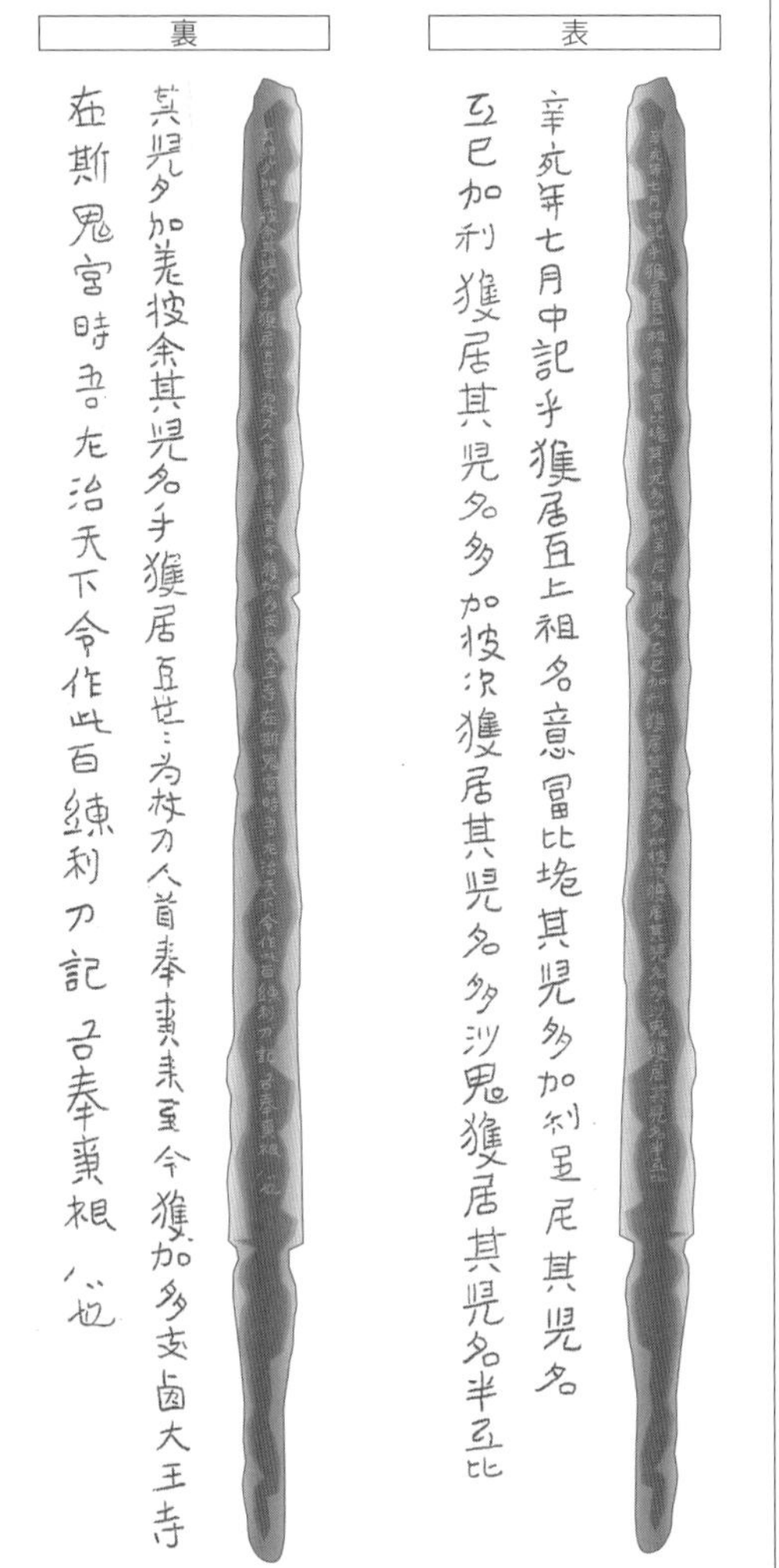
表
辛亥年七月中記乎獲居臣上祖名意富比垝其児多加利足尼其児名
弖已加利獲居其児名多加披次獲居其児名多沙鬼獲居其児名半弖比
裏
其児名加差披余其児名乎獲居臣世々為杖刀人首奉事来至今獲加多支鹵大王寺
在斯鬼宮時吾左治天下令作此百練利刀記吾奉事根原也

（鉄剣はイラスト）

雄略天皇は、考古学的資料からその実在が確認できる最初の天皇とされている。埼玉県行田《ぎょうだ》市の稲荷山《いなりやま》古墳から出土した、「辛亥《しんがい》年（４７１年または５３１年）」銘のある鉄剣（国宝）の銘文にみえる、その所持者（ヲワケの臣《おみ》）が仕えたという人物の名「獲加多支鹵大《わかたけるのおお》臣《おみ》」が、雄略天皇の諱《いみな》であるワカタケル（幼武）を指していると思われ、また、熊本県の船山古墳出土の大刀の銘「獲□□□鹵大王」も同様と解されるからである。

「倭の五王」の最後である武《ぶ》は、その名が「幼武」と通じることから雄略天皇に比定されており、『宋書《そうしょ》』によれば、武は４７８年に宋に遣使し「安東《あんとう》大将軍倭国王」に任じられているが、このときの上表文には「東方の55カ国を征服し、西方の66カ国を服属させ、海を渡って北の95カ国を平定した」と書かれている。この文章には多分に誇張もあると思われるが、先述した埼玉の鉄剣銘や熊本の大刀銘、そして書紀の記事とを合わせて考えれば、雄略天皇は史実として東国から九州まで支配地域を拡大させ、ヤマト王権の拡充を成功させたのだろうという推論が導かれる。

奈良時代の人々は雄略天皇を国土統一を果たした英雄的天皇とみなし、雄略朝を明治維新のような時代の大きな節目ととらえていたらしく、「籠《こ》もよ　み籠持ち　ふくしもよ　みぶくし持ち　この岡に　菜摘ます児　家告《の》らな　名告らさね」ではじまる『万葉集《まんようしゅう》』の栄えある巻頭歌は雄略天皇が詠んだとされる求愛の歌である。「若々しく強い男」というストレートな意味をもつワカタケルという名前も、時代を画す英雄的天皇像にふさわしい。

清寧《せいねい》天皇

第22代

生まれながらの白髪で、子がなかった

❶白髪武広国押稚日本根子天皇
❷?～484
❸480～484
❹?
❺河内坂門原陵（大阪府羽曳野市）

そもそも妻をもとうとしなかった可能性も

雄略《ゆうりゃく》天皇の第3子で、母は葛城韓媛《かずらきのからひめ》（葛城円大臣《つぶらのおおおみ》の娘）。国風諡号《しごう》は生まれながらに白髪であったことに由来し、父はこの皇子に特別な霊異を感じたという。皇太子になるが、雄略天皇が没すると異母兄弟とのあいだで皇位継承争いが発生。しかし異母兄弟たちの敗北で乱は収まり、磐余甕栗宮《いわれのみかくりのみや》（奈良県桜井市西部）で即位して清寧天皇となり、雄略朝と同じく大伴室屋《おおとものむろや》を大《おお》連《むらじ》、平群真鳥《へぐりのまとり》を大臣《おおおみ》とした。子がいなかった清寧天皇は、これを気に病んで諸国に自身の御名代《みなしろ》*として白髪部《しらかべ》を置き、自身の事績を残そうとした。なお、記紀は后妃名を記していないため、そもそも彼が妻をもとうとしなかった可能性もある。

そんななか、父の雄略天皇に殺害された市辺押磐皇子《いちのへのおしはのみこ》の遺児、億計王《おけのみこ》と弘計王《おけのみこ》が播磨国《はりまのくに》で見つかると、天皇は喜んで迎え入れ、皇嗣《こうし》とした。在位5年で死去し、享年は「若干《そこばく》」とのみ記されている。

＊御名代：天皇や后妃の生活のために設定された私的財産としての人民のこと。その天皇や后妃などの王名や宮号をになった。

顕宗天皇《けんぞう》

第23代

雄略天皇に殺害された皇子の遺児

❶弘計天皇
❷?～487
❸485～487
❹難波小野王
❺傍丘磐坏丘南陵（奈良県香芝市）

兄から譲られて先に即位する

名を弘計王《おけのみこ》ともいう。父は履中《りちゅう》天皇皇子の市辺押磐皇子《いちのへのおしはのみこ》、母は荑媛《はえひめ》。先代清寧《せいねい》天皇との間柄ははとこ。眉輪王《まよわおおきみ》による安康《あんこう》天皇暗殺後、父が雄略《ゆうりゃく》天皇によって殺されると、兄の億計王《おけのみこ》とともに播磨国《はりまのくに》に逃れて身を隠すが、清寧天皇の時代になって見出され、王宮に迎えられた。

本来は皇太子となっていた億計王が皇位を継ぐはずだったが、兄弟は互いに皇位を譲り合う。そのため兄弟の叔母（姉妹とも）にあたる飯豊青皇女《いいどよのあおのひめみこ》が臨時に朝政をとったという。皇女が亡くなると、周囲の進言にも推されて弘計王がようやく皇位継承を承諾し、近飛鳥八釣宮《ちかつあすかのやつりのみや》（奈良県高市郡明日香村八釣）で即位した。その後、天皇は亡父の遺骸が埋められた場所を探し当てて埋葬し直し、さらに父の仇を討とうと雄略天皇の陵墓を壊して遺骸を暴こうと考えたが、兄億計王に諫《いさ》められて思いとどまったという。ちなみに古事記では、億計王・弘計王が播磨で見つかるのは清寧天皇の死後のことになっている。

仁賢《にんけん》天皇

第24代

弟から兄へ。王権継承の不安定期をつなぐ

❶億計天皇
❷?～498
❸488～498
❹春日大娘皇女
❺埴生坂本陵（大阪府藤井寺市）

播磨から宮中に迎えられ弟の没後に即位する

億計王《おけのみこ》ともいう。父は履中《りちゅう》天皇皇子の市辺押磐皇子《いちのへのおしはのみこ》で、顕宗《けんぞう》天皇（弘計王《おけのみこ》）の兄。

清寧天皇没後、いったん皇位を弟に譲るが在位3年で亡くなると、弟に皇子がいなかったこともあるのか、石上広高宮《いそのかみのひろたかのみや》（奈良県天理市石上町）にて即位した。仁賢天皇は、雄略《ゆうりゃく》天皇の娘春日大娘皇女《かすがのおおいらつめのひめみこ》を皇后に立て、手白香皇女《たしらかのひめみこ》（継体《けいたい》天皇皇后）、橘皇女《たちばなのひめみこ》（宣化《せんか》天皇皇后）、小泊《おばつ》瀬《せ》稚鷦鷯尊《わかさざきのみこと》（武烈《ぶれつ》天皇）など、1男6女をもうけた。また、妃糠君娘《ぬかきみのいらつめ》とのあいだにもうけた春《かす》日山田皇女《がのやまだのひめみこ》はのちに安閑《あんかん》天皇の皇后となっている。泊瀬列城宮《はつせのなみきのみや》（奈良県桜井市出雲）を営んだ。

億計王・弘計王の説話は一種の貴種流離譚だが、『播磨国風土記《はりまのくにふどき》』にもほぼ同じような内容が記録されていて、古来よく知られた伝説であったことがわかる。清寧天皇から顕宗・仁賢天皇にいたる所伝の史実性は定かではないが、次の武烈天皇の所伝も合わせると、史実の大枠として、雄略天皇没後、王権継承の不安定な状態が続いたことは間違いのないところなのだろう。

武烈《ぶれつ》天皇

第25代

皇統を断絶させた稀代の暴君だったのか？

❶小泊瀬稚鷦鷯天皇
❷？～506
❸498～506
❹春日娘子
❺傍丘磐坏丘北陵（奈良県香芝市）

暴虐記事には造作の疑いももたれている

父は仁賢《にんけん》天皇、母は春日大娘皇女《かすがのおおいらつめのひめみこ》。泊瀬列城宮《はつせのなみきのみや》（奈良県桜井市出雲）で即位して天皇となる。即位前には、のちに大連《おおむらじ》となる大伴金村《おおとものかなむら》と謀って、驕慢《きょうまん》になっていた大臣《おおおみ》の平群真鳥《へぐりのまとり》を殺していた。皇太子時代は、法令に通じて日が暮れるまで政務に励むなど、賢帝的な横顔を見せていたが、その反面、しきりに悪業を行ったため、人々はみな恐怖に震えたという。即位後はそんな暴君的な振る舞いがますますエスカレートしてゆき、次のような暴虐にふけったという。

「妊婦の腹を割いて胎児を見る」「人の生爪を抜いて、山芋を掘らせる」「人の頭髪を抜いて木に登らせ、その根本を切り倒して登っていた者を落として殺す」「人を池の堤の樋に伏せて入らせ、外に流れ出ると矛で刺し殺す」「人を木に登らせ、それを弓で射落とすのを笑いながら見る」「女を裸にして平板に座らせ、馬と獣姦させる」「陰部の潤っている女は殺し、潤っていない女は召し上げて奴婢《ぬひ》とする」

暮らしは贅沢で、人々が寒さや飢えに苦しむことにかまわず、遊興と酒に溺れた。あげく、武烈天皇8年、継嗣がいないまま死去したため、応神《おうじん》・仁徳《にんとく》系の皇統は断絶にいたった。

書紀は暴君ぶりを事細かに記していて、書紀が天皇家の権威を正当化するものとして編纂されたことを考えると、不可解にすら思える。このことについては、「武烈天皇紀」に登場する、暴虐だったという百済《くだら》の末多王《またおう》の乱行を記した『百済記』の記事が誤って混入したためだろうと解する論が江戸時代からあった。しかし、昭和戦後以降は歴史学者の津田左右吉などにより、応神（あるいは仁徳）天皇からの皇統が武烈天皇で断絶し、次に別系の継体《けいたい》天皇があらわれることから、その事績を古代中国の代表的暴君である桀《けつ》・紂《ちゅう》のそれに類するものになるように作為したのではないか、と説かれるようになった。実際、武烈天皇の暴虐を記す文章には桀・紂のことを記す『古列女伝』や『芸文類聚《げいもんるいじゅう》』の辞句と類似したものがみられ、こうした見方を裏づけている。

武烈天皇の泊瀬列城宮伝承地に建つ十二柱神社（奈良県桜井市）

コラム2

深掘り！『日本書紀』と古代日本

日本「はじめて」物語

――『日本書紀』に並ぶ、意外な「日本最古」

日本最古の正史には、現在の我々にとって身近なもののルーツも記されている。なかでも代表的な「本邦初」の記録を拾ってみたい。

時計（漏剋）

斉明《さいめい》天皇6年（660）5月、皇太子だった中大兄皇子《なかのおおえのみこ》（のちの天智《てんじ》天皇）ははじめて漏剋《ろうこく》を作り、民に時を知らせたという。漏剋は木箱の小孔から漏出する水量で時を計る水時計のことと推定されている。天智天皇10年（671）4月には、同じ漏剋が新しい台に置かれ、時をはじめて打ち、鐘や鼓を打ち鳴らして時刻が報じられたという。

飛鳥水落《あすかみずおち》遺跡（奈良県高市郡明日香村）からは特異な基壇をもつ大型正方形建物の遺構が発見されているが、木樋暗渠《あんきょ》、銅管、漆塗木箱なども出土していることから、斉明朝に作られた漏剋の設置台の跡と考えられている。飛鳥川の水を利用したのだろう。

演劇（伎楽）

推古《すいこ》天皇20年（612）、百済《くだら》から味摩之《みまし》が来朝した。味摩之は呉《くれ》（中国江南地方）で伎楽《ぎがく》の儛《まい》を習得していたので、朝廷は彼を桜井（奈良県高市郡明日香村豊浦《とようら》の豊浦《とゆら》寺跡付近）に住まわせ、少年たちを集めて伎楽の儛を習わせた。

伎楽は古代インド、チベットの仮面劇がルーツと考えられる仮面芸能で、西域《さいいき》を通して中国に伝わり、中国では散楽《さんがく》と呼ばれた。滑稽卑俗な所作が無言で演じられたと推測され、平安時代中期以降にはしだいにすたれたが、用いられた仮面（伎楽面）は法隆寺、正《しょう》倉院《そういん》、東大寺などに残されている。猿楽《さるがく》の源流のひとつともいわれている。

官道

推古天皇21年（６１３）11月条に「難波《なにわ》より京《みやこ》（飛鳥）に至るまでに大道《おおち》を置く」とあるが、この道は竹内峠《たけのうち》を介して大和《やまと》と河内《かわち》を結ぶ竹内街道の前身と考えられている。「大道」が朝廷が整備した官道ととらえられることから、最古の大道と考えられる竹内街道は「古代の国道1号線」と呼ばれている。それは、大陸からの先進文化が届く難波津と都がある大和飛鳥を結ぶ重要なルートで、直線部分も多く、外交使節や高官たちが往来した当時の幹線道路である。

仁徳《にんとく》天皇14年（３２６）条にある、難波高《なにわのたか》津宮《つのみや》から丹比邑《たじひのむら》（大阪府の中央西部）まで直線状の「大道」が造られたという記事も注目されるが、この仁徳朝の大道は、7世紀に敷設された「難波大道」にもとづいて潤色された記事であるとか、のちの竹内街道の一部だったなどといった指摘がなされている。

第3章

東アジア動乱と国政改革の萌芽

5世紀末には度重なる政争を起因として皇位継承が不安定な状態が続いたが、6世紀に入って北陸（または近江）出身の第26代継体《けいたい》天皇が即位すると、さまざまな政治変動を潜り抜けながら、ヤマト王権は着実に地歩を固めていった。

国外に目を向けると、朝鮮半島では国々の覇権争いが激化して日本（倭国）もその余波を受けたが、そうしたなかでも、仏教や儒教、道教《どうきょう》、あるいは土木・建築などの諸技術を積極的に受容している。大陸では6世紀末に強大な中央集権国家・隋《ずい》が誕生し、推古《すいこ》朝は遣隋使を派遣してその先進文化の摂取に努めている。そして、これらを活用した国政改革がやがて本格化していくのだ。

この章で扱う天皇

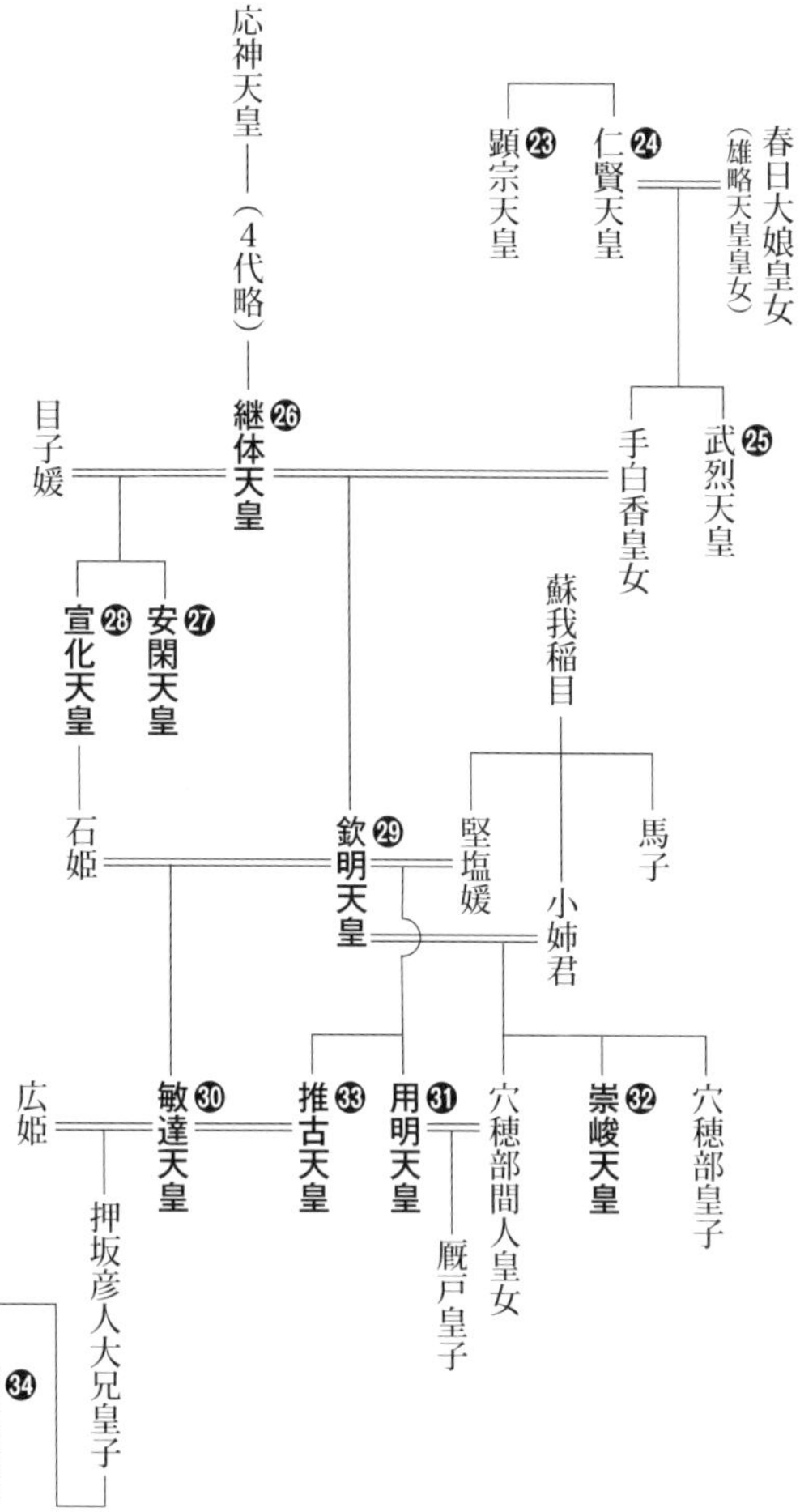

※●数字は天皇代数

継体天皇《けいたい》 第26代

皇統の危機を救った遠縁からの即位

❶男大迹天皇
❷450～531
❸507～531
❹手白香皇女
❺三嶋藍野陵（大阪府茨木市）

即位から20年も要した大和入り

武烈《ぶれつ》天皇が継嗣のいないまま死去すると、有力豪族たちは皇族のなかから候補者探しをはじめ、最終的に当時、北陸の三国《みくに》（福井県北部）にいた男大迹王《おおどのおおきみ》に白羽の矢を立てた。朝廷からの使者が来ても男大迹王は当初は即位を躊躇したが、再三の請願を受け、樟葉宮《くすはのみや》（大阪府枚方市楠葉）で即位した。これが継体天皇で、当時58歳だった。

書紀によれば、継体天皇は応神《おうじん》天皇の5世孫で、父は彦主人王《ひこうしのおおきみ》、母は垂仁《すいにん》天皇7世孫の振媛《ふりひめ》だという。つまり、つながりは遠いながら、継体天皇は父母の双系で天皇の血を引いていることになる。近江《おうみ》で生まれたが、まもなく彦主人王が亡くなったため、振媛は故郷の三国に戻り継体天皇を育てたという（古事記には三国帰還のくだりはない）。即位後まもなく仁賢《にんけん》天皇の娘手白《たしら》香皇女《かのひめみこ》（武烈天皇の姉）を皇后に迎えた。武烈天皇まで続いていた仁徳《にんとく》皇統の正統を継ぐために行われた、婿入り婚のようなものだ。

樟葉宮に4年いたあと、筒城《つつき》（京都府京田辺市）に7年、乙訓《おとくに》（京都府長岡京市やその周辺）に8年と宮を転々とし、継体天皇20年（526）に磐余玉穂宮《いわれのたまほのみや》（奈良県桜井市西部）に遷った。天皇家の本拠であった大和《やまと》に入るのにこれだけの年数を要したことについては、継体と彼を推した大伴《おおとも》氏に敵対する勢力が大和にいたことを想像させる。

このようななか、朝廷は朝鮮半島へしばしば派兵するが、半島諸国の国力が高まっていたこともあり、日本の影響力は衰えることになる。さらに北九州では新羅《しらぎ》と通じた筑紫国造《つくしのくにのみやつこ》磐井《いわい》による内乱（527年）が起きている。書紀によれば、同25年、継体天皇は82歳で没するが、没後の次第に関しては謎があり、論争が生じている（78ページ）。

継体天皇は天皇家との血縁が薄く、大和出身ではないとされることなどから、「応神天皇5世孫」であることを疑問視し、「地方豪族が朝廷の混乱に乗じて政権を乗っ取ったのだ」ということがしばしばいわれる。しかし、宮女や采女《うねめ》など地位の低い女性を母とする皇子や王は、その母が任を解かれると、母とともに母の故郷に移り住み、その地で子孫が続くというケースもありえた。そう考えれば、「応神天皇5世孫」が大和から離れた地にいたとしても、けっして不思議ではない。

和歌山県橋本市の隅田《すだ》八幡神社蔵に伝わる銅鏡*「隅田八幡人物画像鏡」（国宝）の銘文にある「癸未《きび》年」を503年、「男弟王」を男大迹王つまり継体天皇と解する説がある。

＊隅田八幡人物画像鏡：隅田八幡神社に伝来した経緯は不明。銘文に「意柴沙加《おしさか》宮」の語もあるため、「男弟王」を允恭《いんぎょう》天皇皇后忍坂大中姫《おしさかのおおなかつひめ》の異母弟大草香皇子《おおくさかのみこ》や、敏達天皇皇子の押坂彦人大兄皇子《おしさかのひこひとのおおえのみこ》にあてる説もある。

安閑《あんかん》天皇

第27代

記事が食い違う即位時期をめぐる謎の空白

❶広国押武金日天皇
❷466〜535
❸534?〜535
❹春日山田皇女
❺古市高屋丘陵（大阪府羽曳野市）

継体天皇没後、皇位をめぐる内乱が起こった可能性も

継体《けいたい》天皇の長子で、母は目子媛《めのこひめ》。「安閑天皇紀」によると継体天皇25年（531）2月7日、病に冒された継体天皇は安閑天皇に譲位し、その日のうちに没したという。ただし「安閑天皇紀」によると安閑天皇元年は甲寅年《こういん》＝534年だが、「継体天皇紀」によれば継体天皇25年は辛亥年《しんがい》＝531年なので、継体天皇没年と実質的な安閑朝開始年である安閑天皇元年の間に丸2年の空白がある。しかも「継体天皇紀」の末尾には「辛亥年（継体天皇25年）に日本の天皇と太子・皇子はみな亡くなった」という異説が付記されている。一方、＊『上宮聖徳法王帝説《じょうぐうしょうとくほうおうていせつ》』によれば、書紀では安閑天皇の2代後にあたる欽明《きんめい》天皇（安閑天皇の異母弟）は辛亥年、つまり継体天皇25年に即位している。こうした記述の混乱から、継体天皇没後に皇位継承をめぐる内乱が起こり、安閑・宣化《せんか》朝と欽明朝が並立する時代がしばらく続いたとする二朝並立説も唱えられている。安閑天皇は勾金橋宮《まがりのかなはしのみや》（奈良県橿原市曲川町）を営んだ。

＊『上宮聖徳法王帝説』：厩戸皇子《うまやとのみこ》（聖徳太子）関係の系譜や事績などを記したもの。奈良時代に原形が成立し、平安時代中期に最終的にまとめられたとみられている。

宣化《せんか》天皇

第28代

書紀で蘇我氏の活躍が目立ちはじめる

❶武小広国押盾天皇
❷467〜539
❸535〜539
❹橘皇女
❺身狭桃花鳥坂上陵（奈良県橿原市）

大宰府の前身である官家を設立

継体《けいたい》天皇の第2子で、母は目子媛《めのこひめ》。同母兄の安閑天皇が後嗣のないまま没したため即位し、檜隈廬入野宮《ひのくまのいおりののみや》（奈良県高市郡明日香村檜前）に遷った。非常にさっぱりとした性格で、心が明朗であり、謙虚な人柄であったという。蘇我稲目《そがのいなめ》を大臣《おおおみ》に任じたが、書紀の中で蘇我氏の活躍が目立ちはじめるのはこのあたりからである。海外との交通の要衝である筑紫国《つくしのくに》の那津《なのつ》（福岡市博多港）に官家《みやけ》（朝廷直轄の外交・軍事基地）をつくったが、これを九州の行政を統轄した大宰府《だざいふ》の前身とみる説がある。朝鮮半島の任那《みまな》が新羅《しらぎ》に侵略されると、大連《おおむらじ》の大伴金村《おおとものかなむら》に鎮圧を命じている。

なお、任那は、かつては朝鮮半島南部にあった日本の植民地的な地域としてとらえられていたが、近年では、半島南部にあった小国群の総称「加羅《から》（加耶《かや》）」と同義で、そこに日本（大和朝廷）の出先機関があったのだろう、というのが通説となっている。

＊檜隈：現在の明日香村飛鳥の南方で、応神《おうじん》朝以来、東漢《やまとのあや》氏などの渡来人が多く居住した地。これらの渡来系氏族は蘇我氏との結びつきが深い。

欽明《きんめい》天皇

第29代

仏教が朝鮮半島から公的に伝わる

❶天国排開広庭天皇
❷?～571
❸539～571
❹石姫
❺檜隈坂合陵（奈良県高市郡明日香村）

謎を秘めた『日本書紀』の仏教公伝年

父は継体《けいたい》天皇、母は皇后手白香皇女《たしらかのひめみこ》（仁賢《にんけん》天皇の娘）。安閑《あんかん》・宣化《せんか》天皇の異母弟にあたるが、書紀は欽明天皇を「継体天皇の嫡子」と表現している。継体天皇が即位してから迎えた、天皇家の血が濃い皇后を母としているからだろう。

宣化天皇が没すると、自らは弱年浅学であることを理由に安閑天皇の皇后春日山田皇女《かすがのやまだのひめみこ》の即位を推すが、山田皇女が固辞し、逆に皇位を勧められたため即位したという。大伴金村《おおとものかなむら》と物部尾《もののべのお》輿《こし》を大連《おおむらじ》に、蘇我稲目《そがのいなめ》を大臣《おおおみ》に任じた。また、宣化天皇の娘石姫《いしひめ》を皇后に立て、磯城島金刺宮《しきしまのかなさしのみや》（奈良県桜井市金屋）に宮を遷した。さらに蘇我稲目の娘堅塩媛《きたしひめ》を妃とし、のちの用明《ようめい》天皇、推《すい》古《こ》天皇をはじめとして7男6女をもうけた。

欽明朝の記事は外交関係が目立つ。当時は朝鮮半島では抗争が続いて情勢がめまぐるしく変転していたが、朝廷は日本勢力の拠点である任那《みまな》の復興に尽くし、友好国百済《くだら》の聖明王《せいめいおう》もこれに協力したが、新羅《しらぎ》は聖明王を捕らえて処刑し、欽明天皇23年（562）、任那は滅亡した。

　この間の欽明天皇13年（552）、聖明王は欽明天皇に使者を遣わし、仏像と経論・仏具を奉り、仏法の功徳を説いた。いわゆる仏教公伝である。しかし朝廷内では、蘇我稲目が崇仏《すうぶつ》、物部尾輿・中臣鎌子《なかとみのかまこ》らは破仏を主張し、有力豪族間で確執が生じることになった。

　欽明天皇13年という書紀が記す仏教公伝年に対しては異説があり、＊『元興寺伽藍縁起《がんごうじがらんえんぎ》』は「欽明天皇7年＝戊午《ぼご》年」、『上宮聖徳法王帝説《じょうぐうしょうとくほうおうていせつ》』は「欽明天皇の時代の戊午年」とする。6世紀前半で戊午年にあたるのは西暦538年だが、この年は書紀では宣化天皇3年で、欽明朝ではない。近年の研究では、仏教では552年が末法《まっぽう》に入る年とされたことと関連して、書紀の述作者はこの年を公伝年に位置づけたのだろうと推定して、正確な仏教公伝年を538年とする説が有力となっている。末法は仏法が衰退してゆく時代だが、同時に、最終的には未来仏が出現して救済が行われ、仏法が再興に向かう時代とするとらえ方もあるからだ。そうすると、書紀が宣化朝とする時代がじつは欽明朝だったことにもなるわけで、このことも安閑天皇の項で触れた「二朝並立説」の根拠になっている。

　だが、欽明天皇は宣化天皇の娘を皇后に迎えているので、両者の関係は必ずしも険悪だったとは思えない。欽明天皇の生年は不明だが、継体天皇没後、嫡子の欽明天皇が即位したが、まだ幼年だったので、異母兄の安閑・宣化天皇が後見的な地位に就いた、という見方もできる。

＊『元興寺伽藍縁起』：正式には『元興寺伽藍縁起幷《ならびに》流記《るき》資財帳』という。596年に完成した元興寺（飛鳥寺《あすかでら》）の由来などを記し、9世紀に原形が成立したとされる。

敏達《びだつ》天皇

第30代

文学と史書を好んだ推古女帝の夫

❶渟中倉太珠敷天皇
❷?～585
❸572～585
❹広姫、豊御食炊屋姫尊
❺河内磯長中尾陵（大阪府南河内郡太子町）

仏教禁止を命じ、太陽祭祀を重視した

欽明《きんめい》天皇の第2子で、母は皇后石姫《いしひめ》。百済大井宮《くだらのおおいのみや》（奈良県北葛城郡広陵町付近か）を宮としたが、のちに訳語《おさ》田幸玉宮《たのさきたまのみや》（同桜井市戒重付近）に遷った。息長真手王《おきながまてのおおきみ》の娘広姫《ひろひめ》を皇后とするが、広姫が亡くなると、異母妹の豊御食《とよみけ》炊屋《かしきや》姫尊《ひめのみこと》（のちの推古《すいこ》天皇）を新たに皇后として迎えた。

外政では、父の遺言にしたがって任那《みまな》復興をめざしたが、あまり効果はあげられなかった。

天皇は仏教を信じず、文学と史書を好んだという。仏教の受容をめぐっては、欽明朝以来、蘇我《そが》氏と物部《もののべ》氏の対立が続き、崇仏《すうぶつ》派の蘇我馬子《うまこ》は自邸に仏殿を造ったものの、敏達《びだつ》天皇14年（585）、国内に疫病が流行すると、物部守屋《もりや》は崇仏のせいと訴え、天皇はこれを認めて仏教禁止を命じた。守屋は寺院に火を放ち、仏像を焼き、焼け残りを難波《なにわ》の堀江に棄てさせた。ところがまもなく、天皇と守屋は疱瘡《ほうそう》を患い、人々は「これは仏像を焼いた罰か」と噂しあったという。天皇はさらに重い病にかかり、同年8月には死去してしまった。

「敏達天皇紀」の記述として、短いながら注目したいものとして、6年2月条の「詔《みことのり》して日《ひ》祀部《まつりべ》を置いた」がある。「日祀部」の解釈にはいくつか説があるが、そのひとつに、天皇家が行う太陽祭祀に関わる部民《べのたみ》（隷属民の集団）がある。この場合の太陽祭祀とは、必ずしも皇祖神かつ太陽神である天照《あまてらす》大神《おおみかみ》を祀《まつ》るものとはかぎらない。この時期の天皇家にはまだ天照大神への信仰が完成されておらず、太陽そのものを礼拝していたとする見解がある（民俗学者の筑紫申真）。そして、＊式内社《しきないしゃ》の他田坐《おさだにます》天照《あまてる》御魂《みたま》神社（桜井市戒重の春日神社に比定する説と、桜井市太田の春日神社に比定する説がある）は、敏達天皇が王宮のある他田《おさた》（訳語田）に置いた太陽祭祀をサポートする日祀部と関係があるもので、社名のアマテルミタマとは、天照大神形成以前の、自然神としての太陽神、要するにプレ・アマテラスを指しているとみられるのだという。アマテラス信仰の形成プロセスを探るユニークな仮説といえよう。

敏達天皇の訳語田幸玉宮伝承地とされる春日神社。他田坐天照御魂神社に比定される（奈良県桜井市）

＊式内社：平安時代前期に編纂された『延喜式』「神名帳」に記載された神社。由緒ある神社とされる。

用明《ようめい》天皇

第31代

蘇我氏とのつながりが深い「聖徳太子」の父

❶橘豊日天皇
❷?~587
❸585~587
❹穴穂部間人皇女
❺河内磯長原陵（大阪府南河内郡太子町）

表面化した蘇我・物部の対立

欽明《きんめい》天皇の第4子で、母は蘇我稲目《そがのいなめ》の娘堅塩媛《きたしひめ》。敏達《びだつ》天皇の異母弟にあたる。池辺双槻宮《いけのへのなみつきのみや》（奈良県桜井市阿部）を営んだ。異母妹穴穂部間人皇女《あなほべのはしひとのひめみこ》（母は堅塩媛の妹小姉君《おあねのきみ》）を皇后に立て、その長子が厩戸皇子《うまやとのみこ》すなわち聖徳太子である。また蘇我稲目の別の娘石寸名《いしきな》も妻としていて、蘇我氏とのつながりが深い天皇であることがわかる。用明天皇は仏法を信仰し、かつ神道を尊重したという。用明天皇2年（587）4月、新嘗祭《*にいなめさい》を行ったところ、天皇は病気になったので、「仏法に帰依《きえ》しようと思うが、どうだろう」と群臣に諮《はか》った。物部守屋《もののべのもりや》、中臣勝海《なかとみのかつみ》は反対したが、蘇我馬子《うまこ》は天皇を支持し、朝廷内の対立が深刻化している。結局、病気は重篤化し、新嘗祭の1週間後には天皇は死去してしまった。その死については、皇位をねらう異母弟穴穂部皇子《あなほべのみこ》の命を受けた物部守屋によって暗殺されたとする説もある。在位期間はわずか2年ほどで目立った事績はないが、仏教の受容をはじめて公にした天皇として特筆される。

＊新嘗祭：神に新穀を供えて神恩を感謝する祭り。収穫祭的な性格をもち、本来は旧暦11月に行われる。

崇峻《すしゅん》天皇

第32代

歴代天皇で唯一臣下に暗殺される

❶泊瀬部天皇
❷?～592
❸587～592
❹?
❺倉梯岡陵（奈良県桜井市）

物部氏を倒して即位する

泊瀬部皇子《はつせべのみこ》ともいう。欽明《きんめい》天皇の第12子で、母は蘇我稲目《そがのいなめ》の娘小姉君《おあねのきみ》。敏達《びだつ》・用明《ようめい》天皇の異母弟。用明天皇没後、同母兄である穴穂部皇子《あなほべのみこ》を皇位につけようと物部守屋《もののべのもりや》が企むも、守屋と対立する蘇我馬子《うまこ》によって穴穂部皇子は殺害される。さらに馬子は泊瀬部皇子、厩戸皇子《うまやとのみこ》や群臣らと守屋を滅ぼすことを謀り、軍を率いて守屋を攻め滅ぼした（丁未《ていび》の乱）。そして、敏達天皇皇后の豊御食炊屋姫尊《とよみけかしきやひめのみこと》（のちの推古《すいこ》天皇）や群臣らの勧めで、泊瀬部皇子が即位した。引き続き蘇我馬子が大臣《おおおみ》となり、倉梯宮《くらはしのみや》（奈良県桜井市倉橋）が造営された。しかし政治の実権は馬子が握ったため、これを不満に思った天皇は武器を準備した。これを知った馬子は失脚を恐れ、崇峻天皇5年（592）、渡来系氏族の東漢駒《やまとのあやのこま》を使って崇峻天皇を暗殺した（130ページ）。遺体はその日のうちに陵に葬られたという。臣下による天皇暗殺は史上これが唯一である。この事件をへて、政権は蘇我氏が完全に掌握するところとなった。

推古《すいこ》天皇

第33代

飛鳥に都を置いた史上初の女帝

❶豊御食炊屋姫天皇
❷554～628
❸592～628
❹なし
❺磯長山田陵（大阪府南河内郡太子町）

蘇我氏の権勢をバックに強烈な政治力を駆使した

欽明《きんめい》天皇の第2皇女で、名を豊御食炊屋姫尊《とよみけかしきやひめのみこと》（炊屋姫）といった。母は蘇我《そが》氏出身の堅塩《きたし》媛《ひめ》。用明《ようめい》天皇の同母妹、崇峻《すしゅん》天皇の異母姉で、朝廷の実力者蘇我馬子《うまこ》は叔父にあたる。18歳で異母兄の敏達《びだつ》天皇の妃となり、皇后広姫《ひろひめ》が亡くなったのち皇后となった。敏達天皇とのあいだに2男5女をもうけるが、敏達天皇14年（585）に天皇が没し、寡婦となる。32歳だった。

その後、用明天皇が即位するが、在位1年7カ月で死去。物部守屋《もののべのもりや》は、かつて寡婦となった炊屋姫に対して暴行未遂事件を起こした穴穂部皇子《あなほべのみこ》（炊屋姫の異母きょうだい）を後継に擁立しようとしたが、炊屋姫は蘇我馬子に穴穂部皇子の殺害を命じ、皇子は討たれた。そして丁未《ていび》の乱（587年）で物部氏が滅びると、炊屋姫の主導で、穴穂部皇子の異母弟崇峻天皇が即位した。この時点で、蘇我氏を後ろ盾とした元皇后でもある炊屋姫は、皇族のなかでも他を圧する強い発言力・政治力をもっていたようである。

しかし崇峻天皇は、在位5年あまりで蘇我馬子によって暗殺される。政情が混乱するなか、群臣らはついに炊屋姫に即位を請い、これを受けて＊飛鳥《あすか》の豊浦宮《とようらのみや》（奈良県高市郡明日香村豊浦《とようら》）で即位した。当時39歳で、史上初の女性天皇の誕生であり、また、飛鳥地方を舞台とした飛鳥時代のはじまりともなった。

翌年、甥の厩戸皇子《うまやとのみこ》（聖徳太子）を皇太子とし、摂政《せっしょう》に任じた。「推古天皇紀」では、厩戸皇子の生い立ちのほか、冠位十二階の施行・憲法十七条の制定・遣隋使《けんずいし》派遣・国史編纂など、馬子のサポートのもと、厩戸皇子が主導したとされる事績が細かく記されている。

推古天皇11年（603）、小墾田宮《おはりたのみや》（同明日香村雷《いかずち》付近）に遷り、以後はここが厩戸皇子と馬子による革新政治の舞台となった。しかし、厩戸皇子は同29年または30年に没し、同34年には馬子も死去。この2年後には推古も皇嗣《こうし》を明確に決めないまま75歳で亡くなった。

『隋書《ずいしょ》』「倭国伝《わこくでん》」によれば、西暦600年、倭国王が隋に使者を遣わしたが、そのとき使者は隋の文帝に対して、倭国王の姓はアメ、名はタリシヒコ、号はアホケミ（アヘギミ）だと答えたという。書紀では600年は推古天皇の時代だが、アメタリシヒコという姓名はふつうに考えれば男性のもので、女帝には合致しない。したがって、アメタリシヒコを「天子（天帝の子ども）」という意味の普通名詞、または当時の天皇一般を表す語、「アホケミ（アヘギミ）」をオホキミ＝大王と解する説がある。

＊飛鳥：現在の奈良県高市郡明日香村の飛鳥川流域におおむね相当。592年の豊浦宮での推古天皇即位以後、約100年間は飛鳥地方とその周辺に宮が営まれたので、飛鳥時代と呼ばれる。

元号と国号「日本」はいつから?

――最初の元号は乙巳の変後の「大化」

「日本」は中国が用いはじめた呼称か

皇極《こうぎょく》天皇4年（645）6月12日、中大《なかのおお》兄皇子《えのみこ》（のちの天智《てんじ》天皇）と中臣鎌足《なかとみのかまたり》らによって乙巳《いっし》の変が起き、蘇我《そが》氏本宗家が滅ぼされた。2日後の14日、皇極天皇は弟の孝徳《こうとく》天皇に譲位し、そして19日、孝徳天皇は「この年を大化《たいか》元年とする」と命じた。これが日本における元号の最初である。

大化号の出典は未詳だが、この言葉には「徳をもって他を導く」という意味がある。横暴を働いた蘇我氏を誅《ちゅう》し、あくまで天皇を中心として天下に徳政をほどこそうという新政権の抱負がこめられていたのだろう。

大化のあとは白雉《はくち》（650～654年）と改元されるが、その後いったん元号は途絶え、天武《てんむ》天皇の時代に復活して朱鳥《しゅちょう》（686年）と改元されるも、これはわずか1年未満で終わって再び中断。元号制度がようやく確立したのは文武《もんむ》天皇の時代の701年が大宝《たいほう》元年となってからで、このとき同時に制定された『大宝律令《りつりょう》』には「公文書に年次を記す場合は干支《えと》ではなく元号を用いること」と規定された。

そしてこれ以後は、令和にいたるまで改元が繰り返されながら元号が連綿と用いられつづけている。

『大宝律令』制定にあわせて、「日本」という国号も確立されたと考えられている。

3〜4世紀、畿内には大王《おおきみ》を中心とするヤマト王権が成立し、これが「日本」の原型になったが、当時、この国の住民たちはまだ「日本」という言葉を知らず、自分たちの国を「ヤマト」と呼んでいた。

のちに中国から漢字が流入すると、ヤマトに「倭」や「大和」という字があてられるようになるが、この言葉は本来は王権発祥地である現在の奈良盆地一帯を指す地名だった。そして王権の支配地が広がるにつれ、王都の地域名が国名にも用いられるようになったのである。

一方、7世紀頃から中国はヤマト（倭）のことを「日本」と呼称するようになる。これは「太陽（日）の下（本）にある地」、つまり「太陽が昇る方角（東方）にある、はるか遠くの土地」というようなニュアンスだったらしい。それをやがてヤマト側も用いるようになり、8世紀初頭には対外的に用いる正式な国号にも採用されたと考えられるのだ。養老《ようろう》4年（720）に完成したこの国の正史が「日本書紀」と題された背景には、このような事情がある。

ただし、当初の日本人の多くは「日本」をヤマトと訓読していたはずである。『日本書紀』も「ヤマトブミ」と読まれていたのかもしれない。

第1部
古代天皇で知る『日本書紀』のあらすじ

第4章

「日本」誕生への道

天皇を推戴する朝廷は豪族たちの合議のうえに成り立っていたが、7世紀には天皇家の有力外戚の地位を確立した蘇我氏が強大な権力を握り、天皇の地位をおびやかすまでになる。だが、皇族を中心とした政変「乙巳《いっし》の変」によって情勢は一変し、蘇我氏の本流は排除されて大化改新が実施され、あくまで天皇を中心とする中央集権国家の形成がめざされた。

その後、朝鮮半島の白村江《はくすきのえ》の戦いの敗北、壬申《じんしん》の乱といった大きな試練を経験するが、天皇家は何とか危機を乗り越え、最終的には第40代天武《てんむ》天皇、第41代持統《じとう》天皇の巧みな政治手腕によって、律令《りつりょう》制国家「日本」が成立していった。

この章で扱う天皇

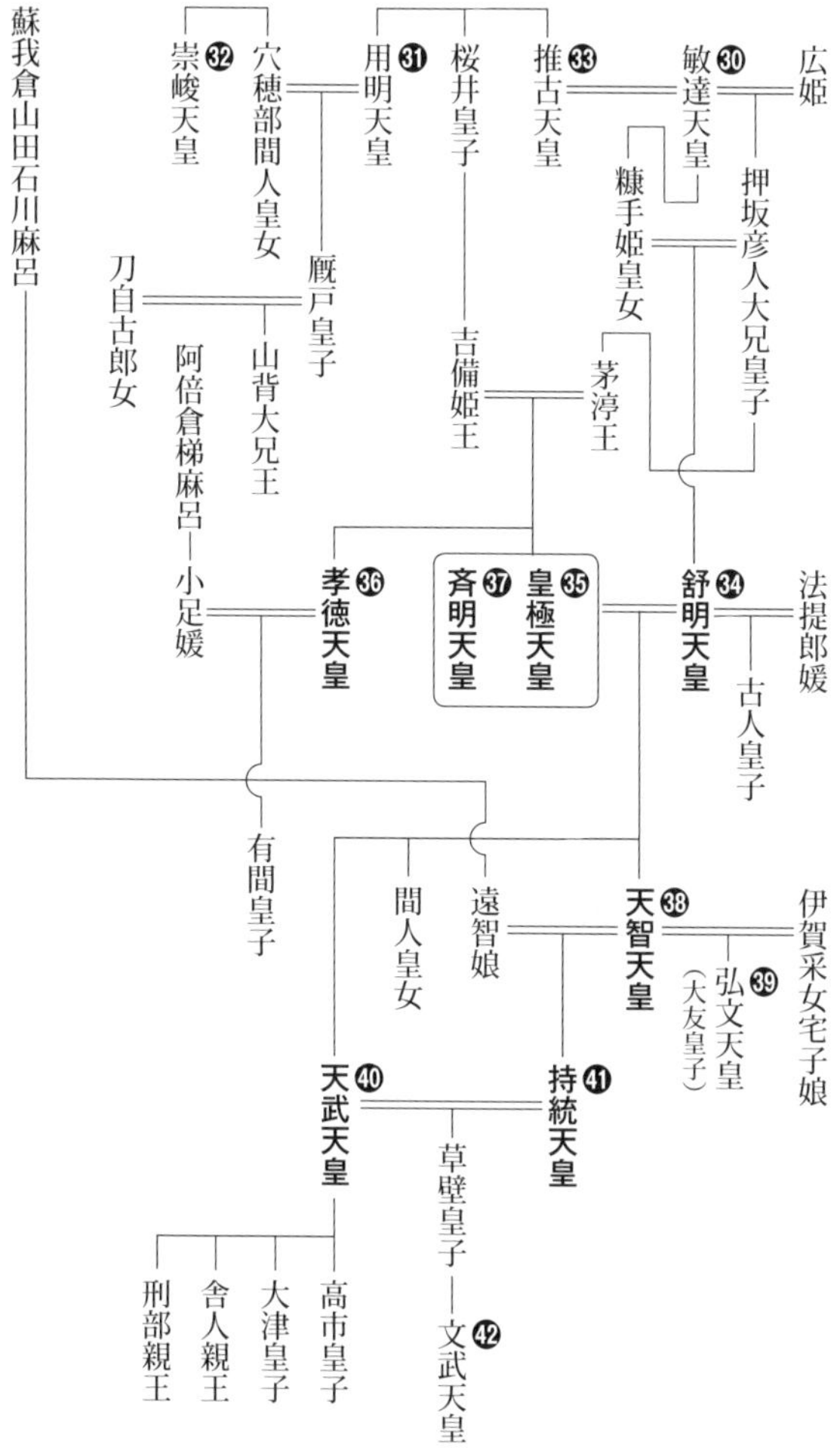

※●数字は天皇代数

舒明《じょめい》天皇

第34代

蘇我氏の後押しで皇位争いに勝利し即位

❶息長足日広額天皇
❷?～641
❸629～641
❹宝皇女
❺押坂内陵（奈良県桜井市）

天智・天武天皇の父親となる

名を田村皇子《たむらのみこ》といい、父は敏達《びだつ》天皇の皇子押坂彦人大兄皇子《おしさかのひこひとのおおえのみこ》、母はその異母妹糠手姫皇女《ぬかでひめのみこ》。先帝の推古《すいこ》天皇からみると、甥あるいは継子の息子となる。推古天皇が没すると、厩戸皇子《うまやとのみこ》亡きあと皇太子が立てられていなかったため後継問題が生じた。厩戸皇子の遺児山背大兄王《やましろのおおえのみこ》と田村皇子の２人が有力候補で、山背大兄王が皇位に執着したが、朝廷を束ねる大臣《おおおみ》の蘇我蝦夷《そがのえみし》（蘇我馬子《うまこ》の嫡子）は最終的に田村皇子を推した。田村皇子が馬子の娘法提郎媛《ほてのいらつめ》を妻として古人皇子《ふるひとのみこ》をもうけており、この皇子の将来への期待があったからだろう。これによって田村皇子の即位が決まり、舒明天皇が誕生した。天皇は姪の宝皇女《たからのひめみこ》（のちの皇極《こうぎょく》・斉明《さいめい》天皇）を皇后とし、葛城皇子《かずらきのみこ》（中大兄皇子《なかのおおえのみこ》）と大海人皇子《おおあまのみこ》をもうけている。これがのちの天智《てんじ》天皇、天武《てんむ》天皇である。

舒明天皇2年（630）、第1次遣唐使を派遣し、飛鳥《あすか》の岡本宮《おかもとのみや》（奈良県明日香村岡付近か）に宮を遷した。遣唐使は中国を範とした律令《りつりょう》国家の成立（7世紀後半）を促すことになった。

皇極《こうぎょく》天皇 第35代／斉明《さいめい》天皇 第37代

激動期を生きて2度即位した女帝

❶天豊財重日足姫天皇
❷?～661
❸642～645／655～661
❹なし
❺越智崗上陵（奈良県高市郡高取町）

中継ぎとして即位し、乙巳の変で譲位

名を宝皇女《たからのひめみこ》という。父は敏達《びだつ》天皇の孫茅渟王《ちぬのおおきみ》、母は欽明《きんめい》天皇の孫吉備姫王《きびひめのおおきみ》。はじめは用明《ようめい》天皇の孫高向王《たかむくのおおきみ》に嫁ぎ、1子を産んだ。その後、高向王と死別したのか、父の異母兄弟田村《たむらの》皇子《みこ》（舒明《じょめい》天皇）の妃となり、舒明天皇2年（630）、皇后となった。そして中大兄皇子《なかのおおえのみこ》（天《てん》智《じ》天皇）、間人皇女《はしひとのひめみこ》（孝徳《こうとく》天皇皇后）、大海人皇子《おおあまのみこ》（天武《てんむ》天皇）を産んだ。

同13年に舒明天皇が没すると、翌年即位して皇極天皇となった。天皇史上2人目の女帝である。当時は中大兄皇子・山背大兄王《やましろのおおえのみこ》・古人皇子《ふるひとのみこ》など、有力な皇位継承候補者が何人もいたため、その争いを回避するためにリリーフ的に即位したのだろう。皇極天皇元年（642）9月、飛鳥板《あすかのいた》蓋宮《ぶきのみや》（奈良県明日香村岡）の造営を命じ、翌年4月にはそこに入った。

天皇には巫女《みこ》的な素質があったらしい。同元年8月条によると、その頃は日照りがずっと続いていたが、飛鳥川の上流に行幸《ぎょうこう》し、天を仰いで雨乞いの儀式を行った。すると、雷鳴が轟き、大

雨が降りはじめ、5日間も続いたという。

　前代に引き続いて蘇我蝦夷《そがのえみし》が大臣《おおおみ》を務め、息子の入鹿《いるか》とともに権勢をのばした。同2年11月には、蘇我氏の血が濃い古人皇子を皇位につけることをねらって、入鹿が皇嗣《こうし》の有力候補だった山背大兄王を急襲し、山背大兄王は自害するという衝撃的な事件が起きている。

　中大兄皇子と中臣鎌足《なかとみのかまたり》らはこうした動きに抵抗し、皇極天皇4年（645）に蝦夷・入鹿を討ち、蘇我氏本家を滅ぼした（乙巳《いっし》の変）。このクーデターは飛鳥板蓋宮での儀式の最中に実行され、入鹿は皇極天皇の目の前で中大兄皇子によって惨殺されている（220ページ）。この事件を機に皇極天皇は皇位を弟の軽皇子《かるのみこ》（孝徳天皇）に譲った。譲位の確実な例は、これが最初である。

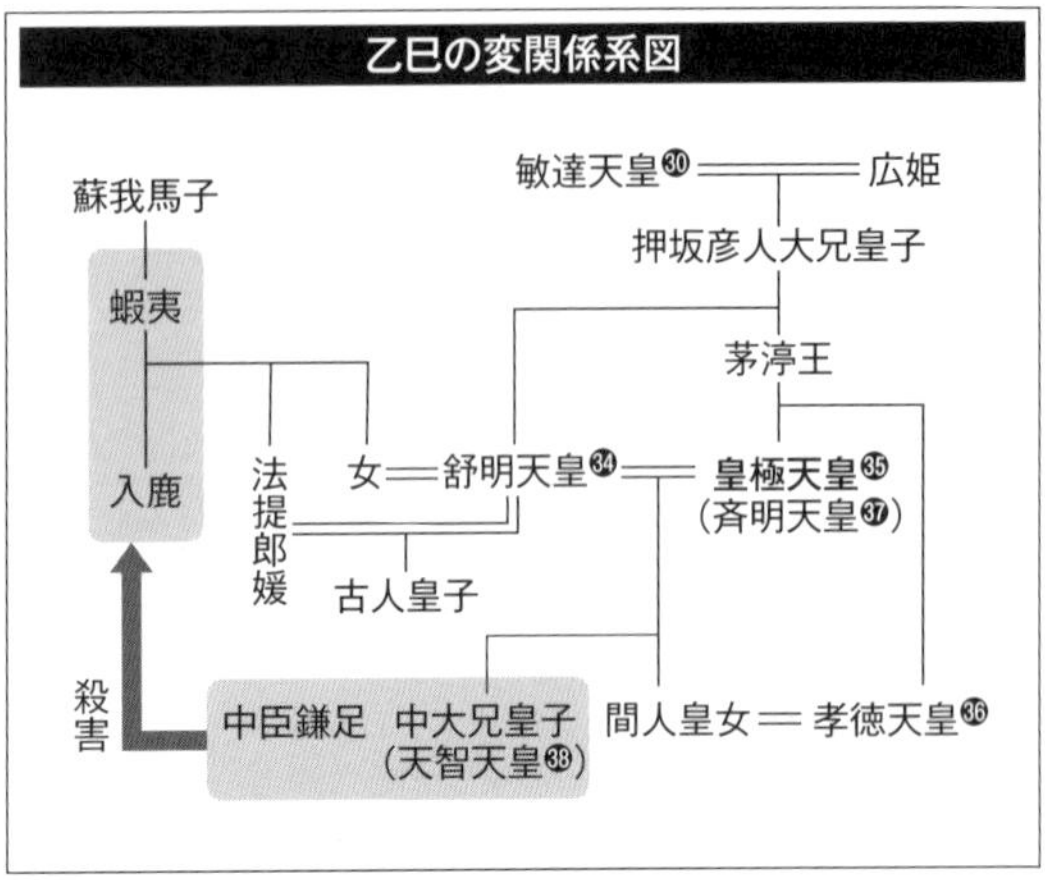

乙巳の変関係系図

土木事業を好み、九州遠征中に急逝

ところが譲位から9年後に孝徳天皇が没すると再び皇位につくことになり、飛鳥板蓋宮で斉明

斉明朝に造られた酒船石遺跡の亀形石造物（奈良県明日香村）

天皇として重祚《ちょうそ》した。当時はすでに中大兄皇子が政治の実権を握っていたが、孝徳天皇にも有間皇子《ありまのみこ》という有力な皇位継承候補者がいたため、争いを避けるための再登板となったのだろう。

斉明天皇としては大規模な土木工事事業を好み、両槻宮《ふたつきのみや》あるいは天宮《あまつみや》と呼ばれる物見台のような建物を建てさせたり、何万もの人夫を使って長大な水路を造らせたりしたが、当時の人々には評判が悪く、その水路は「狂心《たぶれこころ》の渠《みぞ》」と揶揄されたという。

斉明天皇7年（661）正月、唐・新羅《しらぎ》に攻められた朝鮮半島の友好国百済《くだら》を救援するため、中大兄皇子らと九州に向かい、5月、朝倉橘広庭宮《あさくらのたちばなのひろにわのみや》（福岡県朝倉市）に入るが、まもなく宮殿が壊れた。書紀はその原因について、宮殿造営にあたって近くの神社の木を切り払ったため神の怒りを受けたのだと記す。それからおよそ2カ月後に急逝。書紀は死因をとくに記していない。

孝徳《こうとく》天皇 第36代

乙巳の変後に即位し、国政改革を推進

❶天万豊日天皇
❷?〜654
❸645〜654
❹間人皇女
❺大阪磯長陵（大阪府南河内郡太子町）

中大兄皇子の傀儡か、天皇親政か

父は茅渟王《ちぬのおおきみ》（舒明《じょめい》天皇の異母兄弟）、母は吉備姫王《きびひめのおおきみ》で、皇極《こうぎょく》天皇の同母弟にあたる。

皇極天皇4年（645）6月12日の乙巳《いっし》の変の2日後（14日）、皇極天皇は当初、長子の中大《なかのおお》兄皇子《えのみこ》（のちの天智《てんじ》天皇）に譲位しようとしたが、中大兄皇子は側近の中臣鎌足《なかとみのかまたり》の助言をいれて叔父軽皇子《かるのみこ》への譲位を申し出た。軽皇子ははじめは固辞し、古人皇子《ふるひとのみこ》（舒明《じょめい》天皇と蘇我《そが》氏系の法提郎媛《ほてのいらつめ》の子）に譲ろうとしたが、古人皇子が出家して吉野に入ると宣言したので断り切れなくなり、即位して孝徳天皇となった。

天皇は即日、中大兄皇子を皇太子、中臣鎌足を内臣《うちのおみ》とする新政権を発足させた。政権中枢が、〈皇極天皇―古人皇子―蘇我蝦夷《えみし》・入鹿《いるか》〉から〈孝徳天皇―中大兄皇子―中臣鎌足〉へと転換したのだ。19日には、天皇、先帝皇極、皇太子が、乙巳の変では中大兄皇子の戦陣になっていた飛鳥寺《あすかでら》の大槻《おおつき》の木の下に群臣を召集し、皇室と群臣は一心同体とする誓約を行っている。そして皇后に

は、中大兄皇子の同母妹間人皇女《はしひとのひめみこ》が立てられた。

さらに元号が「大化《たいか》」と定められ（元号の初例）、大化2年（646）正月には改新の詔《みことのり》が発せられて、戸籍の作成、公地公民制、班田収授法（全人民に一定の農地を与える制度）などの新政策が打ち出された。いわゆる大化改新で、天皇中心の中央集権国家の確立がめざされた。

また、蘇我氏の呪縛を解くためか、飛鳥を離れて難波《なにわ》の長柄豊碕《ながらのとよさき》（大阪市中央区）に遷都したが、白雉《はくち》3年（652）に王宮が完成すると、天皇と中大兄皇子とのあいだの確執が表面化し、翌年、中大兄皇子は母である先帝皇極天皇、妹の間人皇后、弟の大海人皇子《おおあまのみこ》（のちの天武《てんむ》天皇）らを連れて飛鳥に戻ってしまった。翌年、難波にひとり置き去りにされた天皇は病没している。

孝徳天皇は政治的手腕に優れた中大兄皇子の傀儡だったとする見方がしばしばなされ、大化改新については架空とする説*もあるが、発掘された難波王宮の遺構はのちの藤原宮《ふじわらのみや》に匹敵するほどの規模をもつ。一時的ではあれ、天皇が強力なリーダーシップを発揮していたことを証するものだろう。

大化改新の詔の概要

詔は4項からなる主文と、13条からなる副文（凡条）から構成されている。

1 子代《こしろ》の民・屯倉《みやけ》と部曲《かきべ》の民・田荘《たどころ》の廃止、食《じき》封《ふ》等の給与
2 京・畿内国司・郡司・関塞《せきそこ》・斥候・防人《さきもり》・駅馬・伝馬をおき、鈴契《れいけい》を造り、山河を定める規定
3 戸籍・計帳・班田収授法をつくる規定
4 旧賦役《ふやく》の廃止と田の調《ちょう》の施行

＊架空とする説：『日本書紀』所載の「改新の詔」に「郡」などの大化時にはまだ用いられていなかったはずの用語があることなどから、これを書紀編纂者の造作と疑う説が生じた。

天智天皇《てんじ》

第38代

在位期間は4年。天皇中心の国家建設をめざす

❶天命開別天皇
❷626〜671
❸668〜671
❹倭姫王
❺山科陵（京都市山科区）

白村江の戦いの大敗北という苦難

舒明《じょめい》天皇と皇極《こうぎょく》天皇の長子で、名は葛城皇子《かずらきのみこ》、開別皇子《ひらかすわけのみこ》ともいい、中大兄皇子《なかのおおえのみこ》を通称とした。「中大兄」の称は、異母兄で皇位継承の有力候補だった古人皇子《ふるひとのみこ》（古人大兄《ふるひとのおおえ》）よりも年少だったことによるという。弱冠20歳の時に中臣鎌足《なかとみのかまたり》と乙巳《いっし》の変（645年）を起こし、政権を牛耳っていた蘇我《そが》氏を倒した。続く孝徳《こうとく》・斉明《さいめい》天皇の治世では皇太子となり、政治の実権を掌握。孝徳朝の大化改新も、主導したのは中大兄皇子だったといわれることが多い。

斉明天皇6年（660）、日本の友好国だった朝鮮半島の百済《くだら》が唐《とう》と新羅《しらぎ》に攻められて滅亡するが、翌年、百済再興をめざす遺民たちを救援すべく、中大兄皇子は再び皇位についた母斉明天皇とともに九州に遠征。ところが、斉明天皇は同地で急死。陣頭指揮にあたっていた中大兄皇子が急遽天皇代行となって称制《しょうせい》を行い、朝鮮半島への派兵を続けた。「称制」とは、天皇の死後、皇太子や皇后が即位せずに政務を代行することで、天皇存命中に代行する摂政《せっしょう》とは区別される。

ところが、天智天皇2年（663）、日本軍は朝鮮半島での白村江《はくすきのえ》の戦いで唐・新羅連合軍に大敗を喫し、百済再興の望みは完全に断たれてしまった。中大兄皇子は亡命百済貴族とともに全軍を半島から引き上げさせている。そして国内各地に朝鮮式山城を築くなどして国防の強化をはかった。あわせて内政の充実にも取り組み、全国的な規模の戸籍（庚午年籍《こうごねんじゃく》）を作成し、唐をモデルとした法体系をそなえた律令制国家の成立に取り組んだ。

同6年には都を飛鳥から琵琶湖畔の近江大津宮《おうみのおおつのみや》（滋賀県大津市錦織）に遷した。唐軍が攻めてきた場合には、狭い飛鳥よりは琵琶湖の水運を介して日本海側にも逃げやすい近江が有利と考えたのだろう。同7年、ようやく即位して天智天皇となるが、3年後に46歳で病没した。

白村江の戦いの敗戦後に防衛のため築かれた鞠智城跡（復元。熊本県山鹿市・菊池市）

天智天皇が長く称制を行い、7年も空位が続いた理由としては、「対外的な危機が収束するまで即位儀礼を行う余裕がなかった」「皇太子のままでいるほうが政務をとりやすかった」といったことが考えられている。ともあれ、彼が政治家として真骨頂を発揮したのは即位するまでであった。

天武《てんむ》天皇

第40代

古代史上最大の内乱を制し、自身の皇統を確立

❶天渟中原瀛真人天皇
❷?～686
❸673～686
❹鸕野讃良皇女
❺檜隈大内陵（奈良県高市郡明日香村）

有力皇嗣同士が1カ月にわたり激突

名を大海人皇子《おおあまのみこ》といい、父は舒明《じょめい》天皇、母は皇極《こうぎょく》（斉明《さいめい》）天皇。天智《てんじ》天皇の同母弟にあたり、天智天皇より数年ほど年下だったとみられる。

天智天皇の娘鸕野讃良皇女《うののさららのひめみこ》（のちの持統《じとう》天皇）を妃に迎え、皇太子となって兄の治政を支えたが、天智天皇の皇子大友皇子《おおとものみこ》が朝廷のホープとして成長すると、次第に兄弟の関係は疎遠になっていった。

天智天皇10年（671）10月、病床に臥した天智天皇は大海人皇子を呼び、「おまえに皇位を授ける」と伝えた。だが、大海人皇子は「私は病弱でそんな大任を保てません。皇后に天下を託し、大友皇子を皇太子にしてください」と答え、自らは出家し、近江《おうみ》の大津宮《おおつのみや》（滋賀県大津市錦織）を出て、吉野に入ってしまった。ここで安易に皇位を受けると返事をしてしまったら、「大友皇子の即位に反対して謀反を起こした」と罪を着せられて捕らえられてしまうと考え、そこで

ひとまず都を脱出したのだろう。

だが、同年12月に天智天皇が没すると、その翌年に大海人皇子は大友皇子に反旗を翻し、皇位継承をめぐって戦いを起こした。有力皇嗣《こうし》が激突して約1カ月におよんだこの日本古代史上最大の内乱を「壬申《じんしん》の乱」という。書紀は、壬申の乱についておおむね次のように記している。

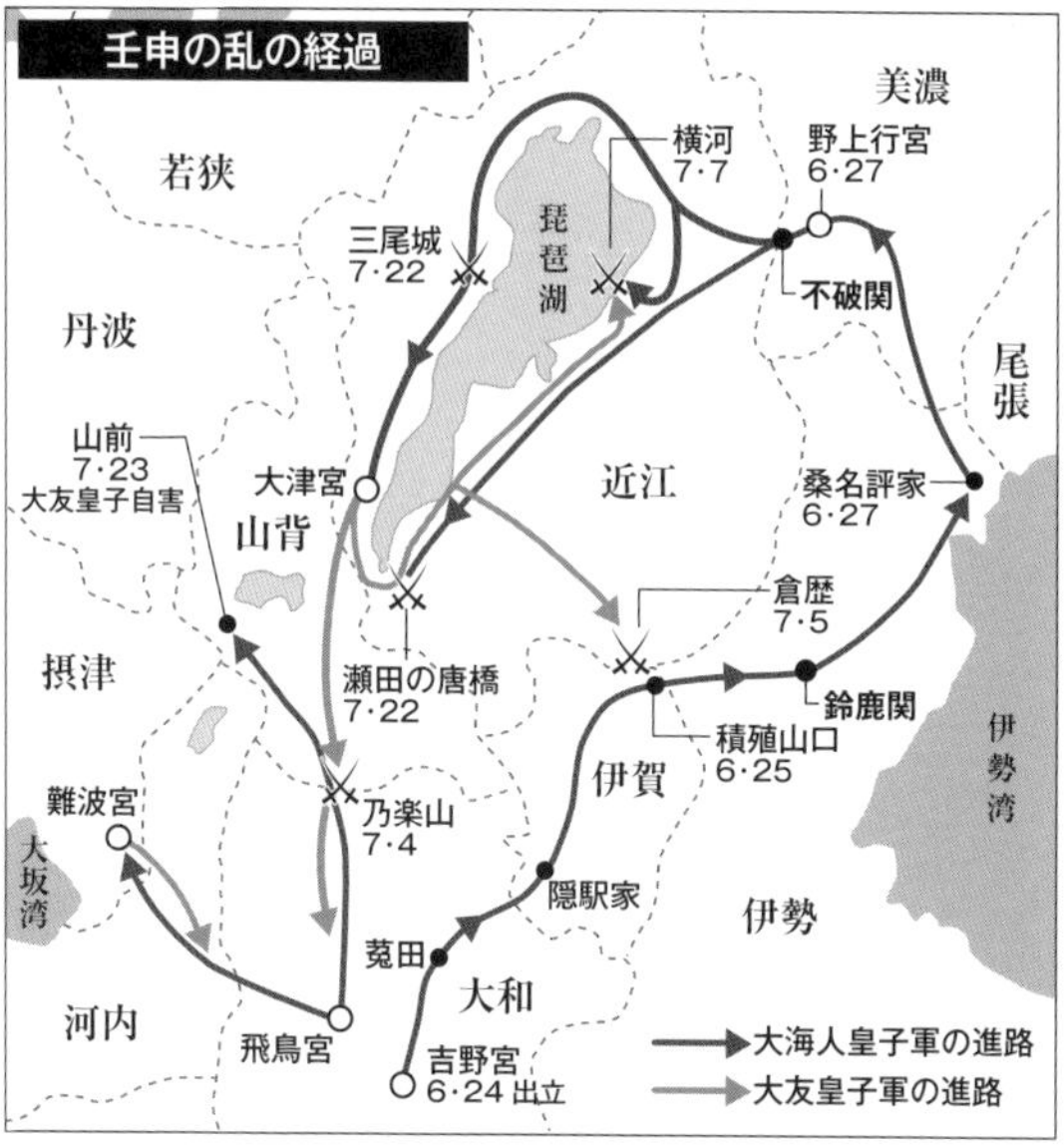

5月、吉野の大海人皇子のもとに「近江朝廷（大友皇子側）が兵を集めている」「道筋に監視人がいて、吉野へ食糧を運ぶのを妨害している」などといった報せが届いた。すると大海人皇子は身の危険を感じて挙兵を決意。吉野を脱出して東国へ向かい、兵員を集めた。

7月、ついに大海人皇子軍と近江朝廷軍は大和《やまと》、近江、河内《かわち》などの各所で衝突し、本格的な戦いが始まった。一時は近江側が優勢だったが、やがて大海人側が形勢を挽回し、7月22日には琵琶湖から流れる瀬田川付近での戦いで近江側の主力軍を破り、川を渡って近江の大津宮へ進撃した。これで勝敗は決し、大友皇子は自殺、近江側の高官は次々に捕らえられた。

9月、大海人皇子は大和の飛鳥《あすか》に移り、新たな都として飛鳥浄御原宮《あすかのきよみはらのみや》（奈良県高市郡明日香村岡）を造営し、翌年に即位して天武天皇となり、鸕野讃良皇女は皇后となった。

天皇専制・中央集権国家の統治システムを構築する

壬申の乱で大勝利を収めたことで、天武天皇の権威と権力は絶大なものとなった。そして、大臣《おおおみ》を置かずに皇族のみで行う皇親政治に取り組み、重要な改革を行った。

まず、氏族や豪族の家格のレベルを表すために、8種類の姓（一種の称号）を定め、身分秩序を整備した（八色《やくさ》の姓《かばね》）。次に古代中国の国家統治のための基本法典であった律令《りつりょう》（律は刑法、令は行政法に相当）の編纂に着手し、「飛鳥浄御原律令」（令だけで、律は完成しなかったと考えられる）を制定した。また、史書の編纂を命じ、日本の神話・歴史を文献に残そうとした。その成果として8世紀に完成したのが『古事記』『日本書紀』である。

外交面では、この頃、唐と対立していた新羅《しらぎ》が力を強め、唐勢力を排除して朝鮮半島を統一していた。そのため天武天皇は新羅と緊密な関係をもつことを選び、唐との関係は疎遠になった。

宗教面では、伊勢神宮や神道的な祭祀を重視して天皇の宗教的権威も高め、また、仏教への信仰も政治理念に採り入れ、寺院の整備に努めた。

こうして、天皇専制・中央集権国家の統治システムの構築をさまざまな方面から推進していった（「天皇」号、「日本」号の成立も天武朝に求める説がある）。しかし朱鳥《しゅちょう》元年（６８６）、天武天皇は重い病に臥し、病気平癒を祈念する神事・法事がしきりに行われるも、その甲斐なく没した。

書紀では、壬申の乱を誘発したのは、ひそかに大海人皇子掃討を企んでいた近江朝廷側ということになっている。しかし、書紀が乱の勝者である天武天皇系の人々によって編まれていることから、乱の記述については天武天皇側に有利になるように潤色が施された可能性が指摘されている。いずれにしても、壬申の乱が古代史の大きな画期となったことは間違いなく、これ以後、天武天皇とその妻持統天皇の主導のもと、日本は国家として大きく成長してゆくことになった。

八色の姓

天武天皇は古くからの姓の制度を改変し、新しい身分秩序を整備するため「八色の姓」を制定し、皇室との親疎関係や官職などにもとづいて、氏族の新姓を授けた。

↑ 上位

真人《まひと》
朝臣《あそみ》
宿禰《すくね》

忌寸《いみき》
道師《みちのし》

臣《おみ》
連《むらじ》
稲置《いなぎ》

↓ 下位

持統《じとう》天皇

第41代

亡き夫の改革を完成に導いた「書紀最後」の天皇

❶高天原広野姫天皇
❷645〜702
❸690〜697
❹なし
❺檜隈大内陵（奈良県高市郡明日香村）

皇太子が夭折したため天皇に即位し、藤原京を造営

名を鸕野讚良皇女《うののさらのひめみこ》という。天智《てんじ》天皇の第2女で、母は蘇我倉山田石川麻呂《そがのくらやまだのいしかわまろ》の娘遠智娘《おちのいらつめ》。13歳で叔父大海人皇子《おおあまのみこ》の妃となり、斉明《さいめい》天皇の百済《くだら》救援のための九州遠征には夫とともに同行し、遠征先で草壁皇子《くさかべのみこ》を産んだ。

壬申《じんしん》の乱（672年）で大海人皇子が戦いに勝利して天武《てんむ》天皇となると、皇后となった。政治家としての才に恵まれていたらしく、夫の政治改革をよく補佐したとみられている。ちなみに、壬申の乱の首謀者を、息子の即位を願った持統天皇とみる説もある。

朱鳥《しゅちょう》元年（686）に天武が没すると称制《しょうせい》を行い、皇后の地位についたまま臨時に政務を採るとともに、足掛け3年に及んだ天武天皇の荘重な葬儀を、皇太子となった草壁皇子とともに指揮している。

ところが、草壁皇子は病弱だったらしく、葬儀の終了年の翌年、持統天皇3年（689）に28歳

飛鳥時代のおもな宮都の変遷

天皇名	宮都名	住所
第33代　推古天皇	豊浦宮（とゆらのみや）	奈良県高市郡明日香村豊浦
	小墾田宮（おはりたのみや）	奈良県高市郡明日香村雷
第34代　舒明天皇	飛鳥岡本宮（あすかのおかもとのみや）	奈良県高市郡明日香村岡
	田中宮（たなかのみや）	奈良県橿原市田中町
	百済宮（くだらのみや）	奈良県北葛城郡広陵町百済
第35代　皇極天皇	飛鳥板蓋宮（あすかのいたぶきのみや）	奈良県高市郡明日香村岡
第36代　孝徳天皇	難波長柄豊碕宮（なにわのながらのとよさきのみや）	大阪市中央区法円坂
第37代　斉明天皇	後飛鳥岡本宮（のちのあすかのおかもとのみや）	奈良県高市郡明日香村岡
第38代　天智天皇	近江大津宮（おうみのおおつのみや）	滋賀県大津市錦織
第39代　弘文天皇	近江大津宮（おうみのおおつのみや）	滋賀県大津市錦織
第40代　天武天皇	飛鳥浄御原宮（あすかのきよみはらのみや）	奈良県高市郡明日香村岡
第41代　持統天皇	藤原宮（ふじわらのみや）	奈良県橿原市高殿町
第42代　文武天皇	藤原宮（ふじわらのみや）	奈良県橿原市高殿町
第43代　元明天皇	平城宮（へいじょうきゅう）	奈良県奈良市佐紀町

※飛鳥岡本宮、飛鳥板蓋宮、後飛鳥岡本宮、飛鳥浄御原宮はほぼ同一の土地にあったと考えられている。

で亡くなってしまう。このとき、草壁皇子の跡継ぎの軽皇子《かるのみこ》はわずか7歳。そのため、皇后が正式に即位し、持統天皇となった。即位後は藤原不比等《ふじわらのふひと》（中臣鎌足《なかとものかまたり》の子）の支えも受けながら、父（天智天皇）や夫（天武天皇）がめざした律令《りつりょう》制度の完成に努めた。

同8年には、古代中国の都城をモデルとした藤原宮《ふじわらのみや》（奈良県橿原市高殿町）に遷都した。藤原宮を中心とした藤原京は朱雀大路《すざくおおじ》をはじめとする道路によって整然と区画された本格的な計画都市で、また、従来は都（宮）は原則として天皇ごとに移転を繰り返していたが、藤原京は何代もの天皇が使用できる前提で造営されていた。

同11年8月、持統天皇はようやく孫の軽皇子（文武《もんむ》天皇）に譲位した。書紀本文の記述はここで終わっている。天地開闢《かいびゃく》から律令国家「日本」の成立に至る道筋の記録が、書紀の本旨だったといえよう。持統天皇はこの5年後に没し、夫の眠る檜隈大内《ひのくまのおおうち》陵に合葬されている。

『日本書紀』に登場する天皇一覧

代数	天皇名	国風諡号	生没年	在位年
1	神武天皇	神日本磐余彦天皇	前711～前585	前660～前585
2	綏靖天皇	神渟名川耳天皇	前632～前549	前581～前549
3	安寧天皇	磯城津彦玉手看天皇	前567～前511	前549～前511
4	懿徳天皇	大日本彦耜友天皇	前553～前477	前510～前477
5	孝昭天皇	観松彦香殖稲天皇	前506～前393	前475～前393
6	孝安天皇	日本足彦国押人天皇	前427～前291	前392～前291
7	孝霊天皇	大日本根子彦太瓊天皇	前342～前215	前290～前215
8	孝元天皇	大日本根子彦国牽天皇	前273～前158	前214～前158
9	開化天皇	稚日本根子彦大日日天皇	前208～前98	前158～前98
10	崇神天皇	御間城入彦五十瓊殖天皇	前149～前30	前97～前30
11	垂仁天皇	活目入彦五十狭茅天皇	前69～後70	前29～後70
12	景行天皇	大足彦忍代別天皇	25～130	71～130
13	成務天皇	稚足彦天皇	84～190	131～190
14	仲哀天皇	足仲彦天皇	149～200	192～200
15	応神天皇	誉田天皇	201～310	270～310
16	仁徳天皇	大鷦鷯天皇	?～399	313～399
17	履中天皇	去来穂別天皇	336?～405	400～405
18	反正天皇	瑞歯別天皇	?～411	406～411
19	允恭天皇	雄朝津間稚子宿禰天皇	?～453	412～453
20	安康天皇	穴穂天皇	?～456	453～456
21	雄略天皇	大泊瀬幼武天皇	418～479	456～479
22	清寧天皇	白髪武広国押稚日本根子天皇	?～484	480～484
23	顕宗天皇	弘計天皇	?～487	485～487
24	仁賢天皇	億計天皇	?～498	488～498
25	武烈天皇	小泊瀬稚鷦鷯天皇	?～506	498～506
26	継体天皇	男大迹天皇	450～531	507～531
27	安閑天皇	広国押武金日天皇	466～535	534?～535
28	宣化天皇	武小広国押盾天皇	467～539	535～539
29	欽明天皇	天国排開広庭天皇	?～571	539～571
30	敏達天皇	渟中倉太珠敷天皇	?～585	572～585
31	用明天皇	橘豊日天皇	?～587	585～587
32	崇峻天皇	泊瀬部天皇	?～592	587～592
33	推古天皇	豊御食炊屋姫天皇	554～628	592～628
34	舒明天皇	息長足日広額天皇	?～641	629～641
35	皇極天皇	天豊財重日足姫天皇	?～661	642～645
36	孝徳天皇	天万豊日天皇	?～654	645～654
37	斉明天皇	天豊財重日足姫天皇	?～661	655～661
38	天智天皇	天命開別天皇	626～671	668～671
39	(弘文天皇)		648～672	671～672
40	天武天皇	天渟中原瀛真人天皇	?～686	673～686
41	持統天皇	高天原広野姫天皇	645～702	690～697

第2部

『日本書紀』を彩る古代人物群像

《凡例》
❶生没年または登場した時代
❷天皇との関係（皇后妃・皇子・皇女・王の場合）、または出自

第2部

『日本書紀』を彩る古代人物群像

第1章

ヤマト王権を動かした影の主役

ヤマト王権をめぐるドラマの主役は必ずしも天皇ではない。
『日本書紀』は歴代天皇を支えた有能な
皇族・豪族にしばしばフォーカスし、
廟堂《びょうどう》の確立と国土の王化にはげんだ
彼らの雄壮な姿を活写している。
ヤマトタケル、神功《じんぐう》皇后、厩戸皇子……。
ロマンあふれる数々の伝説を残しつつ、
古代史を牽引した英傑たちの足跡を追う。

武内宿禰《たけうちのすくね》、精兵《ときいくさ》を出《いだ》して追ふ。
適《まさ》に逢坂《あふさか》に遇《あ》ひて破る。
故《かれ》、其処《そこ》を号《なづ》けて逢坂と曰《い》ふ。
——『日本書紀』神功《じんぐう》皇后摂政元年3月5日条

武内宿禰《たけうちのすくね》が忍熊王《おしくまのみこ》を破った逢坂山《おうさかやま》（滋賀県大津市）

書紀を代表する英雄

日本武尊《やまとたけるのみこと》

ヤマト王権を拡大させた悲劇の皇子将軍

❶? ❷景行天皇の皇子

『日本書紀』と『古事記』で異なる人物像

『日本書紀』（以下、書紀）では日本武尊、『古事記』（以下、古事記）では倭建命と記される景《けい》行《こう》天皇の皇子。母の播磨稲日大郎姫《はりまのいなびのおおいらつめ》は、古事記によれば吉備《きび》氏の祖若建吉備津日子《わかたけきびつひこ》の娘で、若建吉備津日子は孝霊《こうれい》天皇の皇子稚武彦命《わかたけひこのみこと》と同一人物とされている。したがって、ヤマトタケルは母系では孝霊天皇の曾孫ということになる。異母兄弟に成務《せいむ》天皇、五百城入彦皇子《いおきいりびこのみこ》などがいる。

記紀ともにヤマトタケルの記述は、景行朝の大部分を占めているが、両書の内容と人間像には顕著な違いがみられる。

書紀によると、景行天皇は九州の熊襲《くまそ》征伐のためにみずから西征を行ったが、その後再び熊襲が背いたため、今度はヤマトタケルを西征に向かわせた。九州に着いたヤマトタケルは女装して熊襲の首長川上梟帥《かわかみたける》を油断させ、不意打ちして殺した。大和《やまと》に復命すると景行天皇に称えられ、その後、新たに反乱を起こした東国の蝦夷《えみし》の征伐も託された。駿河《するが》で賊に襲われるが、叔母倭姫命《やまとひめのみこと》から授けられた神剣草薙剣《くさなぎのつるぎ》を用いて難を逃れ、東征を果たして尾張《おわり》に帰着する。しかし、草薙剣を外して伊吹山《いぶきやま》の神の退治に出かけると、神の毒気を浴びてからだをこわし、彷徨の末、伊勢《いせ》の能褒野《のぼの》（三重県鈴鹿市と亀山市にわたる台地）でついに倒れて亡くなる。ヤマトタケルの魂は白鳥となって天高く飛び去った。その後、天皇はヤマトタケルを追慕して東国に行幸《ぎょうこう》している。

一方の古事記では、物語の大筋は同じだが、天皇自身は西征をせず、ヤマトタケルの凶暴さを恐れて彼を九州に送り出したことになっている。また、ヤマトタケルは西征からの帰還後すぐに天皇から東征を命じられたため、「父は私に死ねというのか」と嘆いている。

つまり、書紀では人間的なかげ

『日本書紀』による日本武尊遠征ルート

りがなく、忠誠無比な皇子将軍として語られているのに対し、古事記では父との葛藤に悩む、勇猛だが孤独で悲劇的な英雄として描かれている。この違いについては、古事記の所伝が原型で、書紀はヤマトタケルを天皇の忠勇な将軍に造形すべく元の説話に潤色したのだという見方がある（歴史学者の直木孝次郎）。たしかに、古事記ではほぼ単独で征討を行うが、書紀では常に軍衆を率いていて、この見方に説得力を与えている。

雄略天皇の事績との類似性が語ることとは

ヤマトタケルを伝説上の英雄とするのが一般的で、西征・東征説話をすべて史実とみることは難しい。むしろ、東西の平定にあたった多くのタケル（勇者）の人物像を重ね合わせたもの、あるいは、別々の伝承・説話を組み合わせてヤマトタケルという人物を主人公とするひとつの長い物語が作られた、と考えるのが自然だろう。

また、直木孝次郎のように、次のようなヤマトタケルと雄略《ゆうりゃく》天皇の類似性に注目して、雄略天皇の伝承がヤマトタケル物語の形成に影響を与えたのではないか、とする見方もある。

書紀が記すヤマトタケルの別名に日本童男《やまとおぐな》があるが、古事記の安康《あんこう》天皇の段には雄略天皇を「童男」と表現する箇所がある。雄略天皇は「倭《わ》の五王」の武《ぶ》に比定され、武王は宋《そう》に送った上表文に「自ら東西に遠征した」と記していて、ヤマトタケルの東西征討を想起させる。なによりも、雄略天皇の名はワカタケル（若建命、幼武尊）だ。ただし直木説は、必ずしも同一人物ではなく、ヤマトタケルが雄略天皇の父親として考えられていた時期があったのではないか、と指摘している。記紀が記すヤマトタケルの子に、雄略天皇と同じワカタケル（若建王、稚武王）という名を見出すことができるからだ。ところが、国土統一を古い時代のこととするためにヤマトタケルは雄略天皇から離されて、景行朝の人物として位置づけられるようになったのだという。

ヤマトタケルはじつは天皇だった、という伝承もある。たとえば、記紀とほぼ同時代に編纂された『常陸国《ひたちのくに》風土記《ふどき》』では「倭建天皇」と記され、また妻の弟橘媛《おとたちばなひめ》は「橘皇后」と呼ばれている。『阿波国《あわのくに》風土記』逸文《いつぶん》にも「倭建天皇命」という表記がある。

古事記にはヤマトタケルを「天皇」と呼称する箇所はないが、ヤマトタケルの行為を「幸」「崩」「詔」のような、本来、天皇や皇后にしか用いられない敬語表現によって記述している。さらに、ヤマトタケルの葬儀の場面では、「后や御子たちが捧げた御葬《みはぶり》の歌が、以後天皇の大御葬の歌になった」と記されている。そもそも、皇位の御璽《みしるし》である草薙剣を授けられる人物は、天皇を措《お》いてありえないのではないか。

記紀が成立する以前、ヤマトタケルを天皇の系譜に位置づける伝承がたしかに存在した。その系譜では、ヤマトタケルは国土統一を果たした偉大な大王、ワカタケル＝雄略天皇の父帝とされていたのではなかったか。

書紀を代表する英雄

神功皇后《じんぐうこうごう》

長く政治を主導した伝説的な皇后

❶4世紀?　❷仲哀天皇の皇后

卑弥呼に擬せられた巫女的ヒロイン

名は気長足姫尊《おきながたらしひめのみこと》ともいう。父は開化《かいか》天皇の曾孫気長宿禰王《おきながのすくねのおおきみ》。母の葛城高額媛《かずらきのたかぬかひめ》は、古事記によれば新羅《しらぎ》の王子天之日矛《あめのひほこ》の5世孫。

神功皇后は、仲哀天皇の熊襲《くまそ》征討に従って筑紫《つくし》に下るが、神憑《かみがか》りして、「神を祀《まつ》って朝鮮半島の新羅国に軍を進めれば帰服させることができる」と託宣した。しかし仲哀天皇はこの神託を信じなかったため、神の怒りに触れて死去してしまう。

このとき皇后は応神《おうじん》天皇を身ごもっていたが、天照大神《あまてらすおおみかみ》と住吉《すみよし》三神の託宣にしたがって神々を祀り、海を渡って新羅征討を果たした。凱旋した筑紫で出産し大和《やまと》に向かうが、帰路、謀反を起こした応神天皇の異母兄である忍熊王《おしくまのみこ》らの攻撃に遭う。だが、皇后は瀬戸内海の要所に天照大神や住吉三神を鎮祭しながら忍熊王らへの反撃を指揮し、追い詰められた忍熊王は自殺する。以後、皇后は＊摂政《せっしょう》となり、100歳で亡くなるまで69年間にわたり外交や治政を指揮したという。

書紀は神功皇后のために独立した1巻をもうけてその事績を詳述し、天皇に比すべき地位を与えている。神功については伝説的人物とし、朝鮮親征説話を史実とはみない説が優勢だが、かといって、書紀の記述がすべてフィクションかというと、そうとも言いきれない点が散見されるのも事実である。

まず、邪馬台国《やまたいこく》の女王卑弥呼《ひみこ》との関連である。書紀は神功皇后摂政39年、40年、43年の各条の分注に卑弥呼について言及している『魏志《ぎし》』「倭人伝《わじんでん》」を引用しており、真実はともかく、書紀の編纂者が皇后を卑弥呼に相当する女性に擬していたことは明らかだ。そして、後世このことが卑弥呼＝神功皇后説の大きな根拠となった。

そのような神功皇后の人物像として特筆されるのは、巫女《みこ》として

『日本書紀』神功皇后摂政39年条の分注に引用されている『魏志』「倭人伝」

［原文］魏志《ぎし》に云《い》はく、「明帝《めいてい》の景初《けいしょ》3年6月に、倭の女王、大夫難斗米《たいふなんとまい》等を遣し、郡《こほり》に詣《いた》りて、天子に詣り朝献《てうけん》せむことを求む。太守鄧夏《たいしゅとうか》、吏《り》を遣して将送《ゐておく》り、京都《けいと》に詣らしむ」といふ。

［現代語訳］『魏志』によれば、「魏の明帝の景初3年（239）6月に、倭の女王（卑弥呼《ひみこ》）は、大夫の難斗米らを使者として派遣した。一行は帯方郡（朝鮮半島中部に置かれた中国の郡）に至ると、天子に詣でて貢物を献じることを願った。太守の鄧夏は、役人を派遣して連れ立って送り、京都（魏都の洛陽）に至らしめた」という。

※書紀述作者は、239年の卑弥呼の魏への遣使を神功《じんぐう》皇后の事績としてとらえていたと考えられる。

＊摂政：天皇が幼少または女帝の場合に代わって政治を行う人のことだが、この場合は、仲哀天皇没後、応神天皇が即位するまでの空位期に神功皇后が臨時に政務を執ったということであり、後世の摂政とは趣が異なる。

の性格だろう。

　皇后はたびたび神憑りして託宣しているが、ここで注目したいのは彼女に憑《かか》った神の名前だ。依り憑《つ》いた神の名として、「神功皇后摂政前紀」では「撞賢木《つきさかき》厳之《いつの》御《み》魂《たま》天疎《あまざかる》向《むか》津《つ》媛命《ひめのみこと》」、同紀の「一云《あるにいわく》」では「向櫃男《むかひつお》聞《も》襲《おそ》大《お》歴《う》五《いつの》御《み》魂《たま》速《はや》狭《さ》騰尊《あがりのみこと》」と名乗っている。一般に前者は天照大神を、後者は住吉三神を指すとされているが、何とも厳めしく難解な名で、いかにも神憑りした巫女が口走った言葉を無理矢理文字にしたためたような表現であり、祝詞《のりと》の原形を彷彿《ほうふつ》させる。

　こうした巫女としての側面が、治政をも司った実在した名高い巫女——それこそ卑弥呼のような女性——の伝承をモデルにしていることは、充分にありえるのではないだろうか。

史実をもとにしていると思われる新羅再征討

　書紀は神功皇后摂政46年条から同52年条にかけて朝鮮半島との外交記事を載せ、同49年条には皇后の命令による新羅再征討が行われたことを記す。皇后の新羅親征には懐疑的でも、これらの記述については何らかの史実を読み取ろうとする研究者は多いという。たとえば、若井敏明氏はこれらの記述の年代を4世紀後半ととらえ、この時期に実際にヤマト王権によって朝鮮出兵が行われ、その史実が皇后の新羅親征伝説のもとになったのではないか、と指摘している（『「神話」から読み直す古代天皇史』）。

同52年条には、百済《くだら》の近肖古王《きんしょうこおう》から「七枝刀《ななさやのたち》」をはじめとする重宝が献上されたという有名な記事がある。七枝刀は奈良の石上《いそのかみ》神宮に社宝として伝えられている七支刀《しちしとう》のことと考えられており、その刀身には「泰□四年」という年代を記した象嵌銘《ぞうがんめい》がある。「泰□」は中国・東晋《とうしん》の年号「泰和《たいわ》（太和）」にあてるのが定説で、泰和４年は西暦では３６９年にあたる。また、近肖古王は３４６〜３７５年に在位した人物である。

こうしたことから、神功皇后の事績がこの年代の史実を何らかのかたちでもとにしていると考えることも充分可能だろう。また、７世紀に百済救済のために九州へ遠征した、巫女的資質も備えた女帝斉明《さいめい》天皇のイメージが勇ましいヒロインとしての神功皇后伝説の形成に影響を与えた可能性も考えられよう。

神功皇后と応神天皇をモチーフにした宇美八幡宮の聖母子像（福岡県宇美町）

さらに、神功皇后には九州に特徴的な民俗信仰としての「聖母《しょうも》信仰」の要素がみられることも注目される。九州の一部では「聖母」としても信仰されていて、福岡・熊本・長崎（壱岐《いき》）などには神功皇后を主神として祀る聖母宮、聖母八幡宮と呼ばれる神社が点在している。

書紀を代表する英雄

厩戸皇子《うまやとのみこ》

「聖徳太子」は後世に作られた人物なのか

❶574〜622　❷用明天皇の皇子

推古天皇の摂政を務め、皇太子にもなる

厩戸皇子は「聖徳太子」の称で知られるが、「聖徳太子」は『懐風藻《かいふうそう》』（751年成立）の序文が初見であり、書紀にはみえない。ただし、別称として「豊耳聡《とよみみと》聖徳《しょうとく》」が挙げられている。「聖徳」は、厩戸皇子を称えた諡号《しごう》のようなものなのだろう。

書紀において厩戸皇子の生涯がどのように叙述されているのか、大まかにたどってみよう。敏達《びだつ》天皇3年（574）、用明《ようめい》天皇を父、穴穂部間人皇女《あなほべのはしひとのひめみこ》（用明天皇の異母妹）を母として生まれた。「厩戸」という名は、母が馬官《うまのつかさ》の厩の戸にあたって出産したことにちなむという。生まれてすぐに言葉を話し、優れた知恵があり、成人すると一度に10人の訴えを間違いなく聞き分けることができた。高句麗《こうくり》僧の慧慈《えじ》らに仏教と儒教を学んだ。用明天皇に寵愛され、王宮の南にある上殿に住まわされたことから、「上宮《うえのみや》」という別称が生じた（厩戸皇子の子孫一族を「上宮王家《じょうぐう》」と称するのはこれにちなむ）。

憲法十七条の概要

1 和を尊び、逆らい背くことのないようにせよ。
2 仏・法・僧の三宝を篤く敬え。
3 詔を承ったなら必ず謹んで従え。
4 高官たちは礼をすべての根本とせよ。
5 食を貪らず物欲を棄てて、公明に訴訟を裁け。
6 勧善懲悪は古の良き教えである。
7 人の任用に乱れがあってはならない。
8 高官たちは早く出仕して、遅く退出せよ。
9 信が道義の根本である。
10 怒りや恨みの心を棄て、人が自分と違うからといって怒ってはならない。
11 功罪を明察して、適切な賞罰を行え。
12 国司・国造は人民から搾取してはならない。
13 官人はそれぞれの職掌をよく理解せよ。
14 高官は嫉妬してはならない。
15 私心を棄て公に従うことが臣としての道である。
16 「民を使う際には時節を考慮せよ」というのは古の良き教えである。
17 物事を独断で決めてはならない。

用明天皇2年（587）、用明天皇没後に蘇我《そが》氏と物部《もののべ》氏が対決した丁未《ていび》の乱が起きると、当時15歳の皇子は蘇我氏側について参戦し、四天王に請願をして戦い、勝利に導いた。

推古《すいこ》天皇元年（593）、叔母推古天皇の即位後、皇太子となり、同時に摂政《せっしょう》に任じられた。

同9年、斑鳩《いかるが》（奈良県生駒郡斑鳩町）に宮殿（斑鳩宮）の造営をはじめ、13年に移住。

同11年、秦河勝《はたのかわかつ》に蜂岡寺《はちおかでら》(京都・広隆寺《こうりゅうじ》の前身)を造らせた。

同12年、「和を以《も》ちて貴《とうと》しとする」ではじまる憲法十七条を制定した。

同14年、『勝鬘経《しょうまんぎょう》』と『法華経《ほけきょう》』を天皇の前で講じた。

同21年、片岡（奈良県香芝市今泉付近か）に出かけたとき、道端に飢えた人が倒れているのを見つけ、飲み物と食べ物を与え、服をかけてあげた。飢えた人はその後亡くなってしまうが、後日、じつは彼が神仙であることがわかった（片岡山伝説）。

同28年、蘇我馬子と協議して、『天皇記』『国記』などの史書を録した。
同29年、斑鳩宮で逝去。[*]諸王・諸臣、天下の人民はみなはげしく嘆き悲しんだ。

「非実在説」の根拠と反証

厩戸皇子については、このような書紀の記述にもとづき、若い頃から皇太子・摂政として朝政に深く参画し、文化的にも高度な発展を遂げた飛鳥《あすか》王朝の黄金期を築いたとイメージされることが多い。しかし推古朝初期には、厩戸皇子のほかに、押坂彦人大兄皇子《おしさかのひこひとのおおえのみこ》(敏達天皇の第1皇子)、竹田皇子《たけだのみこ》(敏達天皇と推古天皇の子)といった皇位継承の有力候補が健在だったことなどから、実際に厩戸皇子が皇族の代表として朝政に深く関わるようになったのは、ライバルたちが死没したと思われる推古天皇10年頃からのことで、それも大臣《おおおみ》蘇我馬子《うまこ》との共同作業的な面が強かったと考えられている。そもそも、当時「皇太子」や「摂政」が制度として確立していたかどうかも疑わしい。

憲法十七条についても、その条文に中国の古典が引用されていることから、厩戸皇子の作でも推古朝の成立でもなく、天武《てんむ》朝以降に作られたもの、とする見方がある。また、推古天皇14年の『勝鬘経』『法華経』講説の成果として、厩戸皇子は『三経義疏《さんぎょうぎしょ》』(「法華経」「維摩経《ゆいまぎょう》」「勝鬘経」の注釈書)を撰述したとも伝えられ(『上宮聖徳法王帝説《じょうぐうしょうとくほうおうていせつ》』)、「法華義疏《ほっけぎしょ》」については厩戸皇子の自筆草稿本とされるものが現存するが（宮内庁蔵）、偽撰・偽筆とする見方も根強い。

つまり、厩戸皇子に関する史実はじつは不明瞭で、書紀の記述はすでに実像を伝説化・神秘化しているのではないかと思われるのだ。こうしたことを踏まえて、大山誠一氏のように「聖徳太子非実在説」を唱える研究者もいる。大山氏の「聖徳太子非実在説」は1990年代以降に大きく注目されたもので、その要旨は次のようになる。

「聖徳太子は実在の人物ではなく、律令《りつりょう》国家の主宰者である天皇のモデルとして、『日本書紀』の中で創造された人物である。厩戸皇子という王族がいたことは事実だが、憲法十七条制定や『三経義疏』撰述は事実ではなく、偉大な聖徳太子に関する史料は、厩戸皇子に仮託してすべて後代に作られたもの。そうした捏造《ねつぞう》のキーマンになったのは奈良時代の藤原不比等《ふひと》と長屋王《ながやおう》だ」

そして大山氏は、厩戸皇子が「聖徳太子」にすり替えられた理由として、山背大兄王《やましろのおおえのみこ》をはじめとする厩戸皇子の子孫が7世紀なかばには蘇我氏らの攻撃を受けて絶滅し、その居所であった斑鳩宮も全焼していたので、歴史の偽造がやりやすかったからだ、と説明している。

ただし、大山説は理想的な聖王としての「聖徳太子」を架空の存在とするもので、斑鳩宮に住んだ「厩戸皇子」の実在そのものを否定しているわけではない。また、聖徳太子の業績が後世にかなり潤色されたものだとしても、「憲法十七条はやはり推古朝のもの」「厩戸皇子は現実に有力な皇位継承候補者だった」などといった反論も出されている。

＊推古天皇29年に逝去：厩戸皇子の正確な没年は、「法隆寺金堂釈迦像銘」などにより推古天皇30年（622）とするのが定説。

書紀を代表する英雄

武内宿禰《たけうちのすくね》

5代の天皇に仕えた「理想的な忠臣」

❶? ❷孝元天皇の曾孫?

葛城氏、蘇我氏、平群氏などの有力豪族の祖

書紀によれば孝元《こうげん》天皇の曾孫(古事記では孫)で、景行《けいこう》・成務《せいむ》・仲哀《ちゅうあい》・応神《おうじん》・仁徳《にんとく》天皇の5朝に仕えたとされる伝説的な忠臣。書紀でその活躍が最初に登場するのは景行天皇25年7月条で、東国に派遣されて蝦夷《えみし》についての情報を天皇に報告している。

次の成務天皇のもとでは大臣《おおおみ》に任じられ、天皇と生日が同じだったため、寵愛されたという。「大臣」は、やがて朝廷における最高執政官の称号となり、6世紀からは蘇我《そが》氏が独占するようになるが、書紀ではここが初見である。

仲哀天皇のもとでは九州遠征に同行し、神憑《かみがか》った神功《じんぐう》皇后の神託を聞いている(古事記では審神者《さにわ》の役を務めている)。皇后の凱旋後、仲哀天皇の皇子忍熊王《おしくまのみこ》らが反乱を起こすと、皇后の産んだ応神《おうじん》天皇を抱いて紀伊の水門《みなと》に向かい、忍熊王を追討する。

応神朝では、弟の甘美内宿禰《うましうちのすくね》の讒言《ざんげん》によって殺されかけるが、彼と瓜二つの人物が身代わり

になって死んだので、難を逃れた。その後、朝廷に無実を訴えたところ、探湯《くかたち》（熱湯の中に手を入れて神意を伺う古代の占い）が行われ、弟が敗れて復権を果たした。次の仁徳朝でも大臣を務めたという。

　武内宿禰については学者のほとんどは非実在説をとっている。一番の理由は、異様な長寿を保ったことになっているからで、5帝に仕えたというので、書紀の年代にもとづけば奉仕期間だけでも200年は越えてしまう。そのため、武内宿禰は、蘇我馬子《そがのうまこ》や中臣鎌足《なかとみのかまたり》をモデルに「理想的な忠臣」像をイメージして作られた架空の人物では、ともいわれている。

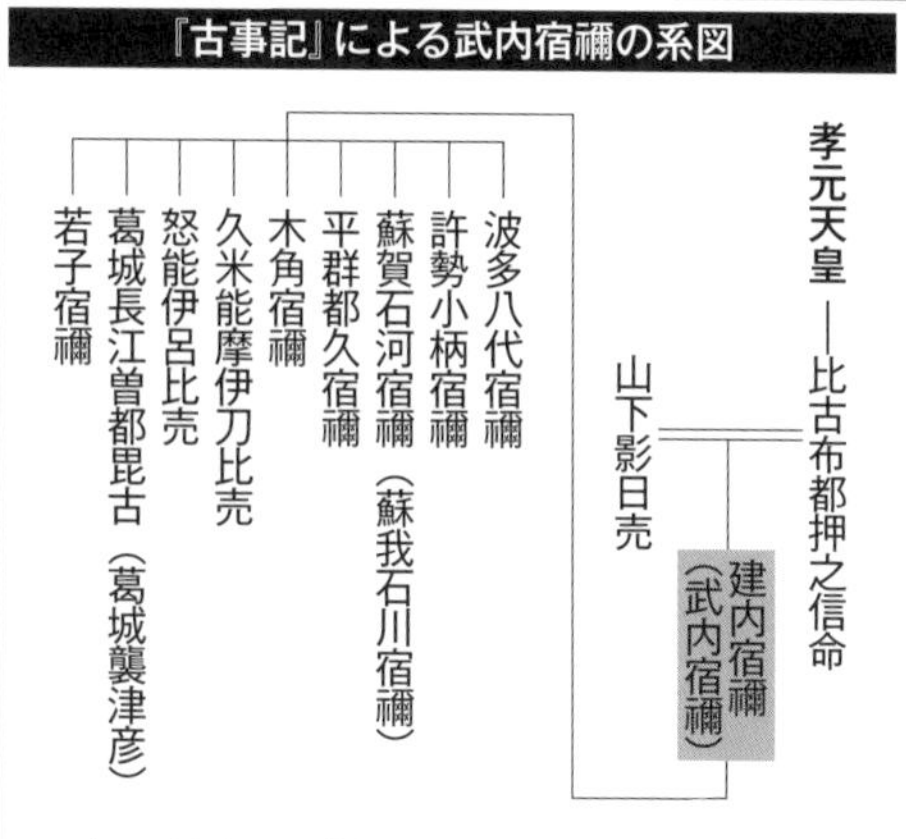

※『日本書紀』では、比古布都押之信命（彦太忍信命）の孫が武内宿禰となっている。

　ただし古事記によれば、武内宿禰は巨勢《こせ》氏、蘇我氏、平群《へぐり》氏、葛城《かずらき》氏など、葛城地方を含む奈良盆地南西部を本拠とする有力豪族の祖となっている。このことから、武内宿禰はこの地域との関わりが強い、実在の人物だったのではないか、ヤマト王権を支えた在地土豪《どごう》集団のリーダー的人物がモデルなのではないかと推測することもできる。

王権を主導した宰相

葛城襲津彦《かずらきのそつひこ》

軍事・外交に手腕を発揮した葛城氏興隆の祖

❶4世紀後半〜5世紀前半？ ❷武内宿禰の子

史実性が高い襲津彦に関する所伝

武内宿禰《たけうちのすくね》の子で、葛城《かずらき》氏の祖。『紀氏家牒《きしかちょう》』逸文《いつぶん》によれば、母は葛城国造《くにのみやつこ》荒田彦の娘葛《かず》比売《ひめ》。書紀では、神功《じんぐう》皇后、応神《おうじん》・仁徳《にんとく》天皇の時代に朝鮮半島派遣の将軍として登場する。

神功皇后摂政5年・62年条では皇后の命で新羅《しらぎ》征討に関わり、応神天皇14年・16年条には百済《くだら》から来日した弓月君《ゆづきのきみ》の人夫《たみ》を呼び寄せるために加羅《から》（朝鮮半島南部の小国）に派遣された話があり、仁徳天皇41年条には百済王が百済王族の酒君《さけのきみ》を処罰して襲津彦に進上するという話がある。

このうち注目されるのは神功皇后62年条で、本文のあとに『百済記』（百済の史書。原本は散《さん》逸《いつ》し、逸文《いつぶん》が書紀に残存するのみ）が引用され、「壬午年《じんご》に沙至比跪《さちひく》を新羅《しらぎ》に遣わして討伐させたが、新羅人が港に美女2人を迎えさせて沙至比跪をだまし、美女に惑わされた沙至比跪は反対に加羅国を討伐し、これを聞いた天皇が激怒した」という話を載せ、さらに「一云《あるにいわく》」として、「沙至比跪が天皇の怒りを知って密かに日本に帰って身を隠したが、天皇が沙至比跪の罪を赦していないことを知ると、岩穴に入って死んだ」という話も記している。

一般に沙至比跪は葛城襲津彦のことを指すとされ、書紀編者もそう考えたからこそ『百済記』を引用したのだろう。そして文中の「壬午年」は382年のことと考えられている。つまり、沙至比跪＝葛城襲津彦とすれば、軍事・外交のプロパーとして4世紀末に実在していた可能性が高く、書紀の所伝も史実にもとづく可能性が高いということになる。

しかし、襲津彦に関してもっとも重要なことは、娘の磐之媛命《いわのひめのみこと》が仁徳天皇の皇后となり、履《り》中《ちゅう》・反正《はんぜい》・允恭《いんぎょう》3天皇の母となったことだ。これを機に葛城氏は天皇家の有力な外戚となり、5世紀までその繁栄が続き、物部《もののべ》氏や蘇我《そが》氏が台頭する以前の、ヤマト王権を代表する有力豪族となったのだ。4世紀前半の巨大建物の遺構が見つかった奈良県御所《ごせ》市篠にある秋津《あきつ》遺跡は、この地域を拠点とした葛城氏に関わるものとみられている。また近くにある葛城地方最大規模の古墳である宮山《みややま》古墳（御所市室）は襲津彦の墓として地元などで有力視されている。

古墳時代前期（4世紀頃）の大型施設群跡が発掘された秋津遺跡（奈良県御所市）

王権を主導した宰相

物部尾輿《もののべのおこし》

❶6世紀中頃

大連を長く世襲した物部氏の最盛期を築く

排仏を唱え、蘇我氏と激しく対立する

ヤマト王権が豪族に賜与《しよ》した一種の称号である姓《かばね》には、代表的なものに臣《おみ》と連《むらじ》がある。臣は大和《やまと》・畿内に在住してきた有力豪族、連は特定の職能（軍事、祭祀など）で天皇家（大王家《おおきみけ》）に仕えてきた豪族に対して基本的に与えられ、臣姓のトップが大臣《おおおみ》、連姓のトップが大連《おおむらじ》と称され、天皇の治政を補佐した。このうちの大連を長く世襲し、朝廷の軍事・警察を司ったのが物部氏で、最盛期を到来させたのが物部尾輿である。

書紀では安閑《あんかん》天皇元年（534）閏《うるう》12月条が初見で、このときすでに「大連」を称している。しかし、彼が実際に大連となったのは、武烈《ぶれつ》朝から大連を称していた同族の物部麁鹿火《あらかひ》が宣化《せんか》天皇元年（536）に亡くなってからのことだろうといわれている。

当時は名門軍事氏族であった大伴《おおとも》氏の金村《かなむら》も大連に任じられていたが、欽明《きんめい》天皇元年（540）、尾輿はかつて金村が朝廷の影響下にあった任那《みまな》（朝鮮半島南部の小国群）の4県を

物部氏略系図

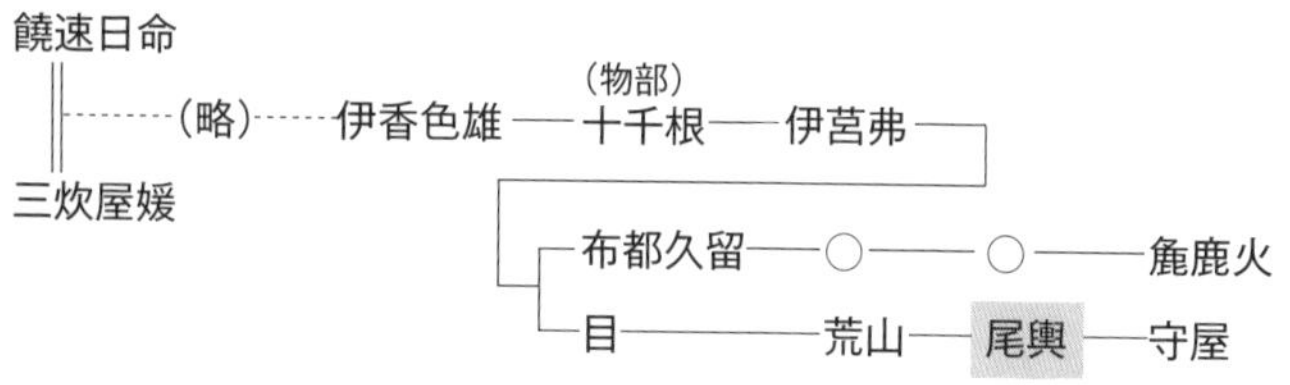

※『日本書紀』、『先代旧事本紀』をもとに作成。

百済《くだら》へ割譲したことを非難する奏上を行い、金村と大伴氏を失脚させる。以後は物部氏が大連を独占し、大臣の蘇我《そが》氏とともにヤマト王権の中枢を担うようになった。しかし同13年、百済の聖明王《せいめいおう》が仏像を天皇に献じて仏教の流布を勧めたときには、天皇に対して中臣鎌子《なかとみのかまこ》とともに「異国の神を礼拝すると国つ神の怒りを受ける」と排仏を唱え、崇仏《すうぶつ》派であった大臣の蘇我稲目《いなめ》と激しく対立することになった。天皇はとりあえず稲目に仏像を託して礼拝させたが、その後、疫病が起こったので、尾輿、鎌子らは「仏教を受容したためで、すみやかに仏像を棄て去るべきです」と奏した。天皇はこれを認め、仏像は流し棄てられ、寺は燃やされた。すると、にわかに宮殿に火災が生じたという。

　仏教公伝にまつわる説話だが、近年ではこれを架空の物語する見方がある。物部氏の本拠地にあった渋川《しぶかわ》廃寺（大阪府八尾市）が物部氏の氏寺《うじでら》であったとみられ、物部氏が必ずしも単純な排仏派だったとも思われないからだ。むしろこの説話の核は、欽明朝で顕在化した、物部氏と蘇我氏の政権中枢における主導権争いととらえるべきなのだろう。

王権を主導した宰相

蘇我稲目《そがのいなめ》

100年の権勢を誇った蘇我氏4代の始祖

❶?〜570

大臣の地位を手に入れ、娘を天皇に嫁がせる

6世紀なかばから乙巳《いっし》の変までのおよそ100年間にわたり、ヤマト政権で絶大な権力を握った蘇我氏。その繁栄の基礎を築いたのが事実上の始祖蘇我稲目である。

書紀での初見は宣化《せんか》天皇元年（536）2月条で、宣化天皇は前代（安閑《あんかん》天皇）に続いて大《おお》伴金村《とものかなむら》と物部麁鹿火《もののべのあらかひ》を大連《おおむらじ》に再任し、さらに稲目を大臣《おおおみ》に任命したという。宣化の次の欽明《きんめい》朝でも稲目は大臣に再任されている。

稲目以前の蘇我氏として、書紀には石川宿禰《いしかわのすくね》、満智《まち》、韓子《からこ》といった人物が登場するが影は薄く、稲目の父母についても言及はなく、政権中枢に突如、現れたという感が拭えない。古事記は蘇我氏の始祖を建内《たけうちの》（武内）宿禰《すくね》とするが、異常な長寿を保った宿禰は実在が疑われている人物でもある。

蘇我氏の出自については渡来人説もあるが、近年では、5世紀頃に大王家の外戚となって勢力をもつも6世紀には没落した、葛城《かずらき》地方（奈良盆地南西部）を拠点とする葛城氏から分立した氏族だと

蘇我氏略系図

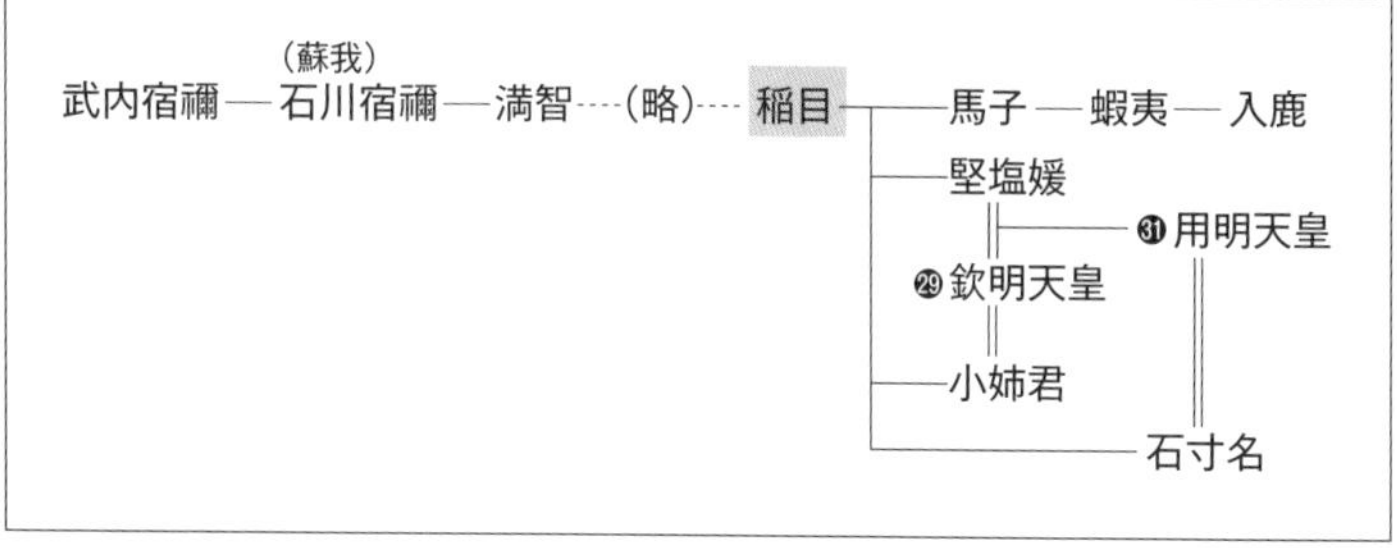

する説（加藤謙吉氏、倉本一宏氏ほか）が定説化しつつある。

　稲目といえば欽明朝の仏教公伝でのエピソードが有名だ。欽明天皇13年（552）、百済《くだら》の聖明王《せいめいおう》から仏像・経論がもたらされ、仏教を受容するかどうか朝廷内で議論になったとき、排仏派の物部氏に対抗して稲目は仏教導入を天皇に進言。そして天皇の命にしたがって飛鳥《あすか》の自邸に仏像を安置し、のちに別の家を浄めて寺としたという。この仏教公伝記事については潤色が疑われているが（80ページ）、欽明天皇の時代に稲目をキーパーソンとして仏教が朝廷に伝来したという史実は充分に想定できよう。渡来人との関係が深かった稲目は開明的な人物で、国外の動向にも敏感であり、仏教にも積極的な興味を抱いていたはずだ。

　また稲目は娘の堅塩媛《きたしひめ》と小姉君《おあねのきみ》を欽明天皇の妃に、別の娘石《いし》寸名《きな》を用明《ようめい》天皇の嬪《みめ》（妃よりも地位の低い天皇の妻）に送り込んでおり、天皇家と姻戚関係を築くことに成功している。これによって、朝廷内における蘇我氏の存在感、発言力は飛躍的に増すことになったのである。

王権を主導した宰相

蘇我馬子《そがのうまこ》

「逆臣」イメージと対比する仏教の庇護者の姿

❶551?～626　❷蘇我稲目の子

権勢の強大化のなかで天皇と対立

蘇我稲目《いなめ》の嫡子として大臣《おおおみ》の地位を継承し、それを足掛かりにさらに一族の権勢を拡げ、蘇我氏全盛を到来させたことで知られる。

父の死没から2年後の敏達《びだつ》天皇元年（572）、新帝の即位にともなって大臣に任じられている。このとき大連《おおむらじ》に就いたのは物部尾輿《もののべのおこし》の子守屋《もりや》である。馬子は次の用明《ようめい》朝でも大臣に任じられた。用明天皇は欽明《きんめい》天皇と稲目の娘である堅塩媛《きたしひめ》の子で、馬子にとっては甥にあたり、蘇我氏の血を承けた最初の天皇である。この時代には朝廷内の覇権を競う守屋と馬子の対立が激化し、用明天皇が亡くなると、馬子は守屋を後ろ盾としていた皇嗣《こうし》候補の穴穂部皇子《あなほべのみこ》（欽明天皇の皇子）を攻め殺した。さらに諸皇子と群臣を糾合して守屋討伐の軍を起こし、物部氏の本拠である河内国渋《かわちのくにしぶ》川《かわ》（大阪府八尾市）を攻めて、守屋を滅ぼした（丁未《ていび》の乱）。

その後、崇峻《すしゅん》天皇が皇位についたが、崇峻天皇は欽明天皇と小姉君《おあねのきみ》（稲目の娘）の子で、やはり馬子の甥にあたり、ここでも馬子は大臣に再任された。しかし天皇は権勢を強める一方の馬子をしだいに疎みはじめ、あるとき、献上された猪を指して「いつの日か、こいつの首を斬るように、私の嫌いな人を斬りたいものだ」と言って武器の準備をはじめた。このことを聞いた馬子は自分が天皇に嫌われていると知って恐れおののき、配下の東漢駒《やまとのあやのこま》を使って崇峻天皇を弑《し》逆《ぎゃく》した。崇峻天皇5年（592）に起きた史上初の臣下による天皇暗殺事件は後世、馬子を逆臣として強くイメージづけることになった。

　事件後、馬子を長とする群臣たちの推挙によって天皇に即位したのが、馬子の姪にあたる女帝推古《すいこ》天皇である。推古朝でも引き続き大臣の地位に就き、政治家として円熟期を迎えた馬子は厩戸皇子《うまやとのみこ》（聖徳太子）と協同して天皇を補佐し、仏教の受容を推進し、諸豪族の結集・君主権強化の政治に臨み、また厩戸皇子とともに*『天皇記』『国記』などの史書編纂にも取り組

蘇我馬子が推古朝で関わったおもな改革

推古天皇のもと、厩戸皇子と協同して下記のような改革を主導した。

- 冠位十二階の制定…有力豪族が世襲してきた政治的地位を、人物の能力に応じて評価するようにした。
- 憲法十七条の制定…貴族や官人に臣下としての道徳的規範を示した。
- 遣隋使の派遣…中国の隋に使節を派遣し、大陸の文化や政治制度を取り入れた。
- 史書の編纂…『天皇記』『国記』などの編纂事業を行った。
- 仏法の興隆…本格的な寺院飛鳥寺を造営し、仏教導入を推進した。

んだ。そして、馬子の娘のうち、刀自古郎女《とじこのいらつめ》は厩戸皇子に、法提郎媛《ほてのいらつめ》は田村皇子《たむらのみこ》（のちの舒明《じょめい》天皇）に嫁ぎ、それぞれから有力な皇位継承候補者が生まれている。

かくて、天下はすっかり馬子の掌中におさまったかにみえたが、最晩年の馬子が、推古天皇に「葛城《かずらき》地方は自分の本拠なので、領地として賜りたい」と請うも、天皇から「蘇我氏の血を承ける私がその願いを聞き入れたら、後世の君主に『婦人の愚行で葛城が失われてしまった』とそしられ、大臣も不忠とされて悪名を残すことになる」とたしなめられるという一幕もあった。葛城に言及するこのエピソードは蘇我氏の葛城氏出身説の論拠にもなっている。

仏教を庇護し、日本初の本格寺院を造営

馬子は、父の志を受け継いだ、仏教の篤い庇護者としての顔ももっている。

敏達《びだつ》天皇13年（584）、馬子は百済《くだら》からもたらされた石仏像を飛鳥《あすか》の自宅の東に仏殿を造って安置し、高句麗《こうくり》僧恵便《えべん》を師として善信尼《ぜんしんに》をはじめ3人の尼僧を得度《とくど》させ、仏殿で法会《ほうえ》を行わせた。同14年2月、大野丘《おおののおか》の北（甘檮丘《あまかしのおか》の北端か）に塔を建て、法会を行って仏舎利《ぶっしゃり》を安置した。その後、国中に疫病が流行したため、物部守屋らの進言で敏達天皇は仏法禁止を命じ、破仏が行われたが、再び病が流行り、また馬子の請願もあったため、結局は馬子ひとりにのみ崇仏《すうぶつ》を認めている。

また、崇峻朝に百済から仏僧や寺工が来日すると、馬子は彼らを招いて戒律について尋ね、さらに善信尼を百済に留学させ、飛鳥の地に法興寺《ほうこうじ》（飛鳥寺《あすかでら》）を造営しはじめた。推古天皇4年（596）に完成し、同14年には本尊が金堂に安置された。仏塔と金堂をそなえ僧侶が止住する日本初の本格的寺院で、蘇我氏が主導する飛鳥仏教の本拠地となった。馬子の仏教理解がどのようなレベルだったかは史料が少ないので想像するしかないが、とにかく彼は仏教の強力な推進者だった。

蘇我馬子が被葬者とされる石舞台古墳（奈良県明日香村）

同34年、馬子は死去し、桃原墓《ももはらのはか》に葬られた。明日香村の観光名所として有名な石舞台《いしぶたい》古墳（奈良県高市郡明日香村島庄）がこれに比定されている。書紀は、半世紀以上も大臣の地位にあった馬子について、こう評している。

「軍略に長《た》け、弁舌の才があった。仏教を深く敬い、飛鳥川のほとりに家を構えた」

＊『天皇記』『国記』：それぞれ天皇の系譜・事績を記した書、国の歴史を記した書と推測される。また『臣・連・伴造・国造・百八十部、并せて公民等の本記』（諸氏族の記録か）もこのとき編纂されたという。

王権を主導した宰相

中臣鎌足《なかとみのかまたり》

謎が多い、日本史上最大の貴族藤原氏の祖

❶614（620）~669

中大兄皇子と組んで乙巳の変の仕掛人となる

中臣氏は、天岩屋《あまのいわや》に籠った天照大神《あまてらすおおみかみ》を招き出すために祈禱《きとう》し、天孫瓊瓊杵尊《ににぎのみこと》に随従して地上に降臨した天児屋命《あまのこやねのみこと》を祖神とし、朝廷祭祀を司った氏族である。この家系に生まれて政権中枢で活躍し、江戸時代まで摂政《せっしょう》・関白《かんぱく》を独占することになる名門貴族藤原氏の祖となったのが鎌足である。

7世紀なかば、北東アジアでは強大な唐が周辺諸国を圧迫し、緊迫した国際情勢が続いていたが、日本国内では蘇我《そが》氏本宗家の蘇我蝦夷《そがのえみし》・入鹿《いるか》親子が権力を掌握し、厩戸皇子《うまやとのみこ》直系の山背大兄王《やましろのおおえのみこ》一族を滅ぼし、天皇を牽制するような専横な振る舞いが目立つようになっていた。

鎌足はそうした蘇我氏の増長や天皇家の衰微を憂い、蘇我氏打倒の野望を抱いて、ひそかに皇族の中に同調者を探しはじめた。そして皇極《こうぎょく》天皇3年（644）正月、法興寺《ほうこうじ》（飛鳥寺《あすかでら》）での打毱《ちょうきゅう》（杖で毱を打つ競技）の催しの折に中大兄皇子《なかのおおえのみこ》（のちの天智《てんじ》天皇）の知遇を得た。皇極天皇の皇子である中大兄皇子は、蘇我氏とは血縁がない反蘇我系皇族の中心的人物で、以後、２人は蝦夷・入鹿掃討のクーデター計画をひそかに相談し合う仲となる。

その後、蘇我氏の傍流である蘇我倉山田石川麻呂《そがのくらやまだのいしかわまろ》も仲間に引き入れた。石川麻呂をクーデター計画に参加させることで、蘇我一族の分断もねらったのだろう。

そして、同4年6月12日、「三韓進調《さんかんしんちょう》」という外交儀式をおとりに入鹿を宮廷（飛鳥板蓋宮《あすかのいたぶきのみや》）におびき寄せ、石川麻呂が上表文を読み上げるなか、入鹿は不意を突かれて中大兄皇子らによって斬殺された。蝦夷も翌日、誅《ちゅう》されている。これが乙巳《いっし》の変で、蘇我氏本宗家は滅亡した。

じつは不明な点も多い鎌足の人物像

乙巳の変後、皇極天皇は中大兄皇子に譲位しようとしたが、いまだ時期尚早とする鎌足の進言で中大兄皇子は即位を辞退して叔父の軽皇子《かるのみこ》を推し、結局軽皇子が即位して孝徳《こうとく》天皇となった。孝

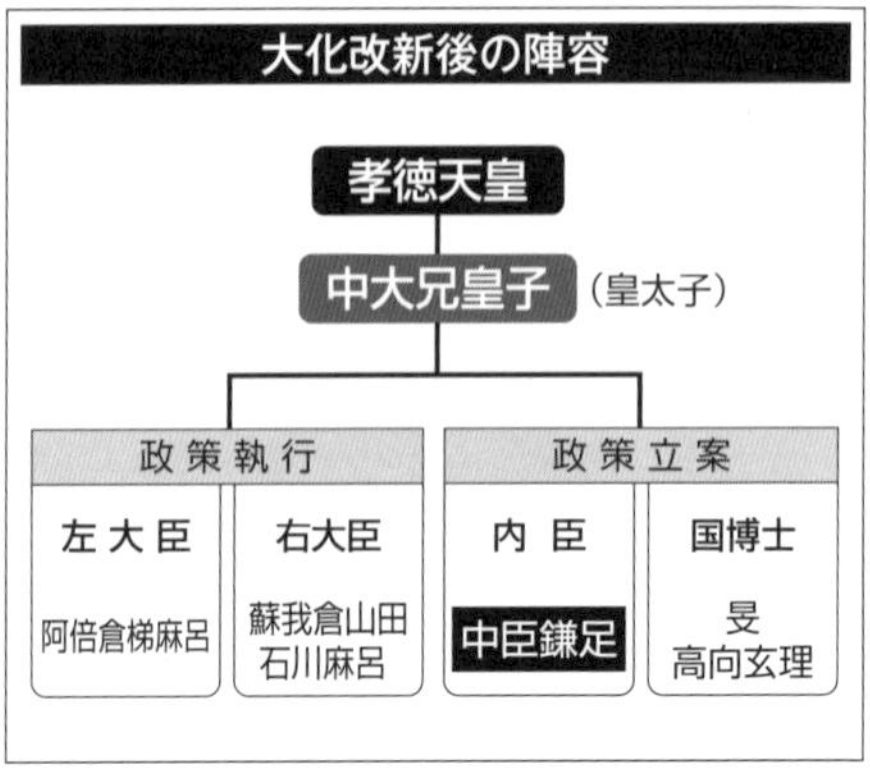

徳朝では鎌足は内臣《うちのおみ》に任じられ、皇太子に立てられた中大兄皇子を補佐した。内臣はこのときはじめて置かれた官で、天皇の特別な側近職である。その後、大化改新《たいかのかいしん》が行われたわけだが、この一大改革に鎌足がどれだけ関与したのか、書紀には言及がないので不明である。

この後、鎌足の名は書紀にはあまり登場しなくなるが、藤原氏の家伝である『藤氏家伝《とうしかでん》』「鎌足伝」（760年頃成立）では、斉明《さいめい》天皇が没して中大兄皇子（天智天皇）の治世になると、側近としてよく働き、両者の関係はより緊密になっていったことになっている。

天智天皇8年（669）10月10日、重い病に臥して余命わずかとなった鎌足を、天智天皇がみずから見舞う。15日には大海人皇子《おおあまのみこ》（のちの天武《てんむ》天皇）が鎌足邸に遣わされ、鎌足は大織冠《だいしょくかん》を授かり、大臣《おおおみ》に任じられ、「藤原」の氏称を賜った。大織冠とは冠位の最上位であり、史上これを授けられたのは鎌足ひとりなので、後世には彼の異名となった。しかし、こうした励ましもむなしく、翌日、鎌足は死去した。

書紀は鎌足を乙巳の変の立役者、成功の功労者として描いている。しかし、暗殺現場での彼の行動についてははっきりとは記されていない。少なくとも実行犯は中大兄皇子であって、彼ではなかった。そもそも、書紀の編纂自体に鎌足の嫡子の不比等《ふひと》が深く関わっていることもあり、書紀での鎌足像には潤色や誇張があるのだろうとみるのが一般的になっている。

鎌足以前の中臣氏の歴史についても不明の点が多い。書紀には6世紀の欽明《きんめい》・用明《ようめい》朝で物部《もののべ》氏とともに仏教受容に反対した中臣氏の人物として、鎌子《かまこ》・勝海《かつみ》の名がみえるが、彼らは系譜的には鎌足とは直接はつながらないとみられている（なお、書紀は鎌足を鎌子という異名で記すことが多いが、この鎌子と、欽明朝の鎌子は、同名の別人と考えられる）。中臣氏が台頭したのは、じつはそれほど古い時代ではないのかもしれない。

中臣氏の出身地もよくわかっていない。古くから中臣氏の祖神天児屋命を祀《まつ》る枚岡《ひらおか》神社（大阪府東大阪市出雲井町）が鎮座する生駒《いこまやま》山西麓や、鎌足の別邸があった摂津国《せっつのくに》三島郡（大阪府北東部）が候補に挙げられているが、常陸国《ひたちのくに》（茨城県）とする伝承もある。

このように中臣氏のルーツは謎に包まれていて、「神話が強調するように、はたして古来一貫して天皇家に仕える有力一族だったのか」という疑いも生じ、そのことは中臣氏の巨頭鎌足を祖とする藤原氏の歴史にもほの暗い影を落としている。

鎌足の墓は、大阪府高槻市・茨木市の境界にある阿武山《あぶやま》古墳が有力視されている。遺骸は金糸をまとっていたが、それは大織冠の刺繍糸だろうという。

王権を主導した宰相

藤原不比等《ふじわらのふひと》

記紀編纂に深く関わる奈良朝初期最大の実力者

❶658（659）～720　❷中臣鎌足の子

突如表舞台に現れ、藤原氏興隆の基礎を築く

藤原氏を躍進させた政界の実力者で、中臣鎌足《なかとみのかまたり》の二男。天智《てんじ》天皇8年（669）、不比等12歳頃のときに鎌足は没しているが、その前日に天智天皇から大織冠《だいしょくかん》と大臣《おおおみ》位を授かり、藤原の氏称を賜っている。書紀は、不比等が朝廷で本格的な活躍をみせる以前の、持統《じとう》天皇11年（697）までの記述で終了しているが、それでも彼の名は、任官や賜禄の記事に登場している（持統天皇3年2月条と同10年10月条）。

天武《てんむ》天皇7年（678）頃から宮中に出仕するようになったとみられている。父鎌足の死後、壬申《じんしん》の乱（672年）で天智天皇の子大友皇子《おおとものみこ》が敗れ、天智天皇の弟大海人皇子《おおあまのみこ》が即位して天武天皇となったが、鎌足の娘（不比等の姉妹）の氷上娘《ひかみのいらつめ》と五百重娘《いおえのいらつめ》は天武天皇夫人となり、また同13年の「八色《やくさ》の姓《かばね》」制定に際しては*中臣氏は第2位の朝臣《あそみ》姓を賜っており、中臣・藤原一族は有力氏族としての地歩を固めていた。こうしたなかで鎌足の嫡子である不比等も朝廷に重用

されるようになり、持統朝では一族の長となっていた。

持統天皇11年8月、持統天皇は孫の文武《もんむ》天皇に譲位するが、『続日本紀《しょくにほんぎ》』によれば、その直後、不比等の娘宮子《きゅうし》が文武天皇の夫人となる。文武天皇と宮子の子が、不比等のもうひとりの娘光明子《こうみょうし》を皇后とした聖武《しょうむ》天皇だが、聖武天皇が即位する前に不比等は没している。また、不比等の4人の息子、武智麻呂《むちまろ》・房前《ふささき》・宇合《うまかい》・麻呂はそれぞれのちに南家《なんけ》・北家《ほっけ》・式家《しきけ》・京家《きょうけ》を興し、藤原氏興隆の基礎となった。平安時代に摂政《せっしょう》・関白《かんぱく》・太政大臣《だいじょうだいじん》を輩出する藤原氏の嫡流となったのは、このうちの北家である。

中臣・藤原氏略系図

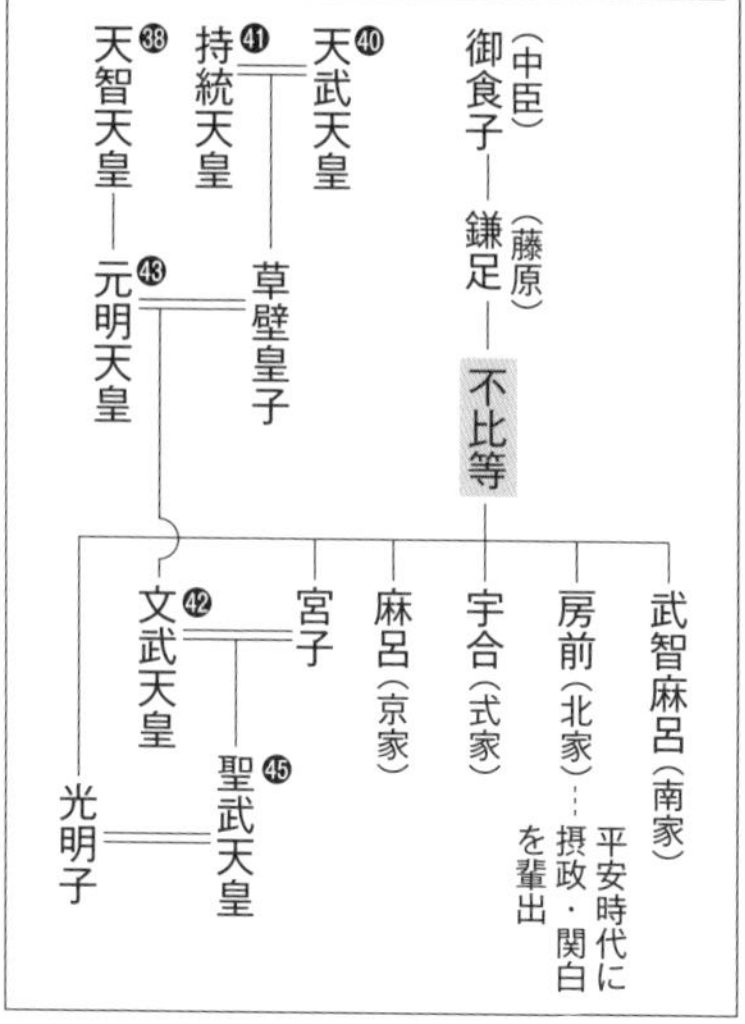

そして不比等は律令《りつりょう》制定、平城《へいじょう》遷都など政治の刷新に深く関わり、和銅《わどう》元年（708）には右大臣に昇任した。『古事記』『日本書紀』の編纂には最終段階で深く関与したといわれる。その際に彼が中臣鎌足をはじめ自分に近い人物の事績を潤色して割り込ませた可能性は否定できない。養老4年（720）5月の『日本書紀』完成を見届けたのち、同年8月に生涯を閉じた。

＊中臣氏：中臣鎌足が藤原の氏称を賜ると、他の中臣氏もしだいに藤原を称するようになるが、中臣のままの者もいた。文武天皇２年（698）以降は、鎌足の二男不比等の直系以外は中臣に復した。

蘇我満智《そがのまち》

❶5世紀?

◎蘇我氏渡来人説の根拠とされる人物

蘇我氏草創期のキーパーソンに位置づけられている人物で、履中《りちゅう》天皇2年10月条によると、平群木菟宿禰《へぐりのつくすくね》・物部伊莒弗《もののべのいこふつ》・葛城円大臣《かずらきのつぶらのおおおみ》らとともに国事を執ったといい、大臣・大連《おおむらじ》に準じる地位に就いたとみられる。

平安時代初期成立の『紀氏家牒《きしかちょう》』によれば、満智は蘇我石川宿禰《すくね》（武内宿禰《たけうちのすくね》の子）の子で、満智の曾孫が稲目《いなめ》だが、この系譜の信憑性は薄く、満智自体が蘇我氏の後裔（石川氏）によって創出された人物とする説がある。応神《おうじん》天皇25年に百済《くだら》から来日した木満致《もくまんち》と同一人物とみる説もあり、これが蘇我氏渡来人説の根拠となっている。

平群真鳥《へぐりのまとり》

❶5世紀?

◎大臣を歴任するも天皇家に逆らって没落

平群氏は大和国《やまとのくに》の平群郷（奈良県生駒郡平群町）を本拠地とした豪族で、古事記によれば建《たけ》内《うちの》（武内）宿禰《すくね》の子の平群都久《つく》宿禰を祖とする。その都久の子が真鳥で、雄略《ゆうりゃく》天皇の即位とともに大臣《おおおみ》となり、清寧《せいねい》・顕宗《けんぞう》・仁賢《にんけん》の3朝でも大臣に就き、執政の中枢を担った。ところが、「武烈《ぶれつ》天皇即位前紀」によると、仁賢天皇の没後、真鳥はもっぱら国政を壟断《ろうだん》して「日本に王たらん」と願い、皇太子（のちの武烈天皇）のためと偽って宮殿を造り、完成すると自身が入居するなど、驕慢《きょうまん》な振る舞いにふけったという。

しかし、大連《おおむらじ》の物部麁鹿火《もののべのあらかひ》の娘影媛《かげひめ》を妻に望んだ皇太子は、真鳥の子の鮪《しび》と影媛が以前に通じていたことを知ると、大伴金村《おおとものかなむら》を将とする兵を送ってまず鮪を殺し、ついで真鳥の家を焼いて、彼も死に追いやった。これを機に平群氏は衰退に向かった。

境部摩理勢《さかいべのまりせ》 ❶?〜628

◎蘇我蝦夷も一目置いた蘇我一族の長老

蘇我稲目《そがのいなめ》の息子あるいは弟とみられる人物で、氏称は境部だが、蘇我氏の支族・分氏にあたる。なお、通説は摩理勢を「稲目の子で、馬子《うまこ》の弟」とするが、これは『聖徳太子伝暦《りゃく》』(10世紀頃成立)に彼を「大臣《おおおみ》(馬子の子である蝦夷《えみし》のこと)叔父」と記してあることによるもので、書紀には具体的な関係は記されていない。

摩理勢は馬子没後には蘇我一門の長老的な存在になっていたらしく、推古《すいこ》天皇36年(628)に推古天皇が皇嗣《こうし》を明確に決めないまま亡くなると、蝦夷は皇嗣問題について何度か彼の意見を聞いている。蝦夷は自分の姉妹の法提郎媛《ほてのいらつめ》を妻としていた田村皇子《たむらのみこ》を推していたが、摩理勢は厩戸皇子《うまやとのみこ》(聖徳太子)の遺児である山背大兄王《やましろのおおえのみこ》を推して譲らなかったとあることから、おそらく生前の厩戸皇子に近侍していたのだろう。

結局、蝦夷(蘇我氏本宗家)と摩理勢(支族)の対立が闡明《せんめい》になり、摩理勢は斑鳩《いかるが》(奈良県生駒郡斑鳩町)にあった山背大兄王の異母弟泊瀬仲王《はつせのなかのみこ》の宮に逃げ込むが、蝦夷は軍勢をさしむけ、摩理勢は二男の阿椰《あや》とともに討たれてしまった。

家と職を表す名前のシステム

――古代社会を規定した「氏」と「姓」

臣・連は高級官僚の証

古代の日本社会では、人名はそれ自体が職掌や地位の標章でもあり、それは朝廷から与えられる「氏《うじ》」と「姓《かばね》」を基本とした「氏姓《しせい》制度」によって規定されていた。

「氏」とは共通の祖先から派生したと信じられている男系の血縁にもとづく政治的集団で、有力な氏がいわゆる豪族である。これには蘇我《そが》、平群《へぐり》のようにその氏の本拠地の地名によるものと、物部《もののべ》、大伴《おおとも》などその氏の職掌にもとづくものとがあった。氏のトップである氏上《うじのかみ》はその氏族や地域勢力のリーダーであり、氏のメンバーである氏人《うじびと》を従え、さらにその下には部民《べのたみ》や奴婢《ぬひ》がいた。

大和朝廷が確立し、さまざまな氏が朝廷に仕えるようになると、氏あるいは氏上のあいだの序列を明確化するために、出自や身分、職業にもとづいて「姓」が朝廷から与えられ、氏名の下につけられるようになった。これは5世紀頃に整備されたと考えられている。

代表的な姓は「臣《おみ》」と「連《むらじ》」で、前者は朝廷との関わりが深い名門の氏（孝元《こうげん》天皇以前の皇族の子孫と称する皇別氏族が多い）に、後者は特定の職能で天皇家に仕えた有力な氏に与えられた。

伴《とも》（天皇家や中央豪族に仕えた下級の官人系集団）や部《べ》（伴を改編した官人・人民集団）を領有・管理し、朝廷の職務を分掌した氏を伴造《とものみやつこ》というが、彼らにはおもに造《みやつこ》・直《あたい》・公《きみ》などの姓が与えられた。なお、伴造の氏族は連よりも下位に位置すると考えられるが、広義では連姓の氏族も伴造に含まれる。

代表的な地方豪族は朝廷から地方官である「国《くにの》造《みやつこ》」に任じられ、君《きみ》・直などの姓を称するケースが多かった。

基本的に臣・連と各種の姓を称した伴造は貴族的な官僚のようなもので、その下に実務を担当する伴や部（部民、品部《しなべ》、部曲《かきべ》）がいたという構図になる。朝政に深く関与できたのは臣と連で、それぞれのトップが大臣《おおおみ》と大《おお》連《むらじ》であり、天皇を補佐する執政の最高責任者となった。そして氏姓を賜与できるのは天皇固有の権限であり、天皇や皇族は氏姓をもたなかった。

このような氏姓制度は、天武《てんむ》天皇13年（684）に天武天皇が制定した「八色《やくさ》の姓」によって大きな転機を迎えた。天武天皇は姓を真人《まひと》・朝臣《あそみ》・宿禰《すくね》・忌寸《いみき》・道師《みちのし》・臣・連・稲置《いなき》の8種に再編成し、新たな政治的秩序を築こうとしたのである。

豪族に与えられたおもな姓

姓	おもな豪族
臣	平群臣、葛城臣、巨勢臣、蘇我臣、吉備臣、出雲臣
連	大伴連、物部連、中臣連、土師連
君	筑紫君、上毛野君、三輪君
直	東漢直、倭直
造	馬飼造、秦造
首	西文首、忌部首

第2部
『日本書紀』を彩る古代人物群像

第2章

まつりごとに携わった后妃・皇女

古代は、皇后や妃、皇女といった
女性たちの物語を抜きにしては、
決して語ることはできない。
彼女たちは天皇や皇子を献身的に支え、
巫女《みこ》として神にその一生を捧げる者もいたが、
ときに、その色香を武器にして
権力をもてあそぶ悪女の姿をとることもあった。
『日本書紀』に登場する聖女・烈婦たちの素顔に迫る。

倭迹迹日百襲姫命《やまとととひももそびめのみこと》、
大物主神の妻《みめ》と為る。然《しか》れども、
其《そ》の神常に昼は見えずして、夜のみ来ます。

──『日本書紀』崇神《すじん》天皇10年9月27日条

大物主神《おおものぬしのかみ》と倭迹迹日百襲姫命《やまとととひももそびめのみこと》の神婚伝説の舞台となった三輪山《みわやま》（奈良県桜井市）

即位の跡か？
幻の女帝

倭迹迹日百襲姫命《やまとととひももそびめのみこと》

箸墓古墳の被葬者として卑弥呼に比定

❶？　❷孝霊天皇の皇女

◆大物主神の妻となった神憑りする皇女

孝霊《こうれい》天皇の皇女だが、書紀には崇神《すじん》朝に神憑《かみがか》りの巫女《みこ》としてたびたび登場する。

崇神天皇7年2月条によると、崇神天皇は自分の治世になってからしばしば災害に見舞われる原因を探ろうと、神浅茅原《かむあさじはら》に行幸《ぎょうこう》し、八十《やそ》万神《よろずのかみ》を集めて占いを行った。すると倭迹迹日百襲姫命が神憑りして「もし私を敬い祀《まつ》るならば、必ず天下は平穏になるだろう」と告げた。天皇が「いずれの神ですか」と尋ねると、「私は大和国《やまとのくに》の内にいる神で、名を大物主神《おおものぬしのかみ》という」と託宣があった。つまり、大物主神が倭迹迹日百襲姫命に乗り移ったのだった。その場所となった神浅茅原についてはは奈良県桜井市茅原《ちわら》付近とする説があり、同地には倭迹迹日百襲姫命を祀る神御前《かみのごぜん》神社があって、ここからは三輪山《みわやま》と箸墓《はしはか》（後述）を望むことができる。神浅茅原は、神託を得るための聖地のような場所だったのだろう。

また同10年9月条によると、四道《しどう》将軍（248ページ）のひとり大彦命《おおびこのみこと》が遠征に向かおうとした際、天皇の命が狙われていることを示唆するような歌を詠う童女に出会った。大彦命がこれを天皇に報告すると、倭迹迹日百襲姫命は「武埴安彦《たけはにやすびこ》（孝元《こうげん》天皇の皇子。崇神天皇の叔父）の謀反の前兆でしょう」と予言した。まもなく予言どおりに武埴安彦は謀反を起こしたが、天皇の派遣した兵に武埴安彦は殺され、反乱は失敗に終わった。

その後、倭迹迹日百襲姫命は大物主神の妻となった。ところが、神（夫）が昼は姿を見せず夜だけやって来るので、姿を見たいと願うと、翌朝、櫛笥《くしげ》（櫛を入れる箱）の中に小蛇の姿をとった神がいた。驚き叫ぶ姫に、神は「恥をかかせたな」と言って御諸山《みもろのやま》（三輪山）へ登って行った。姫が後悔して尻もちをつくと、そのはずみで箸が陰部に突き刺さり死んでしまう。その亡骸を葬った墓は箸墓と呼ばれ、昼は人が造り、夜は神が造ったという。

これが有名な三輪山伝説と箸墓伝説である。箸墓は桜井市箸中にある前方後円墳の箸墓古墳に比定され、宮内庁もこれを倭迹迹日百襲姫命の墓（大市墓《おおいちのはか》）として管理している。

このように巫女的な性格の強い倭迹迹日百襲姫命は、『魏志《ぎし》』「倭人伝《わじんでん》」に登場する、「鬼道」（原始神道的なシャーマニズム）を用いた女王卑弥呼《ひみこ》にしばしば比定され、崇神天皇を女王を助けた男弟、3世紀半ばの築造とされる箸墓古墳を卑弥呼の墓とする説がある。つまり、邪馬台国＝原始ヤマト王権では、祭事を行う女王と、政事を行う男弟による祭政二元政治が行われていたとする見方である。

即位の跡か？
幻の女帝

飯豊青皇女《いいどよのあおのひめみこ》

空白期に朝政を執った「史上初の女帝」か？

❶5世紀？　❷履中天皇の娘もしくは孫

清寧天皇没後、臨時に朝政を執ったとされる

「履中《りちゅう》天皇紀」と古事記によれば、父は履中天皇、母は葦田宿禰《あしたのすくね》（葛城襲津彦《かずらきのそつひこ》の子）の娘黒媛《くろひめ》で、市辺押磐皇子《いちのへのおしはのみこ》の同母妹だが、「顕宗《けんぞう》天皇紀」では、父は市辺押磐皇子、母は蟻臣《ありのおみ》（葦田宿禰の子）の娘荑媛《はえひめ》で、顕宗・仁賢《にんけん》天皇の同母姉または妹となっていて、所伝に乱れがみられる。ただしいずれにしても、母親は葛城《かずらき》氏系である。飯豊皇女、忍海飯豊青尊《おしぬみのいいどよのあおのみこと》などとも称する。

書紀によると、雄略《ゆうりゃく》天皇が即位に先立って同母兄の境黒彦皇子《さかいのくろひこのみこ》、八釣白彦皇子《やつりのしろひこのみこ》、従兄弟の市辺押磐皇子、御馬皇子《みまのみこ》らを殺害したうえに、雄略天皇の後を承けた清寧《せいねい》天皇には皇子が生まれなかったので、近い親族には皇位継承候補者がいない状態に陥ってしまった。

そこへ、播磨《はりま》（兵庫県）に市辺押磐皇子の遺児である億計王《おけのみこ》・弘計王《おけのみこ》の2人が潜居していたという報せがもたらされ、清寧天皇は2王子を喜んで迎え入れ、億計王を皇太子、弘計王を皇子とした。ところが、清寧天皇5年正月に天皇が逝去しても皇太子億計王は即位を望まず、弟の弘計

王に皇位を譲ろうとする。一方の弘計王も兄に譲ろうとし、互いに譲り合ってとめどがない。そこで、飯豊青皇女が忍海角刺宮《おしぬみのつのさしのみや》（奈良県葛城市忍海）で臨時に朝政（臨朝秉政《みかどまつりごと》）を執ることになった。宮の場所が葛城地方となっているのは、彼女の母親が葛城氏であったことも関係しているのだろう。

しかし同年11月に飯豊青皇女は亡くなってしまい、結局、弘計王が即位して顕宗天皇となった。古事記では、清寧天皇は2王子が播磨で発見される前に死去しているが、やはり飯豊青皇女が臨時に朝政を執ったことをほのめかす記述をしている。

記紀はともに飯豊青皇女の天皇即位を明言していないが、彼女が中継ぎ的な天皇になったとする見方が古来あり、『扶桑略記《ふそうりゃっき》』（平安時代）は「飯豊天皇、二十四代女帝」、『皇胤紹運録《こういんじょううんろく》』（15世紀）は「飯豊天皇、忍海部女王是也」とし、歴代天皇に含めている。現在では歴代天皇に含まれていないが、歴史的にみれば、彼女を中継点として皇統は雄略系から履中系に移っていて、この点に皇女の役割を認めることができる。

「清寧天皇紀」には、飯豊青皇女が「女帝」になる前のこととして、興味深いエピソードが記されている。皇女が角刺宮で夫とはじめて交わったとき、「女の道を知ったが、なんということもない。もう男と交わろうとは思わない」と語ったというのだ。夫を必要としない、男に関心をもたない、神に仕える巫女王的な女性の姿がイメージされる。

即位の跡か？
幻の女帝

間人皇女《はしひとのひめみこ》

「中皇命」が意味するのは即位の実態なのか？

❶?～665　❷舒明天皇の皇女

とりざたされる天智天皇との禁断の恋

父は舒明《じょめい》天皇、母は皇極《こうぎょく》（斉明《さいめい》）天皇で、天智《てんじ》天皇の同母妹である。

書紀によれば、大化《たいか》元年（645）7月、孝徳《こうとく》天皇の皇后となる。白雉《はくち》4年（653）、天皇に難波宮《なにわのみや》（大阪）から倭京《やまとのみやこ》（飛鳥《あすか》）への遷都を進言するも入れられなかった中大兄皇子《なかのおおえのみこ》（のちの天智天皇）に連れられて、倭飛鳥河辺行宮《やまとのあすかのかわべのかりみや》に移る。同5年10月、死の床にある難波宮の孝徳天皇を、中大兄皇子、母皇極天皇らとともに見舞う。天智天皇4年（665）2月、死去。

このように、書紀の記述ではさほど目立たないのだが、孝徳天皇あるいは次の斉明天皇の没後、彼女が一時的に「中皇命《なかつすめらみこと》」という天皇に準じる地位に就き、中大兄皇子の即位を阻んでいたという見解が古くから出されている。その根拠のひとつは『万葉集《まんようしゅう》』巻1・3の和歌で、題詞によれば「中皇命」が狩りに出た舒明天皇の無事を祈った歌。「中皇命」の語義については、中継ぎ的な役割を担った女帝、皇后経験のある女帝、中宮《ちゅうぐう》を居所とする皇后つまり中宮天皇のこと、神と天皇のあいだを取り持つ者としての皇后の意など、諸説がある。問題は「中皇命」とはいったい誰かだが、これについては、舒明天皇の皇后で、のちに天皇となる皇極（斉明）天皇とする説（民俗学者の折口信夫）と、間人皇女とする説（国文学者の吉永登）に分かれている。

そして間人皇女説はこうも推測する。「間人皇女は孝徳天皇の皇后だったが、兄の中大兄皇子と相愛の関係にあった。だから夫を置き去りにして中大兄皇子に随行してしまった。孝徳天皇没後、中大兄皇子が即位を断念して母皇極天皇が重祚《ちょうそ》したのは、彼が即位した場合、同母妹の間人皇女を皇后にしなければならなくなり、それは何としても避けたかったからだ」。

書紀によれば天智天皇6年2月、間人皇女は斉明天皇とともに同じ山陵（小市岡上《おちのおかのえの》陵《みささぎ》）に合葬された。妹への追慕が一段落ついたと考えたのか、天智天皇（中大兄皇子）は翌年正月に正式に天皇に即位し、2月には異母兄古人皇子《ふるひとのみこ》の娘倭姫王《やまとひめのおおきみ》を皇后に立てている。

「中皇命」が登場する『万葉集』巻1・3の和歌

天皇の内野に遊猟したまひし時に、
中皇命《なかつすめらみこと》の、間人連老《はしひとのむらじおゆ》をして献《たてまつ》らしめし歌

やすみしし　わが大君の　朝《あした》には　取り撫でたまひ
夕《ゆふへ》には　い寄り立たしし　みとらしの　梓の弓の
なか弭《はず》の　音すなり　朝狩《あさがり》に　今立たすらし
夕狩《ゆふがり》に　今立たすらし　みとらしの
梓の弓の　なか弭の　音すなり

※舒明天皇が遊猟を行ったとき、「中皇命」が詠んで、「間人連老」（役人の名前か）に天皇へ奏上させた歌、もしくは中皇命の思いを間人連老が詠んで天皇に献上した歌と考えられている。

社寺の起源に関わった巫女

豊鍬入姫命《とよすきいりびめのみこと》

伊勢神宮の起源となる天照大神の遷座を担う

❶? ❷崇神天皇の皇女

三輪山の麓で奉祀した伝説的な巫女

崇神《すじん》天皇の皇女。伊勢神宮の起源に関わった伝説的な皇女として知られる。崇神天皇6年条によると、それまでは天照大神《あまてらすおおみかみ》と倭大国魂神《やまとのおおくにたまのかみ》の2神を宮中で祭祀していたが、崇神天皇は神の勢威のはげしさを恐れて、宮中の外で別個に祀《まつ》ることにした。従来は皇祖神である天照大神も、大和の国土の守護神である倭大国魂も、宮廷内において天皇と同床共殿《どうしょうきょうでん》で祀られていたが、崇神朝を機に宮廷外に移されることになったのである。

そして天皇は、天照大神を豊鍬入姫命に、倭大国魂神をもうひとりの皇女渟名城入姫命《ぬなきいりびめのみこと》に託した。崇神天皇の宮は三輪山《みわやま》の麓の磯城瑞籬宮《しきのみずかきのみや》（奈良県桜井市金屋）だったが、豊鍬入姫命はそこから大和（倭）の笠縫邑《かさぬいのむら》に天照大神を遷し祀り、堅固な神籬*《ひもろぎ》を建てた。こうした遷祀は「天照大神の御霊代《みたましろ》である神鏡を皇女が奉持して遷した」というイメージでとらえられやすいが、書紀に具体的にそのような記述があるわけではない。一方の渟名城入姫命は、神の強大な霊威に堪えきれず、髪が抜け落ちてやつれはて、祀ることができなくなってしまった。

豊鍬入姫命が天照大神を遷し祀った「笠縫邑」は、三輪山の西北麓に鎮座する檜原《ひばら》神社を跡地とするのが定説だ。というのも、檜原神社は明治時代からは三輪山をご神体とする大神《おおみわ》神社の摂社となっているが、古くは日原社と呼ばれて天照大神を祭神としており、この一帯が古くは「笠縫里」と呼ばれていたとする伝承もあるからである。ちなみに、磯城瑞籬宮跡（志貴《しきの》御《み》県坐《あがたにます》神社）から檜原神社までは、古道「山辺《やまのべ》の道」をたどって、徒歩で1時間ほどである。

豊鍬入姫命が天照大神を祀ったとされる檜原神社（大神神社摂社。奈良県桜井市）

次に豊鍬入姫命が書紀に登場するのは、垂仁《すいにん》天皇25年3月条で、垂仁天皇は天照大神を豊鍬入姫命から離し、皇女倭姫命《やまとひめのみこと》に託した。年老いた豊鍬入姫命には祭祀が困難になったからだろう。そして後事を託された倭姫命は最終的に伊勢にたどり着く。これが伊勢神宮のはじまりとされている。興味深いことに、伊勢神宮は檜原神社（笠縫邑）のほぼ真東に位置している。

＊神籬：神を迎え祀るために臨時に設けられる施設。結界された方形の神域に榊を立てるのが一般的。

社寺の起源に関わった巫女

倭姫命《やまとひめのみこと》

遍歴の末に伊勢にたどり着いた最高位の巫女

❶? ❷垂仁天皇の皇女

鎮座地を求めて諸国を遍歴する

垂仁《すいにん》天皇の皇女で、景行《けいこう》天皇の同母妹、日本武尊《やまとたけるのみこと》の叔母にあたる。伊勢神宮の創祀伝承や、日本武尊の東西征討を助けた皇女として知られるが、実在性は薄く、神話的人物と考えるのが一般的である。ヤマトヒメという名前も、「大和《やまと》のお嬢さん」というほどの意味になるので、皇女を象徴化したような存在とみるべきなのだろう。

書紀の記述においてまず重要なのは、伊勢神宮の鎮座伝承にからむものだ。崇神《すじん》天皇は宮中に祀《まつ》られていた天照大神《あまてらすおおみかみ》の神威を畏れたため、託された豊鍬入姫命《とよすきいりびめのみこと》が大和（倭《やまと》）の笠縫邑《かさぬいのむら》に天照大神を祀った。

垂仁天皇25年3月、次の垂仁天皇は天照大神の祭祀の役を、自分の娘である倭姫命に交替させた。やがて倭姫命は天照大神の鎮座地を求めて遍歴をはじめ、宇陀《うだ》（奈良県宇陀市）、近江国《おうみのくに》、美濃国《みののくに》をめぐって伊勢国《いせのくに》に入った。

するとと天照大神は「是の神風の伊勢国は、則ち常世《とこよ》の浪の重浪《しきなみ》帰する国なり。傍国《かたくに》の可怜国《うましくに》なり。是の国に居《を》らむと欲《おも》ふ」と倭姫命に告げた。そこで彼女は祠《やしろ》を伊勢国に建て、五十《い》鈴川《すずがわ》のほとりに神に仕える巫女の宮殿として斎宮《いつきのみや》を建てた。そしてこの宮は「天照大神の始めて天より降《くだ》ります処」となったという。この記事は、伊勢神宮内宮《ないくう》の鎮座縁起のオリジンになっている。

斎王の御殿があったという「斎王宮跡」の石碑（三重県明和町）

　また書紀には「垂仁天皇は倭姫命を御杖《みつえ》として天照大神に奉った」という表現もみえるが、この場合の「御杖」とは神の依《よ》り代《しろ》のことであり、彼女はたんに天照大神の神霊を運んだわけではなく、彼女自身が天照大神の依り代となって、つまり神と一体化して遷座地探訪の旅を続けたことを物語っている。また、伊勢神宮の最高位の巫女《みこ》を「斎宮《さいくう》」または「斎王《さいおう》」といい、未婚の皇女がその役を務めることが古代に制度化されたが、豊鍬入姫命はその斎宮の初代、倭姫命は2代目に位置づけられている。

　次の景行《けいこう》朝でも倭姫命は重要な役割を果たしている。

景行天皇40年、父帝に東征を命じられた日本武尊は、東国へ向かう際、寄り道をして伊勢神宮を参拝し、叔母の倭姫命に暇乞《いとまご》いをする。つまり、書紀の記述にもとづくならば、垂仁朝に伊勢に天照大神を鎮座させた倭姫命は、その後100年以上にわたって同地で天照大神を奉祀していたことになる。そしてこのとき倭姫命は、日本武尊に草薙剣《くさなぎのつるぎ》を授けるのだ。日本武尊はこの神剣の助けを得て、東征を果たすことになる。また古事記では、西国の熊曾《くまそ》征伐に向かう倭建命《やまとたけるのみこと》(日本武尊)に衣裳を与えたことになっていて、彼はこの衣裳で女装することによって討伐に成功している。

倭姫命は、日本武尊の遠征の成功に、知恵と呪的な力によって大きく寄与したのである。

しだいに増幅していった倭姫命の遍歴譚

垂仁朝の倭姫命の遍歴譚は、平安時代以降、書紀の記述を越えて増幅してゆく。

延暦《えんりやく》23年(804)成立の『皇太神宮儀式帳《こうたいじんぐうぎしきちょう》』は伊勢神宮内宮《ないくう》の神官によって編纂されたもので、伊勢神宮側の文献としては現存最古のものだが、同書によると、倭姫命の遍歴地は、宇陀の後に伊賀《いが》が加わっており、また近江・美濃をへて伊勢に入ってからも、数カ所の宮を経由したことになっている。しかも倭姫命は、天照大神を伊勢に遷すと、現地の人間に祭祀を託して大和に帰ってしまっている。

鎌倉時代になると、『倭姫命世記《やまとひめのみことせいき》』という倭姫命の一代記が成立した。実際には、倭姫命の一代記というかたちをとりながら伊勢神宮の鎮座伝承を詳述したものだが、編述に際して神宮のさまざまな古伝承を包摂したとみられ、豊鍬入姫命・倭姫命の遍歴地点が激増している。笠縫邑にはじまって伊勢神宮に至るまでに、伊賀・近江・美濃・尾張《おわり》などをめぐり、あわせて20以上もの宮を皇女が経由したことになっているのだ。

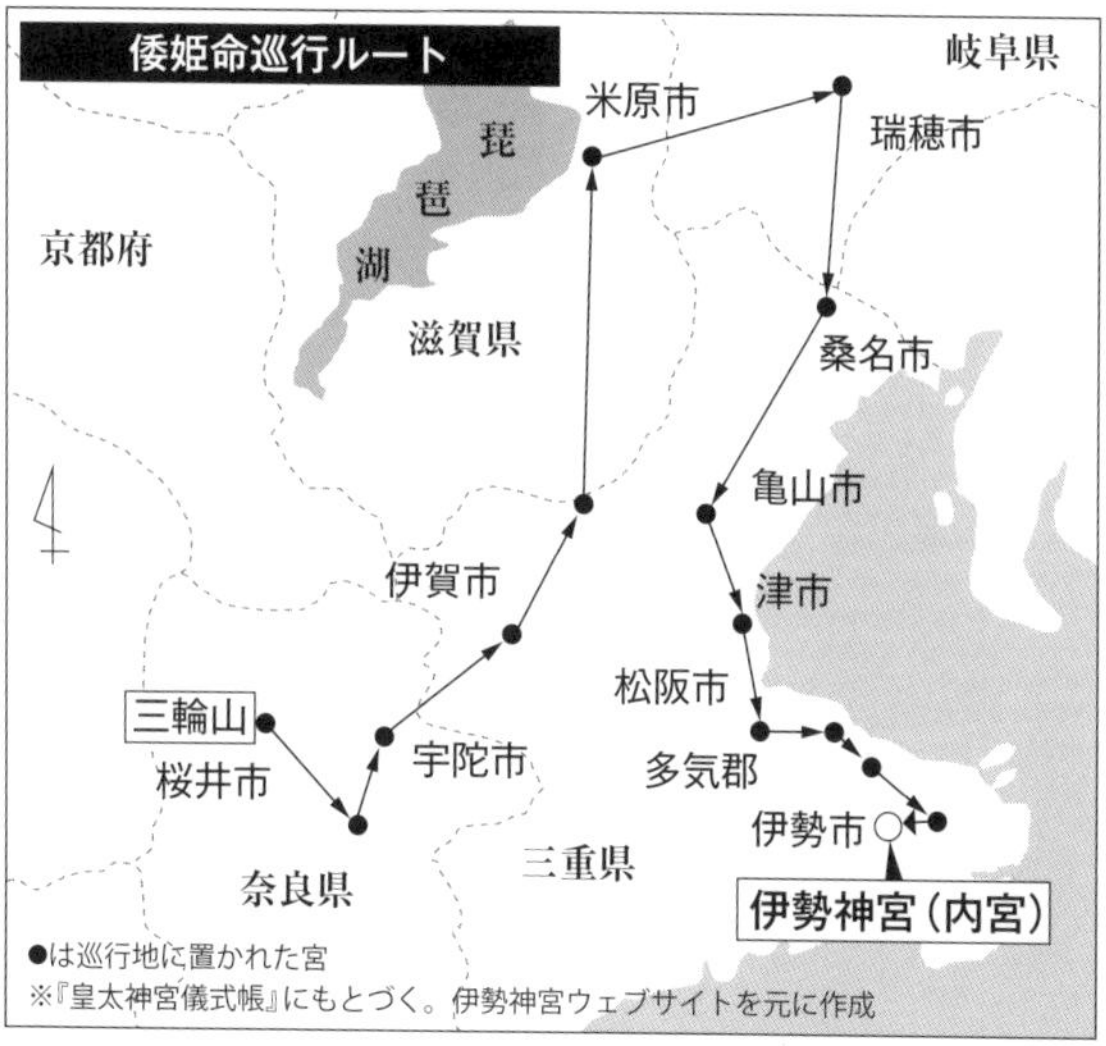

平安時代末期以降には、御厨《みくりや》と呼ばれる伊勢神宮の荘園が各地に設けられていった。皇女の巡行ルートが古代から中世にかけて順次拡大し、各地に倭姫命あるいは豊鍬入姫命が滞在したという宮の伝承地が形成されていったのは、そうした御厨の増大がからんでいるのだろう。

そしてまた、天照大神の御杖として各地を巡行した倭姫命とは、伊勢神宮で天照大神に仕えた巫女たちの神格化であり、同時に彼女たちの理想像でもあるのだ。

社寺の起源に関わった巫女

宮簀媛《みやずひめ》

熱田神宮の創祀に関わった日本武尊の妃

❶?
❷尾張氏の娘

形見の草薙剣に仕え続けた尾張氏の娘

景行《けいこう》天皇の時代、叔母倭姫命《やまとひめのみこと》から授けられた草薙剣《くさなぎのつるぎ》を用いて東国征討を果たした日本武尊《やまとたけるのみこと》は、尾張《おわり》に還ると尾張氏の娘宮簀媛をめとった。その後近江《おうみ》の伊吹山《いぶきやま》の神を退治しに行くが、このとき、草薙剣を外して媛の家に預け、素手で出かけてしまう。すると日本武尊は山中で山の神の仕業によって遭難して体調を崩し、帰途には尾張を素通りして伊勢に移る。そして彷徨した末に能褒野《のぼの》（三重県鈴鹿市と亀山市にわたる台地）でついに力尽き、亡くなってしまった。そして書紀は「日本武尊がさしていた草薙剣は今、熱田《あつた》神宮にある」（景行天皇51年8月4日条）と記していて、日本武尊と宮簀媛、草薙剣をめぐる物語が、草薙剣を祀《まつ》る熱田神宮の縁起譚にもなっていることがわかる。古事記も書紀と同じような話を記しているが、ただし、美夜受比売《みやずひめ》（宮簀媛）を「尾張国造《くにのみやつこ》の祖」と記し、倭建命（日本武尊）は東征前に彼女の家を訪れて婚約していたことになっている。

一方、寛平《かんぴょう》2年（890）の奥書をもつ『尾張国熱田太神宮《だいじんぐう》縁起』をみると、記紀の日本武尊伝説をおおむねなぞるようなかたちで熱田神宮の縁起を記しているが、日本武尊の死から熱田神宮創建にいたる経緯についてはやや詳しく書かれている。

宮簀媛が最初に草薙剣を祀っていた地ともされる氷上姉子神社（名古屋市緑区）

「宮酢媛（宮簀媛）は日本武尊の床を守り、そこに神剣を安置していたが、その霊験が著しく、また媛も衰えてきたので、人々が集まって諮《はか》った結果、社地を定めて神剣を祀ることにした。そこには楓《かえで》の樹があったが、おのずと燃えて田に倒れたので、『熱田』と呼ばれるようになった」

つまり、宮簀媛が夫日本武尊の形見である草薙剣を尾張の地に奉祀したのが熱田神宮の起源ということにされていて、熱田社が先にあって剣が祀られたのではなく、剣が祀られて熱田社が造られたと説明されている。また同書では宮簀媛は火明命《ほあかりのみこと》（尾張氏の祖神）の12世孫建稲種公《たけいなだねのきみ》の妹とされている。神剣への奉祀をつづけた宮簀媛の姿には、天照大神を伊勢に奉遷した豊鍬入姫命《とよすきいりびめのみこと》や倭姫命にも通じる、原初的な巫女《みこ》の姿が映し出されている。

栲幡皇女《たくはたのひめみこ》

❶5世紀？　❷雄略天皇の皇女

◎神鏡と伊勢神宮の関係を示す最古の記事

父は雄略《ゆうりゃく》天皇、母は葛城《かずらきの》円《つぶらの》大臣《おおおみ》の娘韓《から》媛《ひめ》。稚足姫皇女《わかたらしひめのひめみこ》ともいう。

雄略天皇3年4月、「廬城部武彦《いおきべのたけひこ》が斎宮《さいくう》（伊《い》勢《せ》神宮の最高位の巫女《みこ》）の栲幡皇女を犯して身ごもらせた」という噂がたち、武彦の父は流言を恐れて息子を殺害。一方、雄略天皇は使者を伊勢に遣わして栲幡皇女を問いただした。皇女は知らないと答え、にわかに伊勢神宮の神鏡を持ち出して五十鈴川《いすずがわ》のほとりへ逃げ、鏡を地中に埋めて自ら縊死《いし》してしまった。

闇夜のなか、行方不明となった皇女の捜索が行われると、川上に虹が掛かった。虹がたったところを掘り返すと神鏡と皇女の遺骸が見つかった。遺骸の腹を割くと、液体のなかに石があるだけであった。妊娠していたわけではなく、武彦にも栲幡皇女にも何ら咎《とが》はなかったのだ。

伊勢の斎宮が制度化されたのは天武《てんむ》・持統《じとう》朝とするのが通説で、栲幡皇女は伝説的な女性と考えられているが、この伝承は、「神武天皇紀」以降では伊勢神宮に*神鏡が祀《まつ》られていたことを明言する最初の記述である点で重要である。

善信尼《ぜんしんに》

❶6世紀後半

◎巫女の系譜を継ぐ日本初の尼僧

敏達《びだつ》天皇13年（584）、崇仏《すうぶつ》派の蘇我馬子《そがのうまこ》は、百済《くだら》からもたらされた仏像を請い受けると、飛鳥《あすか》の自邸の傍に仏殿を造ることにした。そのため、播磨国《はりまのくに》にいた元僧侶の高句麗《こうくり》人恵便《えべん》を師として渡来人司馬達等《しまのたちと》の娘島《しま》を得度《とくど》させた。島は善信尼という法名を授かり、日本仏教最初の出家者となった。彼女の2人の弟子（女性）も同時に得度した。

　善信尼はこのときまだ11歳の少女だった。日本仏教最初の出家者が未婚の少女だったことは、彼女が巫女《みこ》の系譜の延長線上にいたことを暗示する。のちに馬子に百済で戒律を学ぶことを願い出、百済に遣わされた。崇峻《すしゅん》天皇3年（590）に帰朝し、飛鳥の桜井寺《さくらいでら》（馬子の寺か）に住した。

大来皇女《おおくのひめみこ》

❶661〜701　❷天武天皇の皇女

◎天武天皇が遣わした実質的な初代斎宮

父は天武《てんむ》天皇、母は大田皇女《おおたのひめみこ》（天智《てんじ》天皇の皇女）。大伯皇女とも書かれる。

　壬申の乱の翌年の天武天皇2年（673）4月、天武天皇の命で斎宮《さいくう》として伊勢神宮に遣わされることになり、泊瀬斎宮《はつせのいつきのみや》（奈良県桜井市初瀬）で斎戒し、翌年、伊勢神宮に向かった。乱の勝利に対する神への報賽《ほうさい》として皇女が派遣されたのだろう。伊勢神宮の創祀や斎宮制度の実際の開始時期をめぐっては諸説があるが、天武天皇3年の大来皇女の斎宮奉仕は文脈からしてかなり史実性が高く、彼女は実質的な初代斎宮だった可能性が濃い。

　天武天皇の死の翌々月にあたる朱鳥《しゅちょう》元年（686）11月、任を解かれて帰京した。その前月には、謀反の罪で同母弟の大津皇子《おおつのみこ》が自殺しているので、そのことも関係しているとみられる。

＊神鏡：伊勢神宮のご神体は、三種の神器のひとつで、天照大神の御霊代である八咫鏡、すなわち神鏡だと伝えられている。

王権を支えた女性

弟橘媛《おとたちばなひめ》

関東に故地が残る、身代わりで海中に消えた妃

❶？　❷日本武尊の妃

東京湾沿岸の地名にもなった「袖」伝承

東国平定に出かけた日本武尊《やまとたけるのみこと》が、相模《さがみ》（神奈川県）から船で海を渡り、上総《かずさ》（千葉県）に行こうとしたとき、途中でにわかに暴風が起こり、進むことができなくなってしまった。そのとき、日本武尊に付き従っていた弟橘媛が「風が起こり、波が速くなって、船が沈もうとしていますが、これはきっと海神の心によるものでしょう。卑しい私が王の身代わりとなって海に入ります」と言うや、波を押し分けて身を投じた。するとたちまちにして暴風は止み、船は無事に海を渡ることができた。このことにちなんで、人々はこの海を馳水《はしりみず》（走水。現在の浦賀水道）と名づけた。

古事記ではこの場面がもう少し詳しく綴られていて、菅畳《すがだたみ》（菅《すげ》で織った莫蓙《ござ》）・皮畳《かわだたみ》（皮でできた敷物）・絁畳《きぬだたみ》（絹で織った敷物）をそれぞれ幾重にも波の上に敷き、その上に座って神の怒りを鎮めている。そして、「さねさし　相模の小野に　燃ゆる火の　火中《ほなか》に立ちて　問ひし君はも」という和歌を詠んでいるが、これは日本武尊と2人で火難に遭った際に尊が自分の名を呼

んでくれたことを思い起こした、恋情あふれる名歌となっている。

さらに古事記によれば、入水から7日後、海辺に媛の櫛が流れ着いたので、そこに墓が築かれ、形見の櫛がその中に納められたという。そして日本武尊は再び東征を続けてゆく。

弟橘媛の墓の伝承地のひとつである千葉県木更津《きさらづ》市の吾妻《あずま》神社の縁起では、流れ着いたのは櫛ではなく着物の袖ということになっている。東京湾の東側一帯、船橋から木更津にかけての沿岸を古くは袖《そで》ケ浦《うら》と称したが、吾妻神社の袖伝承は袖ケ浦の地名縁起譚にもなっている。

日本武尊と弟橘媛を祀る走水神社（神奈川県横須賀市）

書紀によれば弟橘媛は穂積氏《ほづみのうじ》忍山宿禰《おしやまのすくね》の娘だというが、伝説的人物とみるべきで、東京湾口の浦賀水道周辺にその原形となるような伝承が古くからあったのだろう。その名前については、屯倉《みやけ》（宮廷直轄領）が武蔵国橘樹郡《むさしのくにたちばなぐん》（神奈川県川崎市とその周辺）にあったことにちなむとか、神に仕える巫女《みこ》が用いる聖樹としての橘にちなむなどといった見解が出されている。夫に献身する姿は、妃のモデルでもある。

王権を支えた女性

磐之媛命《いわのひめのみこと》

豪族から初めて天皇に嫁いだ、3人の天皇の母

❶4〜5世紀？ ❷仁徳天皇の皇后

頭のあがらない天皇の姿は葛城氏の権勢を示しているのか

武内宿禰《たけうちのすくね》の子葛城襲津彦《かずらきのそつひこ》の娘。仁徳《にんとく》天皇の皇后となり、履中《りちゅう》天皇、住吉仲皇子《すみのえのなかつみこ》、反正《はんぜい》天皇、允恭《いんぎょう》天皇を産んだ。

皇嗣《こうし》を多く残した点で王権をよく支えた女性だったといえるが、気性が激しく嫉妬深い女性としてのエピソードが残る。書紀によると、仁徳天皇22年正月、天皇は異母妹の八田皇女《やたのひめみこ》を妃として召し入れようとしたが、磐之媛命はこれを聞き入れなかった。ところが同30年、磐之媛命が紀《きの》国《くに》の熊野岬まで御綱葉《みつなかしわ》（祭儀用の柏葉）を採りに出かけると、留守のあいだに天皇は八田皇女を宮中に召し入れてしまった。これを知った磐之媛命は大きく恨み、採ってきた御綱葉を海に投げ入れ、天皇がいる高津宮《たかつのみや》（大阪市中央区法円坂）に戻らず、山背《やましろ》の筒城岡《つつきのおか》（京都府京田辺市付近）の南に筒城宮を造って住んだ。そして天皇が迎えに来ても会うことを拒み、結局、戻ることがないまま、同35年に筒城宮で亡くなり、2年後、那羅山《ならやま》（奈良盆地と京都盆地の間に位置する丘陵）

に葬られた。

古事記では八田皇女の物語の前に、「天皇が美人の黒日売《くろひめ》を召し入れたが、黒日売は皇后の嫉妬深いことを恐れて国元の吉備《きび》へ逃げ帰ってしまった」というエピソードも載せている。さらに「皇后は非常に嫉妬深かったので、天皇が召そうとする妃たちは宮中に入ることもできず、妃の誰かの噂が立つと、皇后は足をばたつかせて嫉妬した」とまで記している。

浮気性な夫と嫉妬深い妻をめぐる物語は、古代天皇の歴史にどこか人間的なぬくもりを与えている。だが、磐之媛命に頭の上がらない仁徳天皇の姿に、天皇家の姻戚として権勢を振るった磐之媛命の出身である葛城氏の強大さをみることも可能である。皇室以外の出身で「皇后」*を称したのは、奈良時代の藤原氏出身の光《こう》明《みょう》皇后までは磐之媛命が唯一であることも葛城氏の権勢を示していると考えることもできる。ただし、仁徳朝に実際に「皇后」という称号があったとは考えられず、この時代の「皇后」があくまで後世の位置づけであることには注意を要する。

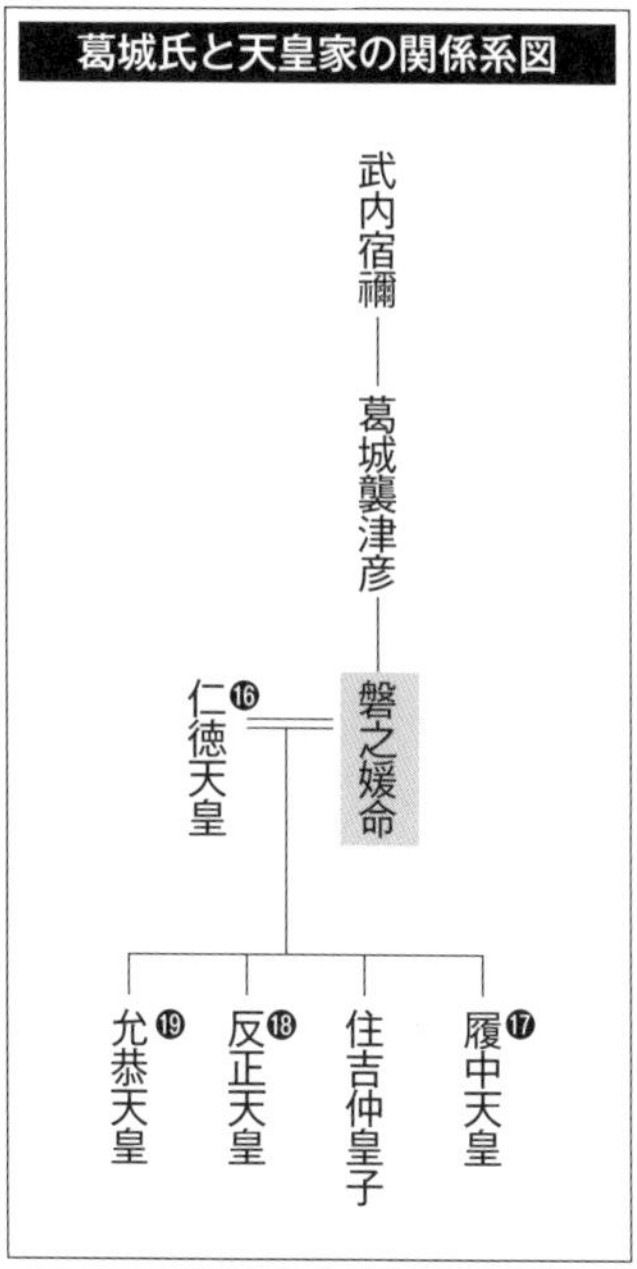

＊皇后：天皇の正妻の称を「皇后」と正式に定めたのは大宝元年（701）制定の「大宝律令」が最初とされる。それ以前は「おおきさき（大后）」「きさき（后）」などと称されていたと考えられている。

髪長媛《かみながひめ》

❶4世紀？　❷仁徳天皇の妃

◎「日下宮王家」を生んだ日向出身の妃

仁徳《にんとく》天皇の妃。日向国《ひむかのくに》（宮崎県）の諸県《もろあがたの》牛諸井《うしもろい》の娘で、美人と評判だったので応神《おうじん》天皇に召されたが、大鷦鷯尊《おおさざきのみこと》（のちの仁徳天皇）が見初めたので、天皇は髪長媛を尊に与えた。ただし、応神天皇13年9月条の「一云《あるにいわく》」によれば、朝廷に仕えた諸県牛は年老いたので帰国し、その代わりに娘の髪長媛を貢上したのだという。

髪長媛は大草香皇子《おおくさかのみこ》と幡梭皇女《はたびのひめみこ》を産んだが、河内国《かわちのくに》妃としては異例の厚遇を受けたようで、河内国日下《くさか》（大阪府東大阪市日下）に本拠を置く王族「日下宮王家」が生じたとする見方がある。

西都原《さいとばる》古墳群（宮崎県西都市）の九州最大規模の前方後円墳の女狭穂塚《めさほづか》古墳の被葬者を、郷里に帰葬された髪長媛、男狭穂塚《おさほづか》の被葬者を諸県牛とみる説がある（北郷泰道『古代日向・神話と歴史の間』）。

衣通郎姫《そとおしのいらつめ》

❶5世紀？　❷允恭天皇の妃

◎允恭天皇を虜にした絶世の美人

允恭《いんぎょう》天皇の皇后忍坂大中姫命《おしさかのおおなかつひめのみこと》の妹。弟姫《おとひめ》ともいう。允恭天皇7年12月条によると、允恭天皇は絶世の美女だった衣通郎姫に恋し、召し入れようとしたが、近江《おうみ》の坂田（長浜市・米原市を中心とした滋賀県中東部）にいた姫は皇后に遠慮して7度召されても参向しなかった。だが允恭天皇が派遣した舎人《とねり》（天皇・皇族の従者）の中臣烏賊津使主《なかとみのいかつのおみ》の懇請に負けてついに姫は都に赴く。しかし、天皇は皇后の嫉妬を恐れて彼女を宮中に近づけず、河内《かわち》の茅渟《ちぬ》（大阪湾岸の東部）に別宮を造ってそこに住まわせ、天皇はしばしばそこへ行幸《ぎょうこう》して逢瀬を楽しんだ。

日向の髪長媛が被葬者ともいわれる女狭穂塚古墳（宮崎県西都市）

書紀は衣通郎姫について、「容姿が絶妙で他に類がなく、その色香は衣を通して輝いていた。それゆえに当時の人々は衣通郎姫と名づけた」と評している。

古事記にはこの物語はなく、允恭天皇の皇女軽大郎女《かるのおおいらつめ》のまたの名を衣通郎女（衣通王《そとおりのみこ》）としている。軽大郎女は同母兄木梨之軽太子《きなしのかるのひつぎのみこ》と密通して最後は心中してしまうという悲話で知られる女性である。ちなみに、書紀にもこれと同様の話がみえるが（190ページ）、そこでは衣通郎姫と允恭天皇の皇女軽大娘皇女《かるのおおいらつめのひめみこ》はまったくの別人となっている。

どうやら、古事記の編者が、天皇の愛人と天皇の皇女を誤って同一人物とみなしてしまったようである。

手白香皇女《たしらかのひめみこ》

❶4世紀後半～5世紀前半
❷仁賢天皇の皇女

◎継体天皇皇后として皇統をつなぐ

父は仁賢《にんけん》天皇、母は雄略《ゆうりゃく》天皇の皇女春日《かすがの》大娘《おおいらつめのひめみこ》皇女。武烈《ぶれつ》天皇の同母姉。継体《けいたい》天皇元年（507）条によると、皇子がいなかった武烈天皇の没後に生じた皇統存続の危機に際して北陸からやって来て新たに即位した継体天皇は、大伴金村《おおとものかなむら》の勧めにより、手白香皇女を皇后に立てた。

北陸から来た継体天皇は、即位したとはいえ、応神《おうじん》天皇の5世孫という傍系の皇族を出自としていた。そのため、それ以前にも尾張《おわり》氏出身の目子媛《めのこひめ》、三尾《みお》氏出身の稚子媛《わかこひめ》などを複数の女性をすでに妻に迎え、正妻的な女性もいたと思われるが、それまでの皇統に直接つながる皇女を新たに正妻として迎え、入り婿的なかたちをとることで皇位継承に正当性をもたせたのだろうとみられている。

手白香皇女は欽明《きんめい》天皇を産んでいる。

春日山田皇女《かすがのやまだのひめみこ》

❶5世紀末～6世紀前半
❷仁賢天皇の皇女

◎即位の可能性があった安閑天皇皇后

父は仁賢《にんけん》天皇、母は和珥《わに》氏の娘糠君娘《ぬかきみのいらつめ》。継《けい》体《たい》天皇7年（513）、継体天皇の長子勾大《まがりのおお》兄皇子《えのみこ》（のちの安閑《あんかん》天皇）に求婚されてその妻となる。皇統の血が薄い継体系の皇子が、皇統の正統だった雄略天皇系の皇女をめとったわけで、これも継体天皇と手白香皇女と同様に入り婿的な結婚だったといえる。

勾大兄皇子が即位して安閑天皇となると皇后

に立てられた。２人は仲睦まじかったが、子はできなかった。安閑天皇没後はその同母弟の宣《せん》化《か》天皇が即位するが、５年後に死去。宣化天皇の異母弟である天国排開広庭皇子《あめくにおしはらきひろにわのみこ》が皇位継承の有力候補だったが、このとき皇子は「私は若年で知識も乏しく、政事に熟達していない。山田皇后（春日山田皇女）は諸政に通じているから、皇后が政務に就いていただきたい」と言った。しかし皇女は「難しい国政をどうして婦女が預かることができましょうか」と恐縮して辞退し、皇子の即位を勧めた。これを受けて皇子は即位して欽明《きんめい》天皇となり、春日山田皇女は皇太后と称されるようになった。

もし春日山田皇女が欽明天皇の懇請を受けていたら、推古《すいこ》天皇に先立って、ここにはじめて女性天皇が正式に誕生していたことになる。春日山田皇女に推古天皇における蘇我《そが》氏のような有力な外戚がいなかったことも女帝出現を阻んだのかもしれない。

山辺皇女《やまのへのひめみこ》　❶?～686　❷天智天皇の皇女

◎夫大津皇子に殉死した悲劇の皇女

父は天智《てんじ》天皇、母は蘇我赤兄《そがのあかえ》の娘常陸娘《ひたちのいらつめ》。大津皇子《おおつのみこ》（天武《てんむ》天皇皇子。母は大田皇女《おおたのひめみこ》）の妃となるが、天武天皇没後の朱鳥元年（６８６）10月、大津皇子の謀反が発覚し、当時24歳の皇子は訳語田《おさた》（奈良県桜井市戒重付近か）の家で死を賜った（194ページ）。そのとき妃の山辺皇女は髪を振り乱し、素足のまま夫のもとに駆けつけて、殉死した。これを見た者はみなすすり泣いたという。

コラム5

深掘り！『日本書紀』と古代日本

日本と切っても切れない朝鮮古代史

――高句麗・新羅・百済の興亡

「任那」は加羅諸国のこと

朝鮮の歴史は古朝鮮を開いた檀君《だんくん》にはじまる。檀君は、天帝の子桓雄《かんゆう》と、もとは熊だった人間の女性が結ばれて生まれた子で、紀元前2333年に朝鮮（檀君朝鮮）を建国し、1500年ものあいだ統治したという。

しかし、これはもちろん神話であって、歴史学的に実在が確実に立証できる最初の朝鮮王朝は、紀元前2世紀の衛満《えいまん》朝鮮（衛氏朝鮮）になる。古代中国の燕《えん》からの亡命者衛満が建国したもので、王険城《おうけんじょう》（平壌《ピョンヤン》）を都とし、朝鮮半島北部を支配した。

だが、衛満朝鮮は漢の武帝《ぶてい》の侵略を受けて紀元前108年に滅亡。その後、朝鮮半島北部から中国東北部にかけては中国の直轄地となった。しかし、前37年頃に半島北部を中心に高句麗《こうくり》が建国され、4世紀初頭には中国の朝鮮支配を終わらせた。

一方、半島の中央部から南部にかけての地域は、馬韓《ばかん》・弁韓《べんかん》・辰韓《しんかん》の三韓に分かれていた。これらは、国家というよりも小国の集合体のようなものだったが、しだいに統合が進み、南西部の馬韓諸国は4世紀中頃までには百済《くだら》王国となり、ほぼ同じ頃、南東部の辰韓諸国は新羅《しらぎ》王国となった。こうして、高句麗・百済・新羅の3国が出揃った。

　百済と新羅にはさまれた弁韓は、諸小国の連合（加羅《から》、加耶《かや》）を形成しただけで、統一国家は誕生しなかった。この地域に強い影響力をもったのが日本で、書紀では「任那《みまな》」と

4世紀末頃の朝鮮半島

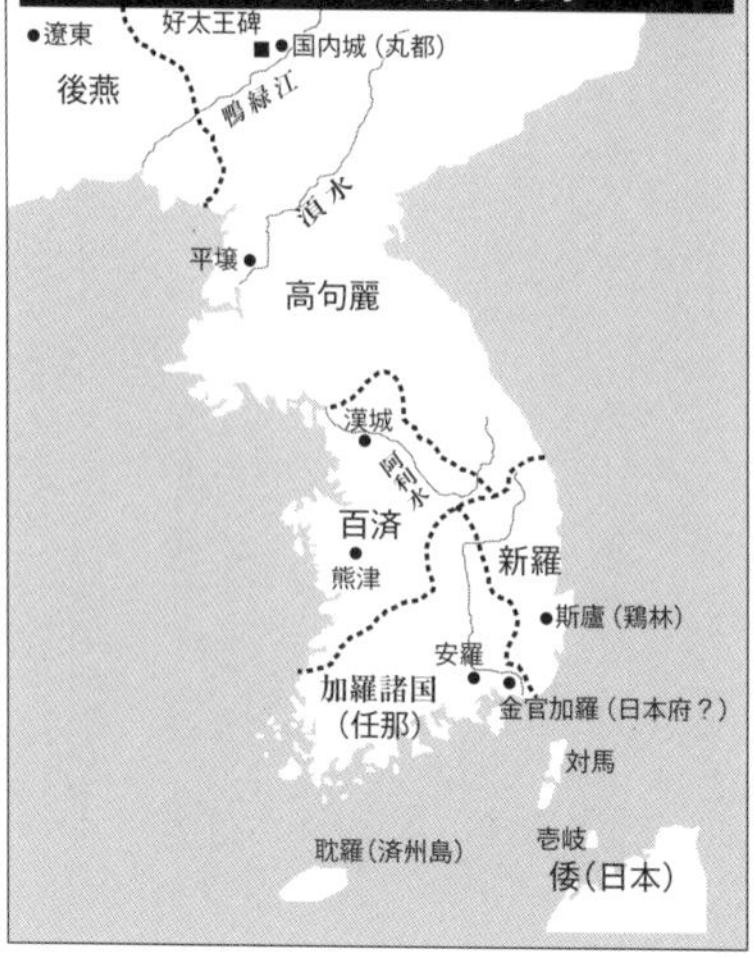

呼ばれている。任那の称は朝鮮側ではほとんど用いられていないが、加羅諸国の有力国に任那加羅（金官《きんかん》国、金官加羅、金海《きんかい》などとも書かれる）があり、そのために地域全体をも任那と呼ぶようになったと考えられる。そして、そこに大和朝廷の朝鮮進出の基地となった任那日本府が置かれたといわれているが、確証されているわけではない。

　その後、朝鮮半島では抗争が続き、6世紀なかばに加羅諸国は百済や新羅に侵略・併合されて消滅した。そして新羅は半島進出をもくろむ中国唐《とう》と組み、唐・新羅連合軍によって660年には百済が、668年には高句麗が滅んだ。ついで新羅と唐が戦ったが、結局、唐は撤退し、676年、新羅がついに朝鮮半島統一を果たしている。

第2部

『日本書紀』を彩る古代人物群像

第3章

表舞台から消えた皇位継承候補

王朝の歴史とは、権力闘争の歴史でもある。
したがって当然、『日本書紀』には、
天皇や皇子たちの栄光の歴史が記される反面、
皇位争いに敗れ去った皇族たちの無惨な姿も冷静に叙述されている。
しかし、歴史の歯車がわずかにずれていれば、
彼らこそが勝者となり、
皇統には彼らの名が連なることになっていたかもしれない。
なぜ、彼らは敗れたのか……。

庚寅《かういん》に、丹比《たぢひの》小沢《をざはの》連《むらじ》国襲《くにそ》を遣《つかは》して、
有間《ありまの》皇子《みこ》を藤白坂《ふぢしろのさか》に絞《くび》らしむ。
——『日本書紀』斉明《さいめい》天皇4年11月11日条

藤白坂《ふじしろざか》にある有間皇子《ありまのみこ》の歌碑（和歌山県海南市）。
謀反の疑いをかけられ、この地で絞首刑に処された

ライバルに
敗れ去った
皇子

忍熊王《おしくまのみこ》

神功皇后に反旗を翻した2人の兄弟王

❶4世紀？ ❷仲哀天皇の皇子

本来は仲哀天皇の正統な後継者であった可能性も

仲哀《ちゅうあい》天皇の皇子で、母は彦人大兄《ひこひとのおおえ》の娘大中姫《おおなかつひめ》。同母兄に麛坂王《かごさかのみこ》がいる。日本武尊《やまとたけるのみこと》の孫にあたる。

仲哀天皇没後、朝鮮に出兵した神功《じんぐう》皇后は、征討後、九州で誉田別皇子《ほむたわけのみこ》（のちの応神《おうじん》天皇）を産み、大和《やまと》に凱旋しようとした。ところが、畿内でその報せを受けた忍熊王と麛坂王は、異母弟に従うことを嫌って謀反を計画。父の陵《みささぎ》を造ると称して播磨《はりま》の赤石《あかし》（兵庫県明石市付近）に山陵を造営し、その裏で兵士と武器を集め、東進する皇后一行を待ち受けた。その間、忍熊王らは菟餓野《とがの》（大阪市北区兎我野町付近か）で祈狩《うけいがり》（狩の獲物で吉凶の神意をうかがう一種の占い）をした。ところが、赤い猪が麛坂王・忍熊王のいた桟敷に突然上り、麛坂王を食い殺す。忍熊王は不吉に思い、軍を住吉《すみのえ》（大阪市住吉区）まで撤退させた。

これを知った皇后は難波《なにわ》をめざしたが、船が途中で進むことができなくなってしまった。そこでやや引き返してから神示に従って祭祀をすると、無事海を渡ることができた。そして紀伊《きい》に陣地を構え、武内宿禰《たけうちのすくね》と武振熊《たけふるくま》に忍熊王征討を命じ、数万の兵を与えた。両軍は菟道《うじ》(京都府宇治市)で対峙し、決戦に臨んだ。武内宿禰は偽っていったん和睦をもちかけ、忍熊王が騙されて武器を棄てると、予備の武器を持ち出して総攻撃をかけて忍熊王軍を壊滅させ、忍熊王は近江《おうみ》の瀬田《せた》川に身を投げた。屍は数日後、宇治川で見つかったという。これをへて誉田別皇子が皇太子となり、皇后は摂政《せっしょう》として長く治政にあたることになった。

記紀では麛坂王・忍熊王兄弟は嫡流の誉田別皇子の即位に反対した悪辣《あくらつ》な反逆者として描かれている。しかし、誉田別皇子の母神功皇后が地方豪族息長《おきなが》氏の出身であるのに対して、麛坂王・忍熊王兄弟の母大中姫は景行天皇の孫娘であり、血統からいえば大中姫のほうが有力で、麛坂王・忍熊王こそが仲哀天皇の正当な後継者であり、反逆者は神功皇后側だった可能性もある。

福井県丹生郡越前町織田にある劔《つるぎ》神社は忍熊王を劔御子《つるぎのみこ》として祀《まつ》り、「忍熊王が生き延びて織田にたどり着き、死後、神として祀られた」という古伝がある。

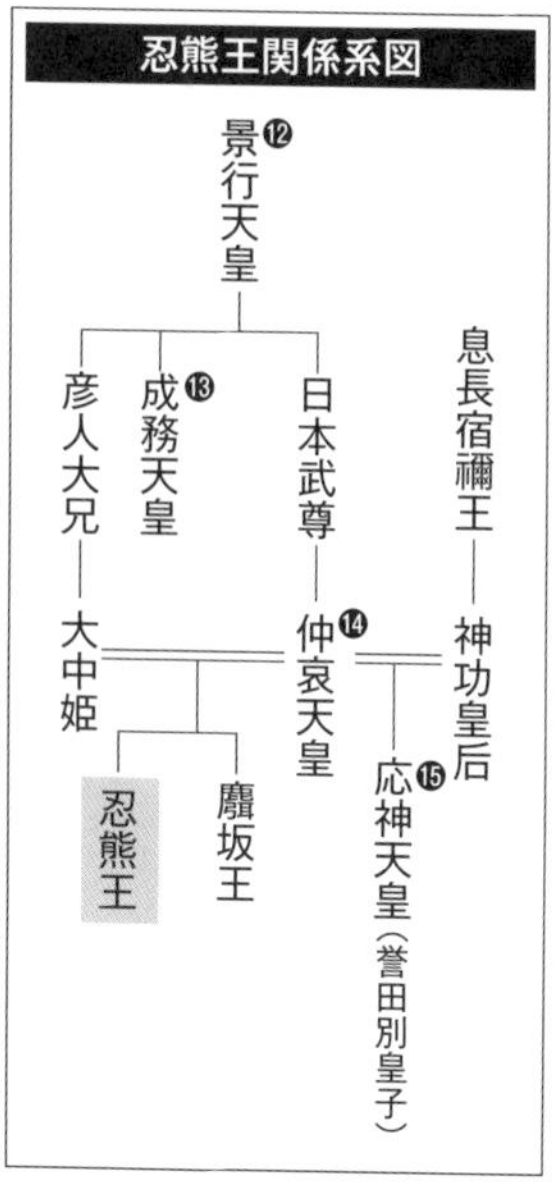

ライバルに敗れ去った皇子

大山守皇子《おおやまもりのみこ》

仁徳天皇と皇位を争った年長の皇子

❶4～5世紀? ❷応神天皇の皇子

応神天皇の嫡子は大山守であったという見方も

応神《おうじん》天皇の皇子で、母は皇后仲姫《なかつひめ》の姉高城入姫《たかきのいりひめ》。仁徳《にんとく》天皇の異母兄。高城入姫は、応神天皇が最初に迎えた妻で、景行天皇の孫の品陀真若王《ほむだのまわかのみこ》の長女にあたる。

仁徳天皇というと民への慈悲に満ちた聖王としてイメージされることがあるが、しかし即位前には、兄弟間で血なまぐさい争いが生じている。応神天皇の時代、皇位継承候補には、皇后の長子大鷦鷯尊《おおさざきのみこと》（のちの仁徳天皇）、大鷦鷯尊よりも年上の大山守皇子、和珥《わに》氏の娘宮主宅媛《みやぬしやかひめ》を母とする菟道稚郎子《うじのわきいらつこ》の3人がいた。このうち応神天皇が寵愛したのは一番年少の菟道稚郎子で、死の前年、菟道稚郎子を正式に皇嗣《こうし》に定め、大鷦鷯尊には菟道稚郎子を補佐して国事を治めるように命じ、大山守皇子に対しては、山川林野の管理を任せるにとどまった。

しかし応神天皇が死去すると、大山守皇子は自分が皇太子に立てられなかったことを恨み、菟道稚郎子を殺して皇位に就くことを企んだ。一方、大山守皇子の謀反計画を聞き知った大鷦鷯尊はこれを密かに菟道稚郎子に知らせ、菟道稚郎子は兵を備えて敵を待ちかまえた。大山守皇子が宇治川を渡ろうとして船に乗ったとき、菟道稚郎子は粗末な服装に身をやつし、渡し守にまじって船に乗り込み、川の中ほどに来ると船を傾けさせた。すると大山守皇子は川に落ち、溺死した。

その後、菟道稚郎子と大鷦鷯尊が皇位を譲り合って空位が3年も続いたが、菟道稚郎子が「長く生きて天下を煩わせたくない」と言って自殺してしまったので、最終的に大鷦鷯尊が即位して仁徳天皇となった。

大山守皇子の母高城入姫は皇后ではないが、皇后仲姫の姉であり、しかも仲姫よりも以前に応神と結ばれているので、皇后であっても不思議ではない存在だ。この時代に「皇后」という称号があったとは考えにくく、この時期の「皇后」「大后」はあくまで後世の位置づけになるが（164ページ）、じつは高城入姫が正妻的地位にあり、大山守皇子こそが嫡流の皇嗣だった可能性はある。だが、陰謀をめぐらせて皇位を手中にした大鷦鷯尊＝仁徳天皇の即位を正当化するために、史実が潤色され、大山守皇子が反逆者に位置づけられてしまったのではないだろうか。

大山守皇子関係系図

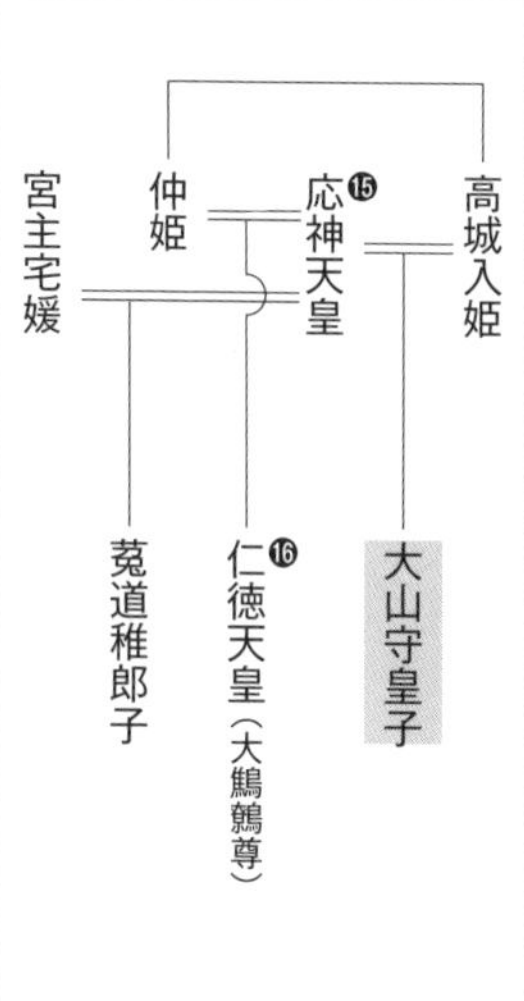

ライバルに敗れ去った皇子

星川皇子《ほしかわのみこ》

謀反の背景に有力豪族吉備氏の影か

❶5世紀? ❷雄略天皇の皇子

ヤマト王権に比肩する岡山地方の大帝国「吉備」

父は雄略《ゆうりゃく》天皇、母は吉備《きび》（岡山県）を本拠とする豪族吉備氏の娘稚媛《わかひめ》で、もともとは吉備上道《きびのかみつみちの》田狭《たさ》の妻だったが、その美貌に魅せられた雄略天皇は、田狭を任那《みまな》（朝鮮半島南部）の国司に左遷し、強引に自分の妻とした。そのため天皇を恨んだ田狭は、新羅《しらぎ》に逃げ込んで朝廷に反旗を翻したという（雄略天皇7年条）。星川皇子は、このような込み入った男女関係の末に生まれた皇子であった。

雄略天皇22年、天皇は白髪皇子《しらかのみこ》（母は葛城韓媛《かずらきのからひめ》。のちの清寧《せいねい》天皇）を皇太子に定めたが、翌年、死に瀕すると、「星川皇子は邪悪な心を抱いている。もし星川が志を得て国家を治めたら、必ず悪世となる。仁孝のある皇太子を助けるように」と家臣の大連《おおむらじ》大伴室屋《おおとものむろや》と東漢掬《やまとのあやのつか》に遺詔《いしょう》し、星川皇子への警戒を喚起している。

天皇が亡くなると、遺詔の予言通り、星川皇子が息子の即位を望む稚媛にそそのかされて謀反を起こし、大蔵《おおくら》の官《つかさ》（朝廷の財政を司る役所）を乗っ取った。室屋と掬はすぐさま軍兵を起こし、大蔵を囲んで火を放った。星川皇子は稚媛とともに焼き殺された。星川皇子の外戚である吉備上道（名は不明）は乱が起きたことを聞くと、皇子を救おうと軍船を率いて出発したが、彼が殺されたと聞くと海路を引き返してしまった。皇太子は使者を遣わして吉備上道を罰し、翌年正月、皇太子は即位して清寧天皇となった。

全国で４番目の大きさを誇る造山古墳（岡山市北区）

星川皇子の乱で注目されるのは、彼の背後に外戚である吉備氏が控えていたことである。吉備氏は本拠である吉備地方において鉄器や塩の生産をもとに繁栄し、古墳時代にはヤマト王権に比肩する「吉備王国」を築いていたともいわれる。岡山市の造山《つくりやま》古墳（北区新庄下）は日本で4番目に大きな前方後円墳で、5世紀の築造と考えられている。星川皇子の反乱伝承は、当時、造山古墳に象徴されるような権勢をもった吉備王国の首長とヤマト王権の抗争を象徴化したものなのかもしれない。

ライバルに敗れ去った皇子

有間皇子《ありまのみこ》

万葉集を代表する「哀歌」の主人公

❶640～658　❷孝徳天皇の皇子

謀反の首謀者は蘇我赤兄か、それとも中大兄皇子の陰謀か

父は孝徳《こうとく》天皇、母は阿倍倉梯麻呂《あべのくらはしまろ》の娘小足媛《おたらしひめ》。乙巳《いっし》の変（645年）のあと孝徳天皇が即位すると、唯一の皇子であった有間皇子は、次期天皇の有力候補に浮上した。しかし、孝徳天皇はしだいに政権の実力者中大兄皇子《なかのおおえのみこ》（のちの天智《てんじ》天皇）と不和になり、白雉《はくち》5年（654）、失意のうちに死去。孝徳天皇のあとは中大兄皇子の母皇極《こうぎょく》天皇が再び即位して斉明《さいめい》天皇となり、15歳の有間皇子は朝廷内で孤立する存在となってしまった。

斉明天皇3年（657）9月、狡猾な性格の有間皇子は療養のためと称して紀伊《きい》の牟婁温湯《むろのゆ》（和歌山県の白浜温泉）に出かけ、帰って来ると「ただ土地を見るだけで病気が治った」などと言って牟婁の地をほめた。斉明天皇はこれを聞くと関心を示し、翌年10月、孫の建皇子《たけるのみこ》（中大兄皇子の子）の夭折の悲しみを癒すためもあって、紀伊へ行幸《ぎょうこう》した。

行幸中は蘇我赤兄《そがのあかえ》（馬子の孫）が都の留守官を務めていたが、11月3日、赤兄は有間皇子に斉

明の政治上の過失を指摘し、はげしく批判した。これを聞いた有間皇子は「生涯ではじめて兵を用いる時がきた」と応じた。5日、有間皇子は赤兄の家を訪れて謀議した。するとなぜか脇息が折れたので、不吉な予感がして密談をやめ、帰宅した。ところがその日の夜半、有間皇子邸は赤兄が派遣した兵に囲まれる。さらに赤兄は紀伊に使者を送り、斉明天皇に謀反を密告した。

9日、捕らえられた有間皇子は紀伊に護送され、中大兄皇子に訊問された。しかし、謀反の理由を問いただされた有間皇子は「天《あめ》と赤兄と知らむ。吾《あれ》全《もは》ら解《し》らず」と答えただけだった。翌々日の11日、絞首刑に処された。まだわずか19歳であった。

書紀の記述では、謀反の首謀者は蘇我赤兄で、有間皇子を抱き込もうとしたものの、途中で中大兄皇子に寝返ったという流れにもみえるが、「蘇我赤兄と中大兄皇子が最初から内通していて有間皇子を罠に嵌めた」、「有間皇子が拙速に動こうとしたので赤兄に見切られた」という推理も成り立ちそうである。

『万葉集』に収められた有間皇子の和歌（巻2・141、142）

有間皇子の自ら傷みて松の枝を結びし歌二首

岩代《いはしろ》の浜松が枝《え》を引き結び
ま幸《さき》くあらばまたかへりみむ

家にあれば笥《け》に盛る飯《いひ》を草まくら
旅にしあれば椎《しひ》の葉に盛る

※捕らえられた有間皇子が紀伊に護送される途次に詠まれたものだという。

ライバルに敗れ去った皇子

大友皇子《おおとものみこ》

書紀では天皇と認めていない39代天皇

❶648〜672　❷天智天皇の皇子

明治時代になってから「弘文天皇」の追号を得る

父は天智《てんじ》天皇、母は伊賀采女宅子娘《いがのうねめやかこのいらつめ》。天智天皇10年（６７１）正月、近江《おうみ》の大津宮《おおつのみや》（大津市錦織）において天武《てんむ》天皇によって太政大臣《だいじょうだいじん》に任じられ、次期天皇の有力候補となる。書紀のみならず日本の史書において、太政大臣の初出はここだが、実際は天皇に代わって政務を執る摂政《せっしょう》に近い地位で、後世の律令《りつりょう》制における太政官の最高官職としての太政大臣とは異なるともいう。

12月に天智天皇が没すると、大友皇子は近江朝廷の事実上の主となり、朝政を仕切ることになった。ところが、翌年の天武天皇元年（６７２）６月、政争を避けて吉野に逃れていた叔父大海人《おおあまの》皇子《みこ》（のちの天武《てんむ》天皇）が豪族や東国の兵を集めて挙兵し、近江朝廷軍と激突する壬申《じんしん》の乱が起こった。

大友皇子は先帝天智天皇の皇子で人物も優れていたが、母が地方豪族が献上した采女であった。

一方、大海人皇子は、父が舒明《じょめい》天皇、母が皇極《こうぎょく》（斉明《さいめい》）天皇であり、天智天皇の同母弟でもあり、出自からするとより皇嗣《こうし》にふさわしく、２人のあいだでいずれ皇位継承問題が生じることは避けられない情勢だった。

　戦いは大海人軍の大勝利に終わった。大友皇子は近江の山前《やまさき》(大津市長等山)で自ら首をくくり、無念の最期を遂げた。このとき彼に付き従っていたのは、わずか２、３人だったという。３日後、大友皇子の首級《しるし》が大海人皇子の前に献じられた。

　書紀は大友皇子の即位を記しておらず、その天皇紀もない。しかし、彼の漢詩が収められた『懐風藻《かいふうそう》』（７５１年成立）には23歳で皇太子になったと記され、『水鏡《みずかがみ》』『扶桑略記《ふそうりゃっき》』などの平安時代の史料には、天智天皇の没後に皇位を継いだと記すものもある。

　そのため、大友皇子は実際には即位したが、対立して勝利した天武天皇の子舎人《とねり》親王によって撰された書紀が、意図的にその記述を省いたとする見方が江戸時代以来、強まっていった。

　そして、明治３年（１８７０）になって弘文《こうぶん》天皇と追号され、歴代天皇のうちに含められることになったのである。その死から約１２０年後のことであった。

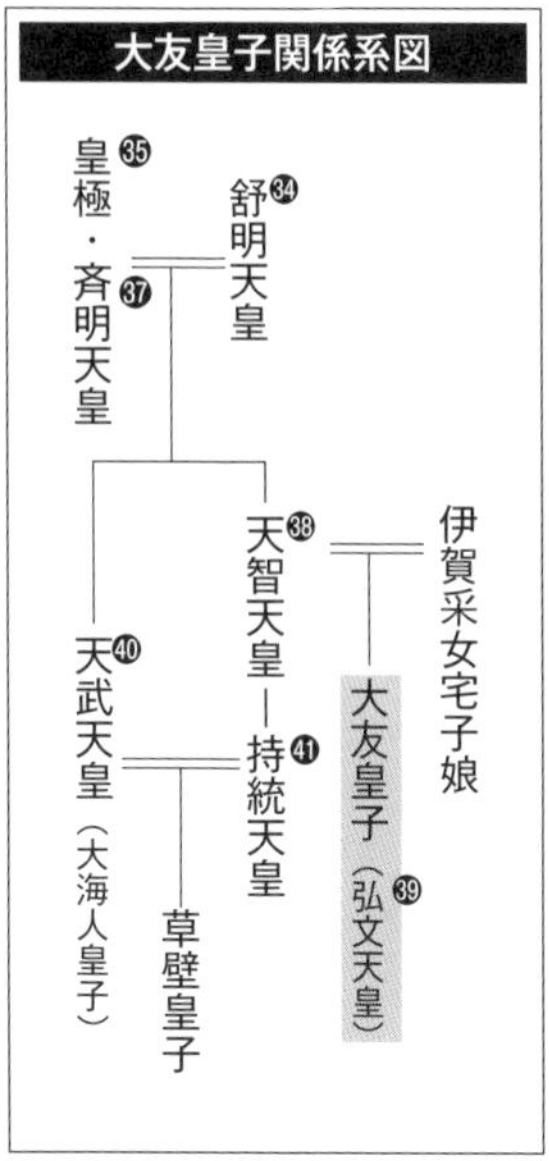

手研耳命《たぎしみみのみこと》

❶？ ❷神武天皇の子

◎兄弟から攻められた神武天皇の長子

神武《じんむ》天皇は皇后媛蹈鞴《ひめたたら》五十《い》鈴媛命《すずひめのみこと》とのあいだに神《かむ》八《や》井《い》耳命《みみのみこと》・神《かむ》渟《ぬ》名《な》川《かわ》耳尊《みみのみこと》の2人の皇子をもうけたが、東征前の九州で吾《あ》平《ひら》津《つ》媛《ひめ》をめとり、第1子手研耳命をもうけていた。神武天皇が没すると、年長の手研耳命は権力の独占をねらって異母兄弟の殺害を企てた。しかし、神八井耳命・神渟名川耳尊の兄弟は事前に陰謀を察知して逆に手研耳命を襲った。神渟名川耳尊が射た矢で手研耳命は絶命。その後、神渟名川耳尊が即位して綏靖《すいぜい》天皇となった。

初代天皇没後ただちに皇子間で権力争いが起こったという伝承は、天皇家に骨肉の争いがつきものであることを物語る。

隼総別皇子《はやぶさわけのみこ》

❶4～5世紀頃 ❷応神天皇の皇子

◎男女のもつれから異母兄の仁徳天皇が殺害

応神《おうじん》天皇の皇子。仁徳《にんとく》天皇40年2月、皇后八《や》田皇女《たのひめみこ》（磐《いわ》之《の》媛命《ひめのみこと》没後の皇后）の妹雌《め》鳥《とりの》皇女《ひめみこ》を妃にしようとした仁徳天皇は、異母弟の隼総別皇子に仲立ちを頼むが、隼総別皇子はひそかに雌鳥皇女を妻とし、復命しなかった。のちに天皇はこのことを知るが、皇后をはばかり、また兄弟の義を重んじて2人を罰しなかった。ところがその後、隼総別皇子が叛意を抱いていることを知ると、殺害を決意。隼総別皇子は雌鳥皇女を連れて伊勢《いせ》神宮に逃げようとしたが、天皇が遣わした追っ手に捕まって2人は殺された。遺骸は川のほとりに埋められた。

住吉仲皇子《すみのえのなかつみこ》

❶4～5世紀？　❷仁徳天皇の皇子

◎兄弟4人のうち皇子以外の3人が天皇に

父は仁徳《にんとく》天皇、母は葛城襲津彦《かずらきのそつひこ》の娘磐之媛《いわのひめの》命《みこと》。履中《りちゅう》・反正《はんぜい》・允恭《いんぎょう》天皇は兄弟。

仁徳天皇が死去すると、皇太子の去来穂別《いざほわけの》皇子《みこ》（のちの履中天皇）が正式に即位する前に兄弟間で争いが生じた。皇太子の婚約者黒媛《くろひめ》と姦通した住吉仲皇子が、事の発覚を恐れて皇太子を殺そうとし、反乱を起こしたのだ。

皇太子は危うく難を逃れ、難波《なにわ》から大和《やまと》の石上《いそのかみ》神宮に逃げ込み、味方につけた瑞歯別《みずはわけの》皇子《みこ》（のちの反正天皇）に仲皇子の殺害を命じた。仲皇子は、瑞歯別皇子にそそのかされた自らの近習《きんじゅう》の刺領巾《さしひれ》によって殺された。

穴穂部皇子《あなほべのみこ》

❶？～587　❷欽明天皇の皇子

◎伯父蘇我馬子に殺された有力皇嗣

父は欽明《きんめい》天皇、母は蘇我稲目《そがのいなめ》の娘小姉君《おあねのきみ》、崇峻《すしゅん》天皇の同母兄、用明《ようめい》天皇の皇后穴穂部間人《あなほべのはしひと》皇女《のひめみこ》の同母弟。敏達《びだつ》天皇が没すると天下を取ることをねらい、用明天皇元年（586）5月、敏達天皇の皇后だった豊御食炊屋姫尊《とよみけかしきやひめのみこと》（のちの推古《すいこ》天皇）を姦しようとして殯宮《もがりのみや》に乱入。それを阻もうとした三輪逆《みわのさかう》を物部守屋《もののべのもりや》に殺させた。翌年に異母兄用明天皇が没すると守屋の支持で皇位につこうとしたが、豊御食炊屋姫尊を奉じる蘇我馬子が遣わした兵によって誅殺《ちゅうさつ》された。母が蘇我氏なので、有力皇嗣《こうし》だったはずだが、気が逸《はや》りすぎて自滅したという感がある。

悲運に見舞われた皇子

誉津別命《ほむつわけのみこと》

垂仁天皇に寵愛されたミステリアスな皇子

❶？ ❷垂仁天皇の皇子

出雲へ遣わされ、出雲大社の起源に関わる

父は垂仁《すいにん》天皇、母は開化《かいか》天皇の孫で垂仁天皇皇后の狭穂姫《さほびめ》。誉津別王ともいう。

誉津別命は父垂仁天皇に寵愛されたが、不幸なことに物を言うことができなかった。垂仁天皇23年、30歳になり長い髭も生やしていたが、いまだに赤ん坊のように泣くばかりで、口がきけなかった。ところがある日、空を飛ぶ白鳥を見て不意に「あれは何ものか」としゃべった。そこで天皇が「誰かあの鳥を捕らえて献上せよ」と命じると、鳥取造《ととりのみやつこ》の祖である天湯河板挙《あめのゆかわたな》がその白鳥を出雲《いずも》（または但馬《たじま》）で捕らえ、天皇に献上した。誉津別命はこの白鳥をもてあそぶと、ようやく物を言うようになった。

書紀では誉津別命の物語はこの程度だが、古事記にはより詳しい話がある。まずホムチワケ（誉津別命）は、兄狭穂彦王《さほびこのみこ》が企てた天皇への反乱に巻き込まれた狭穂姫が、天皇軍によって火を放たれて燃える稲城《いなき》の中で死に臨んだときに出生したという、悲劇的な出自を負っている。そし

て、大人になっても物を言うことができないでいると、これを憂える天皇の夢に出雲大神が現れ、「私を祀《まつ》る宮を天皇の御舎《みあらか》のように壮大なものにすれば、皇子は物が言えるようになるだろう」と告げた。そこで垂仁はホムチワケを出雲に遣わし、出雲大神を参拝させた。するとその帰途、ホムチワケはようやく物を言うようになった。神の祟《たた》りが解けたのだった。

神異性にあふれた古事記のこのホムチワケ伝承は、出雲大社の原初の姿を彷彿《ほうふつ》させるもので、伝奇色の濃いこの伝承をすべて史実とみなすことは難しいものの、これを出雲大社の起源とする立場もある。

出雲大社の元宮があった可能性もある仏経山（島根県出雲市）

誉津別命は皇后の皇子なので、はじめから口がきけるようであれば、皇嗣《こうし》となっていたにちがいない。しかし、垂仁天皇の後を継いだのは、狭穂姫亡きあと新たに皇后に迎えられた日葉酢媛命《ひばすひめのみこと》を母とする景行《けいこう》天皇であった。『出《いず》雲国風土記《ものくにのふどき》』には、阿遅須伎高日子命《あじすきたかひこのみこと》（出雲大神の御子）について「髭が長くのびるほどになっても、昼夜泣いてばかりで、言葉もしゃべれない」（仁多《にた》郡三津《みつ》郷条）という記紀の誉津別命と似た説話があり、出雲とヤマト王権をつなぐ伝承として注目される。

悲運に見舞われた皇子

菟道稚郎子《うじのわきいらつこ》

仁徳天皇と皇位を譲り合ったのは「有徳」なのか

❶4〜5世紀? ❷応神天皇の皇子

実際は皇子間で血なまぐさい抗争が起こった可能性も

父は応神《おうじん》天皇、母は和珥《わに》氏の娘宮主宅媛《みやぬしやかひめ》。応神朝に渡来した百済《くだら》人の阿直岐《あちき》や王仁《わに》を師として経典や典籍を学んで秀才ぶりを発揮し、応神天皇28年、高句麗《こうくり》からの上表文に「高句麗王が日本国に教える」とあるのを非礼と指摘し、文書を破棄したという。

聡明な菟道稚郎子は皇太子に立てられたが、応神天皇が亡くなると、皇位を異母兄の大鷦鷯尊《おおさざきのみこと》（皇后の長子。のちの仁徳《にんとく》天皇）に譲ろうとした。しかし、大鷦鷯尊も菟道稚郎子に譲ろうとし、2人が互いに皇位を譲り合うという状態が続いた。

そうしたなか、別の異母兄である大山守皇子《おおやまもりのみこ》が謀反を企む。しかし、大鷦鷯尊と菟道稚郎子はこのことを察知し、結局、大山守皇子は菟道稚郎子に討たれてしまう。

その後も菟道稚郎子と大鷦鷯尊は互いに皇位を譲り合い、3年も空位が続いた。しかし最後は菟道稚郎子が「兄王の志を奪うべきではない。どうして長く生きて天下を煩わすことがあろうか」

と言って、自殺してしまった。報せを聞いた大鷦鷯尊は驚いて駆けつけ、菟道稚郎子の遺骸にまたがり、「我が弟の皇子よ」と3度も呼び掛けた。すると菟道稚郎子は生き返り、「これが天から与えられた寿命なのです」などと述べ、さらに同母妹の八《や》田皇女《たのひめみこ》を献じることを伝えると、再び棺に伏して亡くなった。

菟道稚郎子の宮跡とも伝わる宇治上神社（京都府宇治市）

このように、書紀は、菟道稚郎子と大鷦鷯尊は皇位を譲り合う美談を構成しているが、『播磨国《はりまのくに》風《ふ》土《ど》記《き》』揖保《いぼ》郡条には「宇治《うじ》天皇の世」という言葉が見え、宇治天皇を菟道稚郎子のこととし、彼が皇位に就いていた可能性も指摘されている。そうすると、大山守皇子のケース（176ページ）のように、実際には両者で血なまぐさい争いがあり、それに菟道稚郎子が敗れ去ったという展開だった可能性も捨てきれない。ちなみに、古事記では、菟道稚郎子は自殺ではなく早世したことになっていて、劇的な蘇生譚は記されていない。

悲運に見舞われた皇子

木梨軽皇子《きなしのかるのみこ》

婚姻のタブーを破ったすえに自死した「美男」

❶5世紀?　❷允恭天皇の皇子

世の非難を浴びた実妹との密通

父は允恭《いんぎょう》天皇、母は皇后忍坂大中姫命《おしさかのおおなかつひめのみこと》。安康《あんこう》・雄略《ゆうりゃく》天皇の同母兄。非常な美男で、誰もが見とれてしまうほどだったという。

允恭天皇23年、皇太子に立てられたが、当時の彼には熱烈に恋慕する女性がいた。同母妹で、絶世の美女として知られていた軽大娘皇女《かるのおおいらつめのひめみこ》だった。皇子は結婚を真剣に考えていたが、相手が同母妹であるので罪になることを恐れて黙っていた。しかし思いを募らせるあまり、ついに軽大娘皇女と密通してしまった。

翌年6月、允恭天皇の御膳《みにえ》の吸い物が氷結した。天皇が不審に思って占わせると、卜者《ぼくしゃ》は「内に乱れがあります。おそらく近親相姦が行われているのでしょう」と答えた。そこへ、木梨軽皇子と軽大娘皇女の噂を知らせる者があり、天皇が皇子本人を訊問すると、噂の通りだった。しかし、皇太子を罰することはできず、軽大娘皇女を伊予《いよ》（愛媛）へ流罪とするにとどめた。

同42年に允恭天皇が没すると、皇太子の木梨軽皇子が即位する番がいよいよまわってきた。だが当時、彼は暴虐をふるい、婦女への淫行におぼれていたので、人々は彼を謗《そし》り、群臣たちは彼に従わず、同母弟の穴穂皇子《あなほのみこ》（のちの安康天皇）を支持した。木梨軽皇子は穴穂皇子を襲おうとしたが反撃され、結局、木梨軽皇子は自害した。ただし書紀は、「一説に、伊予国に流されたという」とも注記している。

古事記もこれと同じような物語を載せているが、歌謡物語風になっていて、木梨軽皇子と軽大娘皇女は伊予で心中したことになっている。また、書紀では軽大娘皇女と皇后の妹衣通郎姫《そとおしのいらつめ》は別人だが、古事記では軽大娘皇女の別名が衣通郎女《そとおりのいらつめ》（衣通王《そとおりのみこ》）となっている。

古代、同父異母の兄妹・姉弟間の婚姻はタブーではなかったが、同父同母の兄妹・姉弟間の婚姻はタブーであり、犯せば罰せられた。天智《てんじ》天皇が同母妹の間人皇女《はしひとのひめみこ》との関係を躊躇していたとすれば（150ページ）、木梨軽皇子と軽大娘皇女の伝説が当時流布していて、そのことが彼の頭にあったからではないか。

木梨軽皇子関係系図

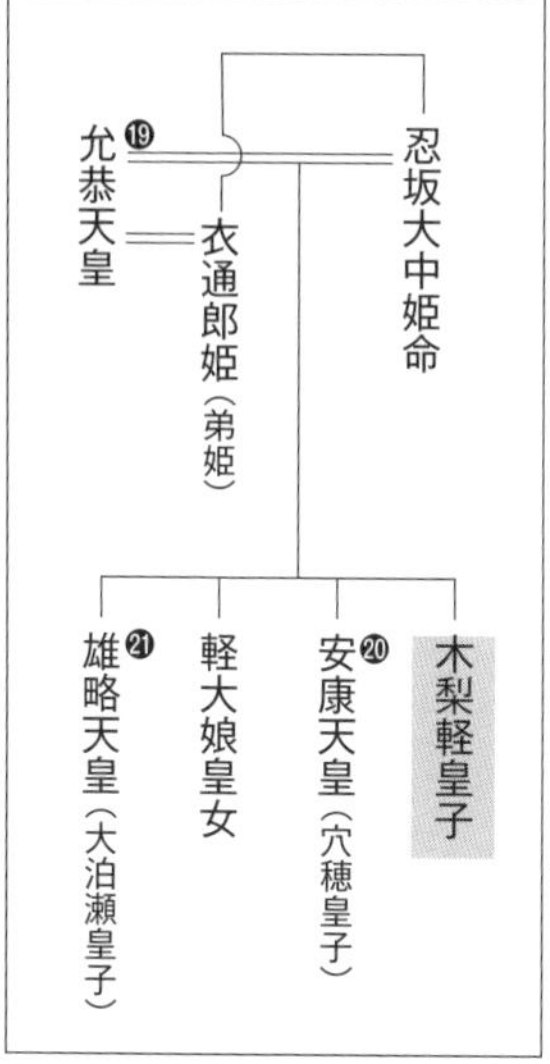

悲運に見舞われた皇子

山背大兄王《やましろのおおえのみこ》

蘇我入鹿によって殺された厩戸皇子の遺児

❶?〜643　❷厩戸皇子の子

舒明天皇の即位後、朝廷内で孤立して追い詰められる

厩戸皇子《うまやとのみこ》（聖徳太子）の子で、母は蘇我馬子《そがのうまこ》の娘刀自古郎女《とじこのいらつめ》。厩戸皇子の長男だが、厩戸皇子の摂政《せっしょう》としての活躍を記す「推古《すいこ》天皇紀」には天皇死去の記事を除き、いっさい登場しない。

推古天皇の晩年、皇位継承の有力候補には山背大兄王のほかに田村皇子《たむらのみこ》がいた。田村皇子は敏達《びだつ》天皇の孫で、蘇我馬子の娘法提郎媛《ほてのいらつめ》を妻としており、ともに時の実力者馬子の閨閥《けいばつ》のうちにあった。

推古天皇は死の直前、2人にそれぞれ遺勅を伝えた。ところがそれは、田村皇子には「皇位に就くことは重大なことなので、慎重に考え、軽々しいことを言ってはならぬ」、山背大兄王には「お前は未熟だ。群臣の言葉を待って、それに従いなさい」という曖昧な内容のもので、どちらを後継に指名したのか判然としなかった。そのため推古天皇の葬礼が終わっても次の天皇が決まらず、群臣たちのあいだでも意見が分かれた。馬子の子で大臣《おおおみ》となっていた蘇我蝦夷《えみし》は田村皇子

を推したが、蘇我一族の長老格で、生前の厩戸皇子の側近だった境部摩理勢《さかいべのまりせ》は山背大兄王を推した。そのため、蝦夷と摩理勢の対立が激化し、最終的に蝦夷は刺客を遣わして摩理勢を殺害してしまった。

これを受けて田村皇子は即位して舒明《じょめい》天皇となり、山背大兄王は朝廷内で孤立するようになった。舒明天皇没後は皇后であった皇極天皇が即位したが、この時期における有力皇嗣《こうし》は、山背大兄王と、舒明天皇と法提郎媛の子である古人皇子《ふるひとのみこ》の２人だった。ともに蘇我氏の血を承けていたが、父蝦夷に代わって蘇我氏の実力者になっていた入鹿《いるか》が支持したのは、皇統の血が濃い古人皇子だった。

皇極《こうぎょく》天皇２年（６４３）11月、入鹿は挙兵して厩戸皇子以来の上宮《じょうぐう》王家（厩戸皇子の一族）の本拠である斑鳩宮《いかるがのみや》を急襲。不意を突かれた山背大兄王は斑鳩寺（法隆寺の前身か）に逃げたものの、「保身のために人民を殺傷したくない。わが身を入鹿に与えよう」と言い、自ら縊死《いし》した。彼の一族もともに自害したという。これによって上宮王家は滅亡した。

書紀は、山背大兄王討伐は入鹿の独断だったと明記している。だが、藤原氏の家伝『藤氏家伝《とうしかでん》』（７６０年頃成立）には「入鹿は諸王子と共謀して山背大兄王を殺害しようと考えた」とあり、皇族に入鹿の共犯者がいたことを示唆している。山背大兄王が政治家として実際にどの程度の能力をもっていたかは不詳だが、彼の命は複雑な政局の犠牲になったともいえそうだ。

悲運に
見舞われた
皇子

大津皇子《おおつのみこ》

謀反計画は持統天皇の謀略だったのか

❶663〜686　❷天武天皇の皇子

将来を期待されながら、24歳で死罪に

父は天武《てんむ》天皇、母は天智《てんじ》天皇の娘大田皇女《おおたのひめみこ》。大津皇子の漢詩を収めた『懐風藻《かいふうそう》』（７５１年成立）によれば、容貌たくましく、幼少時より学問を好み、博識で詩文を得意とした。壮年に及んで武を愛するようになり、腕力が強く、撃剣に巧みだった。性格はおおらかで、謙虚で人士を厚遇したので人望があつかったという。

書紀によると、壬申《じんしん》の乱（６７２年）が起きたときにはまだわずか10歳で、近江大津宮《おうみのおおつのみや》（滋賀県大津市錦織）にいたが、脱出して父大海人皇子《おおあまのみこ》（天武天皇）のもとに参じている。21歳で初めて朝政に加わり、政務に携わるようになった。将来を期待された貴公子だったが、不吉な影もさしていた。

当時、天武天皇の後継は皇后鸕野讃良皇女《うののさららのひめみこ》（のちの持統《じとう》天皇）が産んだ草壁皇子《くさかべのみこ》と目されていたが、『懐風藻』によると、あるとき、大津皇子は骨相を観た新羅《しらぎ》僧行心《ぎょうしん》に「人臣の相ではな

く、このまま長く臣下の位にあれば、おそらく身を全うすることはできない」と告げられた。大津皇子はこれを機に謀反の計画を練りはじめたという。

朱鳥《しゅちょう》元年（686）9月9日、天武天皇が病没した。その翌々日には飛鳥の宮廷（飛鳥浄御《あすかのきよみ》原宮《はらのみや》）の南庭に殯宮《もがりのみや》が建てられ、あしかけ3年におよぶ盛大な葬儀がはじまった。

だが、葬儀がはじまってまもなく事件が起こった。10月2日、大津皇子の謀反計画が発覚したとされて大津皇子が逮捕され、あわせて共犯者として30人余が捕らえられたのだ。

そしてはやくもその翌日には訳語田《おさた》（奈良県桜井市戒重付近）の家で大津皇子は死を命じられている。まだ24歳だった。天智天皇の娘でもあった妃の山辺皇女《やまのへのひめみこ》は、このとき殉死を遂げたという。

大津皇子関係系図

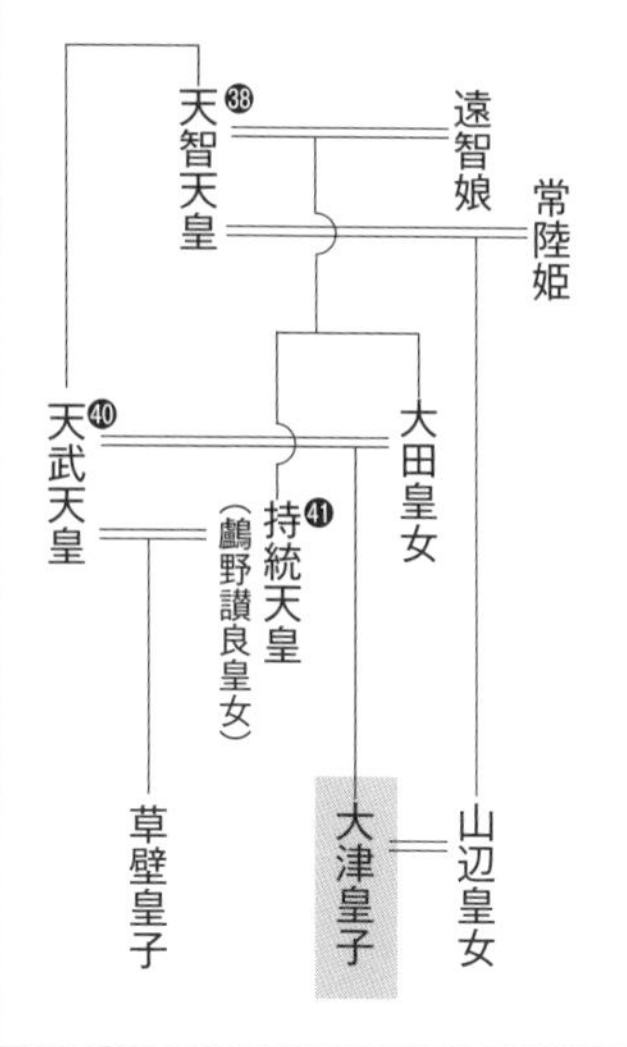

大津皇子の謀反はじつは事実無根で、我が子の地位の安泰を願った持統天皇の謀略だった、という見方もある。ちなみに共犯として逮捕された者のほとんどはほどなく赦免されている。もっとも、事件の3年後、当の草壁皇子は皇位に就くことなく28歳で病没してしまった。

大草香皇子《おおくさかのみこ》　❶4～5世紀？　❷仁徳天皇の皇子

◎滅ぼされた日下宮王家

父は仁徳《にんとく》天皇で、母は髪長媛《かみながひめ》。河内国日下《かわちのくにくさか》（大阪府東大阪市日下）に本拠を置いた有力王族「日下宮王家」の当主だったと考えられており、皇位継承候補でもおかしくない血筋だった。安康《あんこう》天皇は弟の大泊瀬皇子《おおはつせのみこ》（のちの雄略《ゆうりゃく》天皇）の妻に大草香皇子の妹幡梭皇女《はたびのひめみこ》を迎えようと、大草香皇子のもとに根使主《ねのおみ》を遣わした。皇子は快諾し高価な押木珠縵《おしきのたまかずら》（冠）を贈ったが、根使主は冠の美しさに心を奪われて自分のものにし、「大草香皇子は拒否した」と嘘の報告をした。これを信じた天皇により大草香皇子は殺害された。さらに天皇は皇子の妻中蒂姫《なかしひめ》を奪い、幡梭皇女を召して大泊瀬皇子と結婚させている。

市辺押磐皇子《いちのへのおしはのみこ》　❶5世紀？　❷履中天皇の皇子

◎弟の雄略天皇に暗殺された有力皇嗣

履中《りちゅう》天皇の第1皇子で、母は葛城襲津彦《かずらきのそつひこ》の子葦田宿禰《あしたのすくね》の娘黒媛《くろひめ》。

安康《あんこう》天皇は皇子がいなかったので、生前、従兄弟にあたる市辺押磐皇子を後継者に据えようとしていた。しかし天皇が暗殺されると、同母弟である大泊瀬皇子《おおはつせのみこ》（のちの雄略《ゆうりゃく》天皇）が皇位を狙い、皇位継承の有力候補であった市辺押磐皇子を狩猟に誘い出して、近江国蚊《おうみのくにか》屋野《やの》（滋賀県東近江市・蒲生郡日野町付近）で射殺して穴に埋めた。非命に終わった皇子だったが、身の危険を感じて播磨国《はりまのくに》に逃げた2人の遺児（億計王《おけのみこ》、弘計王《おけのみこ》）は、雄略天皇の次の清寧《せいねい》天皇の時代に見出されて都に上り、顕宗《けんぞう》・仁賢《にんけん》天皇となっている。

古人皇子《ふるひとのみこ》　❶?〜645　❷舒明天皇の皇子

◎政変で運命が変わった蘇我氏系皇子

父は舒明《じょめい》天皇、母は蘇我馬子《そがのうまこ》の娘法提郎媛《ほてのいらつめ》。古人大兄皇子《おおえのみこ》ともいう。

皇極《こうぎょく》朝に蘇我入鹿《いるか》によって皇位継承者に推されたが、皇極天皇4年（645）6月の乙巳《いっし》の変で入鹿とその父蝦夷《えみし》が誅《ちゅう》された。事件後に皇極天皇が退位すると、古人皇子も皇位に推されたが、蘇我氏という後ろ盾を失っていたので宮廷内に留まることは危険と考え、出家して吉野に入ってしまった。しかしその年の9月、政権を掌握していた中大兄皇子《なかのおおえのみこ》（のちの天智《てんじ》天皇）のもとに古人皇子が謀反を企んでいるとの密告があり、中大兄皇子が送った兵によって討たれている。

草壁皇子《くさかべのみこ》　❶662〜689　❷天武天皇の皇子

◎政事を託されながら夭折した持統天皇愛児

父は天武《てんむ》天皇、母は鸕野讃良皇女《うののさららのひめみこ》（のちの持統《じとう》天皇）。壬申《じんしん》の乱（672年）後の天武朝では、血筋の面から天智《てんじ》・天武天皇の諸皇子のなかで筆頭格にあり、天武天皇10年（681）には皇太子に立てられたという。朱鳥《しゅちょう》元年（686）、重い病にあった天武天皇は皇后と皇太子に政事を託した。だが、病弱だったせいなのか、天武天皇没後も草壁皇子は即位せず、皇后（持統天皇）が称制《しょうせい》を行った。持統天皇3年（689）、28歳で没した。

『日本書紀』を書いた人々
――知識人と渡来人の叡智が集結

舎人親王の役割は最終的な監修者

書紀の編纂者は、一般に天武《てんむ》天皇の皇子の舎人親王《とねりしんのう》(676~735年)とされている。というのも、『続日本紀《しょくにほんぎ》』の養老《ようろう》4年(720)5月21日条に「舎人親王が勅を受けて『日本書紀』を編んだ」という記述があるからだ。

だが、舎人親王が書紀の述作そのものにそれほど深く関わったとは思えない。天武天皇には多くの子どもがいたが、養老年間には彼らの多くが鬼籍に入ってしまい、当時の宮廷では、天武天皇の皇子としては舎人親王が長老格になっていた。天武天皇の勅にはじまるとされる書紀の編纂者に最終的に舎人親王が任じられたのは、おそらくそのような背景があってのことであり、現実には彼は書紀編纂の最終段階で、監修者的な立場で関与したにすぎないのだろう。

また書紀によると、天武天皇10年(681)、天武天皇は川島皇子《かわしまのみこ》をはじめとする12人に対して「帝紀《ていき》」と「上古《じょうこ》の諸事《しょじ》」(旧辞《きゅうじ》)の作成を命じている。これが書紀編纂の出発点とみられているが、「帝紀」も「上古の諸事」もあくまで書紀の原資料に位置づけられるものなので、この12人が直接、書紀の述作に携わったと考えることには問題がある。

では、書紀の述作者を特定することは可能なのだろうか。

国語学者の森博達氏は書紀の語法や漢字の音韻などの分析から、書紀はおもに中国からの渡来人と、漢文に長《た》けた日本人学者によって述作されたと推定し、主たる述作者の候補として次のような人物名を挙げている（『日本書紀の謎を解く』）。

続守言《しょくしゅげん》…7世紀後半の唐《とう》からの渡来人。660年の唐・新羅《しらぎ》連合軍と百済《くだら》の戦いで百済の俘虜《ふりょ》となり、斉明《さいめい》天皇7年（661）に日本へ送られた（一説にはその前年に来朝）。朝廷に仕え、持統《じとう》朝では音博士《おんはかせ》（漢字の発音や素読の教官）となった。


薩弘恪《さつこうかく》…7世紀後半〜8世紀初頭。唐からの渡来人で、続守言同様、百済の俘虜となって斉明朝に来朝したと考えられる。やはり持統朝で音博士になった。

山田御方《やまだのみかた》…7世紀末〜8世紀前半。僧として新羅に留学したが、のちに還俗《げんぞく》し、文章家として朝廷に仕えた。渡来系氏族の出身とする説もある。

紀清人《きのきよひと》…？〜753年。文章家として名高く、聖武《しょうむ》朝に文章博士《もんじょうはかせ》(詩文と歴史の教官)となる。

日本の正史編纂に渡来人が深く関与していたことになるが、当時の東アジアのグローバル言語である漢文を正確に書き記すためには、漢文に熟達した中国語ネイティブの力を欠かすことはできなかったのだろう。

第2部

『日本書紀』を彩る古代人物群像

第4章

古代史を揺るがした戦乱・政変の敗者

権力の周囲にはつねに不穏な影が渦巻いているもので、
為政者が油断をみせたすきに、
しばしば陰惨な事件・戦乱が勃発する。
陰謀、裏切り、反逆、暗殺……。
だが、洋の東西を問わず、「争い」こそが歴史のダイナミズムであり、
敗者が生まれたからこそ、歴史が動いたのだともいえる。
『日本書紀』の時代を震撼させた、
古代史の受難者たちの群像を追う。

其の不意《ゆくりもな》きに出《い》で、
剣《たち》を以《も》ちて入鹿《いるか》が頭肩を傷《やぶ》り割《さ》く。
──『日本書紀』皇極《こうぎょく》天皇4年6月12日条

飛鳥寺《あすかでら》のそばに建つ五輪塔（奈良県明日香村）。
乙巳《いっし》の変で暗殺された蘇我入鹿《そがのいるか》の首塚と伝えられる

王権と相対した
地方勢力

長髄彦《ながすねびこ》

❶?

畿内で神武天皇に立ちはだかった天孫の使者

神武天皇に抵抗して討たれたが、甥は物部氏の祖となった

神武《じんむ》天皇より先に畿内を支配していた天《あま》つ神饒速日命《かみにぎはやひのみこと》に仕え、妹の三炊屋媛《みかしきやひめ》は饒速日命に嫁ぎ、可美真手命《うましまでのみこと》を産んだ。饒速日命は『先代旧事本紀《*せんだいくじほんぎ》』によれば天照大神《あまてらすおおみかみ》の御子天忍穂耳尊《あめのおしほみみのみこと》の長子であり、天孫瓊瓊杵尊《ににぎのみこと》の兄にあたる。

書紀によると、九州から東征してきた神武天皇一行が河内国《かわちのくに》に着き、生駒山《いこまやま》（大阪府と奈良県の境界にある山）を越えて大和《やまと》に入ろうとしたところ、長髄彦は兵を起こして孔舎衛坂《くさえのさか》（生駒山地を越える峠）で迎え撃ち、進軍を阻止した。長髄彦の抵抗に遭って撤退した神武天皇一行は、迂回して熊野に上陸し、そこから山を越えて再び大和に入り、今度は鳥見《とみ》（奈良市西部の富雄《とみお》町付近。桜井市南東の鳥見山山麓の外山《とび》とする説もある）で長髄彦と対決する。難戦が続いたが、金色の鵄《とび》が神武天皇の弓の先に飛来して輝くと、長髄彦の軍勢はみなこの光に目がくらんで混乱し、ついには戦いをやめてしまった。

長髄彦は神武天皇のもとに使者を遣わし、「私は天つ神の御子饒速日命に仕えています」と告げ、そのしるしである饒速日命の神宝を見せた。すると、神武天皇も同じものを長髄彦に見せた。長髄彦は神武天皇もまた天つ神の御子であることを知って恐れ畏まったが、今さら神武天皇に仕える気持ちはなかった。だが、天つ神が神武天皇側に与《くみ》していることを知っていた饒速日命は、長髄彦の愚かさを見てとって彼を殺害し、軍勢を率いて神武天皇に帰順した。

長髄彦は、古事記では登美能那賀須泥毘古《とみのながすねびこ》、または登美毘古となっていて、また書紀でも彼の妹の三炊屋媛のまたの名が鳥見屋媛《とみやびめ》となっているが、登美・鳥見は奈良市の富雄周辺の地を指すと考えられ、長髄彦はここを本拠にした土豪《どごう》だったとみられる。長髄彦は殺されてしまうが、彼の甥の可美真手命は物部《もののべ》氏の祖となり、のちに物部氏は朝廷の有力豪族になった。長髄彦と登美毘古は別人で、長髄彦は河内の、登美毘古は大和の土豪で、ともに饒速日命を奉斎していたが、登美毘古が神武天皇に滅ぼされたため、河内の長髄彦は神武天皇と結んだのだろうとする見方もある。いずれにしても、初期ヤマト王権への抵抗を象徴する人物といえよう。

長髄彦関連地

＊『先代旧事本紀』：平安時代初期、物部氏系の人物によって編纂されたと考えられる史書。記紀と重複する内容も多いが、独自の記述も含む。

王権と相対した地方勢力

出雲振根《いずものふるね》

❶?

「国譲り」神話に重なる出雲服属時の首長

神宝献上をめぐる出雲氏内の権力争い

崇神《すじん》天皇60年7月、崇神天皇は「出雲《いずも》大神の宮（出雲大社の原形か）に納められている、武日《たけひな》照命《てりのみこと》（出雲氏の祖神。天穂日命《あめのほひのみこと》の子）が天から持ってきた神宝を見たい」と言い出し、武諸隅《たけもろすみ》という人物を出雲に遣わして献納させようとした。このとき、出雲で神宝を管理していたのが出雲振根で、武日照命の末裔出雲氏の遠祖とされる、当時の出雲の首長的豪族である。だが、このとき振根は九州に出かけていて、応対したのは振根の弟の飯入根《いいいりね》だった。飯入根は兄に相談することなく、弟の甘美韓日狭《うましからひさ》とその子鸕濡渟《うかずくぬ》に神宝を持たせて天皇のもとへ献上してしまった。これは出雲がヤマト王権に服属していたことを意味した。

帰郷した振根は、大切な出雲の神宝が天皇の手に渡ってしまったことを知ると激怒し、飯入根を殺してしまった。一方、甘美韓日狭と鸕濡渟は朝廷に参上し、この顚末を報告。すると天皇は吉備津彦《きびつひこ》と武渟河別《たけぬなかわわけ》を出雲に派遣し、振根を誅殺《ちゅうさつ》した。この事態にふるえあがった出雲側は出雲大神（大国主神《おおくにぬしのかみ》のことか）の祭祀を中断してしまった。だが、その後しばらくして、神の祟《たた》りを恐れる崇神天皇の命令で出雲の祭祀は再開されている。

天皇側におもねった鸕濡渟は、『先代旧事本紀《せんだいくじほんぎ》』にみえる、天穂日命の11世孫で、崇神朝に初代の出雲国造《いずものくにのみやつこ》（出雲の首長）に任じられたという宇迦都久奴命《うかつくぬのみこと》のことと思われる（出雲国造は現在でも出雲大社の最高神官の称号として残り、宇迦都久奴命らの末裔がその地位を世襲している）。つまり、この崇神朝の神宝事件の全体の構図としては、出雲氏の有力者だった鸕濡渟が、リーダー格の振根と対立し、ヤマト王権側に協力をあおいでその追い落としをはかって成功し、ヤマトからは恭順の功として地方首長である国造の地位を得た、ということになる。

出雲神宝の象徴ともいえる加茂岩倉遺跡出土の銅鐸（レプリカ、島根県雲南市）

　また、この事件の流れは、天つ神に迫られて出雲の大国主神が国土を献上した、記紀の国譲り神話のストーリーと重なり合う部分がある。崇神朝の神宝事件を神話的に表現したのが、出雲のヤマト王権への恭順をほのめかす国譲り神話ではないのかという説もある。

王権と相対した地方勢力

熊襲梟帥《くまそたける》

日本武尊に討たれた南九州の豪族集団の長

❶?

クマソの国に何人かいたクマソタケル

「熊襲」とはクマの国とソの国を合わせた地名で、一般に、クマは熊本県南部（球磨《くま》郡、人吉市など）から薩摩半島にかけての地域、ソは鹿児島県曽於《そお》郡・曽於市から大隅半島にかけての地域と考えられている（この地域の住民を指す場合もある）。そのクマソには統一した国がなかなかあらわれず、タケルと呼ばれる小豪族のリーダーが群雄割拠していた。クマソタケル（書紀では熊襲梟帥、古事記では熊曽建）とは、そうしたクマソの首領たちを指し、普通名詞のようなものである。彼らはヤマト王権からは服従を拒む異民族とみなされ、記紀によれば、景行《けいこう》天皇の時代から討伐されるようになった。記紀はいずれも景行天皇の子ヤマトタケル（日本武尊、倭建命）が活躍する同じようなクマソタケル伝説を載せているが、違いも目立つ。

まず古事記では、クマソタケルは兄建《あにたける》と弟建《おとたける》という兄弟のこととなっていて、女装してクマソの酒宴に紛れ込んだヤマトタケルに不意打ちを受け、2人とも殺されてしまう。なお、ヤマトタケルはクマソ征伐までは小碓命《おうすのみこと》と名乗っていて、殺されようとする弟建から、その武勇を称える「ヤマトタケル」という名を献じられ、以後、これを称するようになったとされている。

一方、書紀では、ヤマトタケルよりも前にまず父の景行天皇がクマソ討伐に出かけ、厚鹿文《あつかや》と迮鹿文《さかや》という名の2人のクマソタケルを討つという流れになっている。ところが、のちにクマソが再び背くと、ヤマトタケルが征討に向かい、取石鹿文《とろしかや》または川上梟帥《かわかみたける》という名のクマソタケルを討つ。川上梟帥はクマソタケルのなかでもとくに有力者だったのだろう。このとき、ヤマトタケルは古事記と同じように女装してクマソの酒宴に紛れ込み、酔った川上梟帥を不意打ちし、そして死に臨んだ川上梟帥から「ヤマトタケル」の名を奉られている。

川上梟帥が女装した日本武尊に殺された場所と伝わる熊襲の穴（鹿児島県霧島市）

書紀の物語の構成は古事記よりも込み入っている。おそらく、シンプルな古事記の物語が原形で、書紀では天皇の九州巡行伝説を挿入したために話が複雑化したのだろう。『魏志《ぎし》』「倭人伝」で言及される、卑弥呼《ひみこ》の邪馬台国《やまたいこく》と対立した狗奴国《くなこく》を、クマソの前身とみる説がある。クマソの名は、記紀では応神《おうじん》朝以後にはあらわれなくなる。ヤマト王権に実際に征服されてしまったのだろうか。南部九州の居住民である隼人《はやと》を王権に恭順した民族としてのクマソの後身と考えることもできる。

王権と相対した地方勢力

磐井《いわい》

王権内外の動揺に乗じた筑紫勢力の反乱

❶6世紀前半

朝鮮半島の新羅と組んで天皇に対抗するが、征討される

九州北部（筑紫《つくし》）に勢力をはった豪族で、姓《かばね》を筑紫国造《つくしのくにのみやつこ》、あるいは筑紫君《つくしのきみ》と称したとされる。古くから筑紫を本拠としたとみられるが、ルーツについてはよくわかっていない。ただし、「孝《こう》元《げん》天皇紀」には、孝元天皇の皇子大彦命《おおびこのみこと》が筑紫国造の祖になったとあるので、皇裔とみることもできる。

継体《けいたい》天皇21年（527）6月、北九州を支配して、ひそかにヤマト王権への反逆の機会をうかがっていた磐井が、ついに反乱を起こした。朝鮮半島の新羅《しらぎ》に侵略された任那《みまな》（日本との関わりが深い朝鮮半島南部の小国群）へ派兵された近江毛野《おうみのけな》率いる朝廷軍の渡海を妨害し、また半島諸国から日本への貢船を誘い込み、ヤマト王権に叛旗を翻した事件で、「磐井の乱」と呼ばれる。このとき磐井は新羅から密かに賄賂を受け取っていたというので、もとから新羅と通じていたのだろう。継体天皇は大伴金村《おおとものかなむら》、物部麁鹿火《もののべのあらかひ》らに磐井征討の将を選ぶことを命じ、結局、麁鹿火が継

体天皇から斧と鉞《まさかり》を授けられて出征した。そして同22年11月、激しい交戦の末、磐井は斬られ、反乱は鎮圧された。

この時期、外交面をみると、ヤマト王権は百済《くだら》とは良好な関係にあったが、新羅とは対立していた。また国内をみると、継嗣がなかった武烈《ぶれつ》天皇のあとに即位した継体天皇は、応神《おうじん》天皇5世孫ということで皇統の血が薄く、北陸あるいは近江《おうみ》出身で、大和《やまと》に入るのに即位してから20年も要したということも影響して、政治的に不安定な状態が続いていた。このような内外の情勢と連動して、新羅と組んだ磐井および北九州の首長勢力が、百済と組んだヤマト王権と対峙した、というのが磐井の乱の基本的な構図だ。この乱についての書紀の記述は朝廷側による潤色が疑われているが、全体的な流れとしては、これをきっかけとしてヤマト王権の地方支配が強化されることになった。

なお、福岡県八女《やめ》市の6世紀前半の築造と推定される岩戸山《いわとやま》古墳（全長約135メートルで、九州で最大級の前方後円墳）は、築造時期や『筑後国風土記《ちくごのくにふどき》』逸文《いつぶん》の磐井の墳墓をめぐる記述などから、磐井の墓と考えられていて、磐井は地元では英雄視もされている。

磐井の墓とされる岩戸山古墳の石人像（福岡県八女市）

名草戸畔《なぐさとべ》 ❶?

◎神武天皇に討たれた紀伊の女傑首長

神武《じんむ》天皇は東征で紀伊《きい》半島を迂回して熊野に向かう途次、紀伊の名草邑《なぐさのむら》（和歌山市西南の名草山付近）で土豪《どごう》の名草戸畔を討伐した。トべは戸女の意で、ナグサトべという名はこの人物が名草地方の豪族の女性首長だったことを示しているという。

書紀ではほんのわずかに言及されるにすぎないが、紀伊地方には名草戸畔を女傑視する伝承があり、和歌山県海南市の宇賀部《うかべ》神社、杉尾《すぎお》神社、千種《ちぐさ》神社は、それぞれ神武天皇と激闘の末に殺された名草戸畔の頭、胴、足を葬った場所だと伝えられている。

田油津媛《たぶらつひめ》 ❶4世紀?

◎北九州の邪馬台国比定地にあった土蜘蛛族の姫

仲哀《ちゅうあい》天皇が九州の筑紫で急逝したのち、神功《じんぐう》皇后は熊襲《くまそ》討伐を行うが、その際、山門県《やまとのあがた》（福岡県みやま市付近。旧山門郡瀬高町）で土蜘蛛《つちぐも》（朝廷に服従しない土豪）の田油津媛を誅伐《ちゅうばつ》した。彼女の兄夏羽《なつは》が救援に来たが、妹が誅伐されたことを知って逃げ去ったという。地名の山門を邪馬台国《やまたいこく》と関連づけ、旧瀬高町の女山神籠《ぞやまこうご》石《いし》遺跡を邪馬台国関連遺跡とする説が明治時代からあり、それに関連して田油津媛を卑弥呼の後裔的女王に比定する説がある（ただし神籠石遺跡については、7世紀の築造とする説が現在は有力）。

紀大磐《きのおいわ》　❶5世紀?

◎派遣先の新羅で決起した謎の将軍

名は生磐《おいわ》とも書かれる。雄略《ゆうりゃく》天皇9年3月に父小弓《おゆみ》が新羅遠征中に病死すると、5月には新羅に渡り、現地に派遣されていた倭国の兵を掌握して指揮官も殺してしまう。顕宗《けんぞう》天皇3年（雄略9年から22年後）、任那《みまな》（朝鮮半島南部の小国群）にいた大磐は朝鮮全体を支配して王になることをもくろみ、自ら「神聖《しんせい》」と名乗り、百済《くだら》の要人を殺害し、城を築いた。だが百済の反撃に遭い、最後は兵力が尽き、任那から撤退した。撤退後の消息は不明。大磐は朝廷から朝鮮半島に派遣された将軍とみるべきだろうが、現地で職務を放棄し、独立国家を立ち上げようとしたが、自滅したというところだろう。

しかし22年間も任那で権力を振るっていたとしたら、かなりの実力者だったことになる。

朝日郎《あさけおとこ》　❶5世紀?

◎雄略天皇に討たれた伊勢の豪族

名前は地名の伊勢国朝明《あさけ》郡（三重県四日市市と三重郡の一部）に由来するという。雄略《ゆうりゃく》天皇18年8月、雄略天皇は物部菟代《もののべのうしろ》と物部目《め》を遣わして朝日郎を討たせた。朝日郎は自ら二重の甲《かぶと》をも貫く矢を射て奮戦し、2日1夜にわたってもちこたえたが、最後は捕らえられ、物部目に斬られた。雄略天皇の時代になってヤマト王権は支配地域を九州から東国まで広げたとされるが、朝日郎討伐もそうした支配拡大政策の一環だったと考えられる。

王権内を翻弄した反逆者

武埴安彦《たけはにやすびこ》

親子ほど年少の天皇に向かった謀反の背景

❶? ❷孝元天皇の皇子

あっけない幕引きなのに詳述された理由

崇神《すじん》天皇10年7月、崇神天皇は4人の将軍（四道《しどう》将軍）を各地に派遣し、従わない者を討たせることにした。このうち北陸に派遣されることになった四道将軍のひとり大彦命《おおびこのみこと》が和珥坂《わにのさか》（奈良県天理市の櫟本《いちのもと》の坂）にさしかかったとき、童女が「ミマキイリヒコ（崇神天皇のこと）よ、殺されようとしているのに、若い娘と遊んでいるのか」と歌うのを聞いた。大彦命はこれを怪しんで引き返し、天皇に奏上した。すると、予知能力のある倭迹迹日百襲姫命《やまとととひももそびめのみこと》が、これが孝元《こうげん》天皇の皇子武埴安彦とその妻吾田媛《あたひめ》の謀反の前兆であることを見抜いた。

それで四道将軍派遣はいったん中止となったが、まもなく武埴安彦と吾田媛が実際に謀反を起こし、武埴安彦は山背《やましろ》（京都府）から、吾田媛は大坂《おおさか》（奈良県香芝市穴虫）から都へ攻めて来た。武埴安彦は崇神天皇のおじにあたり、親子ほどに歳が違っていたはずで、若輩の崇神天皇を倒して皇位を簒奪《さんだつ》することを狙っていたのかもしれない。だが、まず吾田媛は大坂で天皇軍の攻撃を受けてあっけなく殺されてしまった。武埴安彦は大彦命と和珥氏の遠祖彦国葺《ひこくにぶく》を将とする精兵と木津川《きづがわ》を挟んで対峙するが、彦国葺の射た矢にあたって死んでしまう。武埴安彦の兵は敗走し、反乱は失敗に終わった。

この反乱の平定後に四道将軍の派遣が実施されるが、記紀ともにその遠征については詳述せず、むしろ武埴安彦の乱のほうがはるかに具体的に叙述されている。武埴安彦の乱が史実だったかどうかはともかく、奈良盆地東北部を本拠とし、5～6世紀には天皇家の外戚ともなった有力豪族の和珥（丸珥）氏が、遠祖が活躍したものとしてこの乱の伝承をくわしく伝えていたので、記紀に採録されたのだろう。

武埴安彦討伐の戦勝祈願がされたと伝わる和珥坂下伝承地（奈良県天理市）

木津川沿いに鎮座する祝園《ほうその》神社（京都府相楽郡清華町祝園）では毎年正月、また和伎座天乃夫岐売《わきにますあめのふきめ》神社（通称涌出宮《わきでのみや》、木津川市山背町）では毎年2月に、「居籠《いごもり》祭」という特殊神事が行われている。本来は氏子《うじこ》全員が家に籠って物忌みするという祭りだが、武埴安彦を鎮魂し、戦場となって荒らされた田畑を復興するためにはじめられたという伝えがある。

王権内を翻弄した反逆者

狭穂彦王《さほびこのみこ》

皇后となった妹を使って天皇暗殺を試みる

❶? ❷開化天皇の孫

籠城中に兄妹ともに焼死してしまう

垂仁《すいにん》天皇4年9月、開化《かいか》天皇の孫にあたる狭穂彦王が謀反を企て、垂仁天皇の皇后で同母妹の狭穂姫《さほびめ》に「おまえは兄と夫のどちらが愛しいか」と尋ねた。狭穂姫が「兄上です」と答えると、こう告げた。

「美人であっても容色が衰えれば天皇の寵愛も薄れてしまう。でも、私が皇位に就けば、安心して100年も暮らすことができよう。どうか私のために天皇を殺してくれ」

そして短刀を狭穂姫に授けた。姫は恐れおののいたが、拒むことはできなかった。

翌年10月、天皇が狭穂姫の膝を枕にして昼寝をしていると、姫はいよいよ夫を殺める時がきたのかと思って涙を流した。そのとき天皇は、小さな蛇が首に巻き付き、雨が降って顔を濡らす夢を見て目を覚ました。その夢を打ち明けられた姫は、もはや隠し切れないと観念して狭穂彦王の叛意を告白した。すると天皇は、「これはおまえの罪ではない」と言い、すぐさま兵を起こさせ、八綱田《やつなた》に狭穂彦王の討伐を命じた。

だが狭穂彦王も軍を起こし、稲城《いなき》を築いて籠り、抗戦を続けた。そのうえ、狭穂姫も兄を慕って、幼い皇子の誉津別命《ほむつわけのみこと》を抱いて稲城に入ってしまった。

狭穂姫と誉津別命を取り戻そうと八綱田は火を放って稲城を焼いたが、狭穂姫は「兄の罪が赦されるかもしれないと思って稲城に逃げ込みましたが、その望みはなく、私に罪があることがわかりました。もはや首をくくるのみです」と言い、さらに「天皇のご寵愛は忘れません。私が死んだら丹波国《たんばのくに》の5人の婦人を後宮に召し入れて下さい」と告げた。ほどなく兄妹ともに城の中で焼け死に、誉津別命は残された。事件後、垂仁天皇は狭穂姫の遺言に従って丹波道主王《たにはのみちぬしのきみ》の娘日《ひ》葉《ば》酢《す》媛命《ひめのみこと》を皇后に迎え、跡継ぎの景行天皇《けいこう》をもうけている。

狭穂彦王関係系図

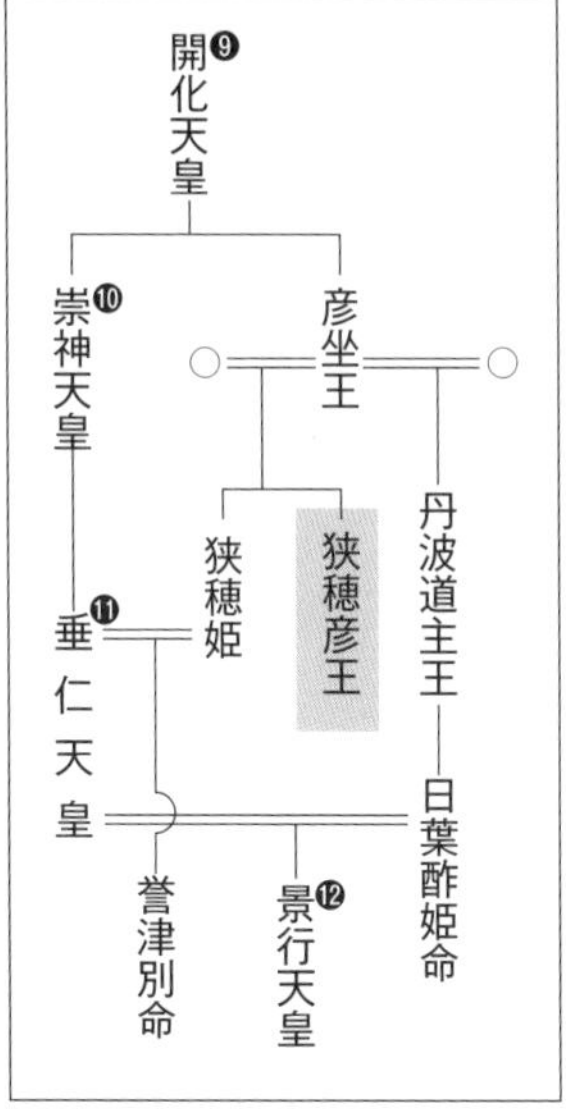

狭穂彦王・狭穂姫の死の記事のあと、書紀は当麻《たぎまの》蹶《け》速《はや》と野見宿禰《のみのすくね》が力比べをして相撲をとる話を続けているが、これは亡くなった皇后狭穂姫の鎮魂のために行われたと考えられるという（森浩一『敗者の古代史』）。古代の相撲は呪術的な意味ももったのである。

王権内を翻弄した反逆者

物部守屋《もののべのもりや》

蘇我馬子との戦争に敗れ物部氏の没落を招く

❶?〜587 ❷物部尾輿の子

皇位争いで確執が強まる両巨頭

書紀には、敏達《びだつ》天皇元年（572）4月、「(守屋を）大連《おおむらじ》とすること、故《もと》の如し」とあるので、すでに前代の欽明《きんめい》朝において、大連（連姓の豪族のトップ）だった父尾輿《おこし》の没後、その地位を継いでいたのだろう。そして敏達朝に新たな大臣《おおおみ》に就いたのが蘇我馬子《そがのうまこ》だった。

排仏派の守屋は崇仏《すうぶつ》派の馬子との対立を深めた。同14年3月には大夫《まえつきみ》の中臣勝海《なかとみのかつみ》とともに仏教は疫病流行をもたらすと敏達天皇に強く訴えかけ、仏法禁止を実現させて廃仏を行うが、結局、馬子の抗弁もあって仏法禁止令はほどなく骨抜きになっている（130ページ）。

同年8月に敏達天皇が亡くなるが、その葬儀の場で政敵同士である守屋と馬子は互いに罵倒し合っている。馬子の甥にあたる用明《ようめい》天皇が即位すると、守屋は大連に、馬子は大臣に再任された。

この時期、守屋は皇嗣《こうし》として穴穂部皇子《あなほべのみこ》（欽明天皇の皇子）を推したが、馬子は豊御食炊屋姫尊《とよみけかしきやひめのみこと》（敏達天皇の皇后。のちの推古《すいこ》天皇）を擁して対抗し、両者の確執が強まった。

用明天皇2年（587）4月、仏教帰依《きえ》の意向を示した用明天皇が亡くなると、馬子が穴穂部皇子を誅殺《ちゅうさつ》したため、守屋は朝廷内で孤立していった。そして同年7月、馬子は泊瀬部皇子《はつせべのみこ》（のちの崇峻《すしゅん》天皇）・厩戸皇子《うまやとのみこ》（聖徳太子）といった皇子たちと群臣を糾合してついに守屋討伐の軍を起こし、物部氏の本拠である河内国渋川《かわちのくにしぶかわ》（大阪府八尾市）を襲撃した。守屋は激しく抗戦し、馬子側の軍は3度も退却するが、厩戸皇子と馬子が四天王をはじめとする仏教の守護神に請願を行うと流れが変わり、守屋は敵の矢にあたって息子とともに誅殺され、守屋の軍は敗北。生き残った守屋の一族は離散し、これによって物部氏は没落した。この戦乱を「丁未《ていび》の乱」という。

馬子の妻はじつは守屋の妹で、彼女が蘇我蝦夷《えみし》の母だったという（「崇峻天皇紀」「皇極天皇紀」）。馬子と守屋の妹の縁組は政略結婚のようなものだったのだろうが、政敵関係にあった両者が融和をはかろうとした時期もあったのである。

丁未の乱で敗死した物部守屋の墓（大阪府八尾市）

　＊大夫：朝廷の重臣。有力豪族の代表が任じられ、大臣、大連のもとで朝政を運営した。

王権内を翻弄した反逆者

蘇我蝦夷《そがのえみし》

書紀における「悪役」イメージの代表格

❶?〜645　❷蘇我馬子の子

天皇家に比肩する勢力を誇るが、中大兄皇子に討たれる

推古《すいこ》天皇逝去（628年）のその後を記す「舒明《じょめい》天皇即位前紀」には「蘇我蝦夷臣《おみ》、大臣《おおおみ》たり」と記されているが、彼がいつから大臣になったかは記されていない。おそらく、推古天皇34年（626）の父で大臣だった馬子《うまこ》の死を承けて就任したのだろう。

推古天皇の後継候補には、馬子の娘法提郎媛《ほてのいらつめ》を妻としていた田村皇子《たむらのみこ》と、馬子のもうひとりの娘である刀自古郎女《とじこのいらつめ》と厩戸皇子《うまやとのみこ》（聖徳太子）の子である山背大兄王《やましろのおおえのみこ》がいて、どちらを天皇とするか群臣のあいだでも意見が分かれたが、最終的に蝦夷が推す田村皇子が即位して舒明天皇となり、これに反対した境部摩理勢《さかいべのまりせ》は、蘇我一族だが、蝦夷の兵によって殺害されている。

舒明天皇のあとは蘇我氏の血が薄い皇極《こうぎょく》天皇が即位したが、蝦夷は大臣に再任され、子の入鹿《いるか》とともに権勢を強めた。「皇極天皇紀」には彼らの傲慢ぶりを伝えるエピソードがいくつも登場する。

皇極天皇元年（642）、蝦夷は祖廟《そびょう》を蘇我氏の出身地とされる葛城《かずらき》の高宮《たかみや》（奈良県御所《ごせ》市宮戸・森脇付近）に建て、天子にのみ許された群舞「八佾《やつら》の舞《まい》」を興行した。また、人民を使役して今来《いまき》（御所市古瀬付近もしくは高市郡南部）に双墓《ならびのはか》を造り、蝦夷の墓を大陵《おおみささぎ》、入鹿の墓を小陵《おみささぎ》と称した。言うまでもなく、「陵」とは本来、天皇・皇后の墓を指す言葉である。

同2年2月、大勢の巫覡《かむなぎ》（神おろしをする人）たちが玉串を手に蝦夷が祖廟に詣でる橋を渡る時をうかがい、競って神託の言葉を述べた。謎めいた記述だが、巫覡の神託を蝦夷にへつらった内容のものととれば、これも蘇我氏の専横を伝えるエピソードとなる。11月には、入鹿が中心となって山背大兄王とその一族を滅ぼすというショッキングな事件が起きている。

同3年11月、蝦夷と入鹿は甘檮岡《あまかしのおか》（明日香村豊浦付近）に邸宅を並べ建て、それぞれ「上の宮門《みかど》」「谷《はさま》の宮門」と称させて武装化し、また子どもたちを王子《みこ》と呼ばせた。

このような蝦夷・入鹿の驕慢を背景として、同4年、中大兄皇子《なかのおおえのみこ》（のちの天智《てんじ》天皇）を中心とした乙巳《いっし》の変が起こり、蝦夷・入鹿ともに誅殺《ちゅうさつ》されてしまうのだ（変の詳細は220ページ）。

ただし、書紀の蝦夷・入鹿親子をめぐる記述は、2人を悪辣な逆臣として描こうとした書紀編述者による潤色が施されているともいわれる。入鹿が山背大兄王を殺戮したことを聞いた蝦夷が吐いた「大馬鹿者め、おまえの命は危ういぞ」という台詞は、蝦夷がじつは冷静な分析ができる驕りのない人物で、栄華の先の悲劇を予感していたことを示しているようにもとれる。

王権内を翻弄した反逆者

蘇我入鹿《そがのいるか》

天皇の目前で殺された蘇我氏4代の終焉

❶?〜645　❷蘇我蝦夷の子

礼節をわきまえた秀才と評する史料もある

書紀に初めて登場するのは、皇極《こうぎょく》天皇元年（642）正月条で、皇極天皇即位に際して大臣《おおおみ》に父蝦夷《えみし》が再任されたことに続いて、「大臣の子入鹿は自ら国政を執り、権勢は父よりも強かった。このため盗賊も恐れをなし、道の落とし物さえ拾わなかった」とある。蝦夷の嫡子である入鹿は、大臣にあらずとも、すでに権勢を振るっていたのだ。

前項でも記したように、皇極天皇即位後は、蝦夷の祖廟《そびょう》造営、「八佾《やつら》の舞《まい》」の興行、蝦夷・入鹿父子の「陵《みささぎ》」造営など、蘇我氏の増長を示す出来事が続き、同2年10月には病気で朝廷への出仕を休んだ蝦夷が、その一方で入鹿を私的に「大臣」に任じたという。大臣任命は天皇の専権事項なので、蝦夷・入鹿父子は君臣の序を無視し、明らかに天皇を愚弄したことになる。ちなみに、入鹿は天皇によって正式に大臣に任じられることなく没している。

翌月には、斑鳩宮《いかるがのみや》を急襲し、厩戸皇子《うまやとのみこ》（聖徳太子）の遺児である山背大兄王《やましろのおおえのみこ》とその一族を滅ぼすという、陰惨な政変を入鹿は引き起こしている（192ページ）。

こうした横暴ぶりが周囲の反発を招き、ほどなく中大兄皇子《なかのおおえのみこ》（のちの天智天皇《てんじ》）を中心とした乙巳《いっし》の変（645年）が起きる。書紀によると、皇極天皇4年6月12日、「三韓進調《さんかんしんちょう》」という外交儀式をおとりに入鹿は宮廷（飛鳥板蓋宮《あすかのいたぶきのみや》）におびき寄せられる。大極殿《だいごくでん》の天皇の前で蘇我倉山田石川麻呂《そがのくらやまだのいしかわまろ》が上表文を読み上げていると、油断していた入鹿を、中大兄皇子が「やあ」という掛け声とともに剣を抜いて斬りつけ、配下の者もそれに続いた。入鹿は転げながら玉座にたどりつき、「皇位の座につくべきは、天の御子のみです。私にいったい何の罪があるのでしょうか（臣《やつこ》、罪を知らず）。どうかお調べください」と訴えた。驚愕した皇極天皇が「いったい何事か」と言うと、中大兄皇子はこう奏上したという。

「入鹿は王子たちをすべて滅ぼして、皇位を傾けようとしたのです。どうして入鹿が天孫に取って代わることができましょうか」

皇極天皇が席を立つと、入鹿の身にはさらに剣が加えられ、無惨な屍は蝦夷のもとに送られた。翌日には蝦夷も誅殺《ちゅうさつ》される。

書紀は入鹿をひたすら悪人として描いているが、藤原氏の人物伝である『藤氏家伝《とうしかでん》』「鎌足伝《かまたり》」（760年頃成立）は、若き日の彼が礼節をわきまえた秀才だとして評価されていたことを記している。

王権内を翻弄した反逆者

蘇我倉山田石川麻呂《そがのくらやまだのいしかわまろ》

謀反の疑いで自害した大化新政権の右大臣

❶?〜649 ❷蘇我馬子の孫

乙巳の変は蘇我氏傍系が本家を倒したクーデターだった

蘇我倉麻呂（蝦夷《えみし》の弟）の子で、馬子《うまこ》の孫、蝦夷の甥、入鹿《いるか》の従兄弟にあたる。蘇我倉山田石川までが氏、麻呂が名にあたると考えられる（以下、石川麻呂と略記）。「石川」は蘇我氏の拠点のひとつである河内国《かわちのくに》石川に、「山田」は石川麻呂が飛鳥《あすか》から阿倍《あべ》・桜井に抜ける古道山田道に沿って邸を構えたことに由来しているのだろう。

蘇我氏の分家筋だが、皇極《こうぎょく》朝に中臣鎌足《なかとみのかまたり》の策略で中大兄皇子《なかのおおえのみこ》（のちの天智《てんじ》天皇）と姻戚関係を結び（娘が妃となる）、蘇我氏本宗家《ほんそうけ》を倒すクーデターの謀議に加わることになった。乙巳《いっし》の変（645年）では、飛鳥板蓋宮《あすかのいたぶきのみや》（奈良県明日香村岡）での儀式で上表文を長々と読み上げ、列席していた入鹿を油断させるという重要な役割を担った。作戦は見事に成功し、入鹿・蝦夷は討たれ、蘇我氏本宗家は滅亡した。

変後、皇極天皇は弟の孝徳《こうとく》天皇に譲位し、20歳の中大兄皇子は皇太子となった。天皇を牽制する豪族政治の源泉になっていた大臣《おおおみ》・大連《おおむらじ》は廃され、新設された左大臣に阿倍倉梯麻呂《あへのくらはしまろ》が、右大臣に石川麻呂が任じられ、のちに両大臣の娘は天皇妃になっている。乙巳の変とは、蘇我氏の視点でみれば、傍系の勢力が本宗家を打ち負かした、同族内のクーデターであった。

そして都は難波《なにわ》に遷され、大化改新《たいかのかいしん》が実施されたが、右大臣はかつての大臣に比べれば権限は大幅に縮小されていて、政治は実質的には中大兄皇子と中臣鎌足が中心になって動かしていた。

大化5年（６４９）3月17日、左大臣阿倍が没した。これで右大臣石川麻呂の権勢が強まるかと思われた矢先、石川麻呂の異母弟蘇我日向《ひむか》が「石川麻呂に皇太子暗殺の疑いあり」と中大兄皇子に讒言《ざんげん》した。日向は異母兄の出世をかねて妬んでいたのだろう。中大兄皇子はすっかり讒言を信じ、また孝徳天皇も石川麻呂の言行に疑いを抱いたので、石川麻呂追討の軍勢が発せられた。

石川麻呂は難波から大和《やまと》に逃げ、氏寺として造営中だった山田寺に入った。長子興志《こごし》は天皇への抵抗を主張したが、石川麻呂は天皇への忠誠を説き、金堂《こんどう》の戸を開くと、「幾度生まれ変わっても、君王《きみ》を怨むまじ」と誓って首をくくって死んだ。妻子ら8人もあとを追った。

翌日、石川麻呂の屍は切り刻まれた。連座して14人が斬殺、9人が絞殺、15人が流罪となった。ところが、没収された石川麻呂の資材のうち貴重な書物や宝の上には「皇太子の物」と書かれてあったので、中大兄皇子は彼が忠臣だったことを悟り、深く後悔したという。これによって石川麻呂の本流は断絶したが、天皇家に嫁いだ彼の娘たちからは持統《じとう》天皇・元明《げんめい》天皇が生まれている。

葛城玉田宿禰《かずらきのたまたのすくね》

❶5世紀初め?

◎葛城氏衰亡の契機をつくる

葛城襲津彦《かずらきのそつひこ》の孫または子。允恭《いんぎょう》天皇5年7月、允恭天皇に先代の反正《はんぜい》天皇の喪儀を執り行うよう命じられたが、任務を怠け、地元の葛城に還って男女を集めて酒宴にふけっていた。このことがばれるのを恐れた玉田宿禰は、天皇の命で検分に来た尾張吾襲《おわりのあそ》を殺害し、遠祖武内《たけうちの》宿禰《すくね》の墓域に逃げ隠れた。それでも天皇は召し出したが、参向した玉田宿禰は衣の下に鎧を着ていた。このことを知った天皇は玉田宿禰の殺害を決意し、兵を起こして逃げ出した彼を追わせ、誅殺《ちゅうさつ》した。

驕慢な玉田宿禰の誅殺は、仁徳《にんとく》朝以降、天皇家の外戚となって権勢を誇っていた葛城氏の衰亡のはじまりを物語るエピソードとなっている。また、武内宿禰の墓の存在を明記する書紀の記述は、宿禰実在説のひとつの根拠となりうる。

根使主《ねのおみ》

❶5世紀?

◎讒言により大草香皇子を横死させる

和泉国《いずみのくに》（大阪府南部）の豪族坂本氏の祖。安《あん》康《こう》天皇元年2月、大草香皇子《おおくさかのみこ》の妹幡梭皇女《はたびのひめみこ》を大《おお》泊瀬皇子《はつせのみこ》（のちの雄略《ゆうりゃく》天皇）の妃とすることを望む安康天皇の命で大草香皇子のもとへ行くが、快諾した大草香皇子がそのしるしとして贈った高価な押木珠縵《おしきのたまかずら》（冠）に心を奪われて着服。さらに「大草香皇子は拒否した」と嘘の報告をしたため、これを信じた安康天皇は大草香皇子を殺害した。

だが、16年後の雄略天皇14年4月、呉人《くれひと》の饗応の際に根使主が大草香皇子の冠をつけているのを見た皇后（幡梭皇女）から、その冠が彼が着服したものであることを教えられた雄略天皇は、彼を斬ろうとした。根使主は和泉国日根(大阪府泉佐野市日根野付近）へ逃げたが、結局兵に殺され、その子孫は二分された。

根使主はおそらく日根を本拠とする豪族で、天皇側近にもなりうる有望株だったが、欲に目がくらんで身を滅ぼしてしまったのだろう。

眉輪王《まよわのおおきみ》

❶5世紀？　❷仁徳天皇の孫

◎父の仇で就寝中の安康天皇を暗殺

仁徳《にんとく》天皇の孫で、父は大草香皇子《おおくさかのみこ》、母は履《り》中《ちゅう》天皇の皇女中蒂姫《なかしひめ》。

父大草香皇子は根使主《ねのおみ》の讒言《ざんげん》によって安康《あんこう》天皇に殺され、母中蒂姫は宮中に召し入れられて、安康天皇の妃、のちには皇后となった。眉輪王は母のおかげで死を免れて宮中で育てられたが、安康天皇3年8月、いまだ幼少のころ、楼の下で戯れているとき、安康天皇と母の会話をこっそり聞いて父の死因を知ると、皇后を膝枕にして昼寝していた天皇を刺し殺した。史上初の天皇暗殺事件である。

眉輪王は坂合黒彦皇子《さかいのくろひこのみこ》とともに葛城円大臣《かずらきのつぶらのおおおみ》の家に逃げ込んだが、大泊瀬皇子《おおはつせのみこ》（安康天皇の同母弟。のちの雄略《ゆうりゃく》天皇）に攻められ、家を焼かれて、坂合黒彦皇子、葛城円大臣とともに焼け死んだ。また、これによって名門葛城氏は完全に没落することになった。

葛城円大臣は葛城玉田宿禰《たまたのすくね》の子とされる葛城

氏の有力者で、履中《りちゅう》朝では国事を執る地位にあった。眉輪王はとくに葛城氏の血を引いていたわけではないので、彼が円大臣を頼るのは不自然で、この事件を創作・捏造《ねつぞう》とする説がある。だが、葛城氏の本拠だった奈良県御所《ごせ》市の極楽寺ヒビキ遺跡からは古墳時代の大型建物の遺構が発掘され、さらに火災が要因とみられる赤い土も見つかったため、これを焼き殺された円大臣の居館と関連づける見方も出されている。

5世紀代で最大の大型建物跡が発掘された葛城氏の本拠地と伝わる極楽寺ヒビキ遺跡全景（奈良県御所市）

東漢駒《やまとのあやのこま》 ❶?〜592

◎崇峻天皇の暗殺実行者

渡来系の有力豪族東漢氏（倭漢氏）の人物。崇峻《すしゅん》天皇5年（592）11月、崇峻天皇と対立していた蘇我馬子《そがのうまこ》の命を受け、東国からの調物進上の儀式を装った宮中の場で崇峻天皇を殺害した。史上2人目、臣下としては初の天皇暗殺者である。さらに駒は馬子の娘で崇峻天皇の嬪《みめ》（后妃より地位の低い妻）だった河上娘《かわかみのいらつめ》をさらって自分の妻にしてしまう。しかしこれはまもなく露見し、馬子によって殺されてしまった。

東漢氏は渡来人との関わりが深い蘇我氏と結びついていたので、駒が馬子の刺客のような役割を担うこともあったのだろう。

蘇我赤兄《そがのあかえ》

❶7世紀

◎壬申の乱で大友皇子につき敗れる

蘇我馬子《うまこ》の子の蘇我倉麻呂《くらまろ》の子とされるので、蘇我倉山田石川麻呂《そがのくらやまだのいしかわまろ》の弟にあたる。

兄の蘇我倉山田石川麻呂は乙巳《いっし》の変（645年）とその後の大化改新《たいかのかいしん》で活躍したものの、大化5年（649）には謀反の疑いをかけられて自殺しているが、この間の書紀の記述に赤兄は登場しない。最初に登場するのは斉明《さいめい》天皇3年（657）の有間皇子《ありまのみこ》の変で、斉明天皇と中大兄皇子《なかのおおえのみこ》（のちの天智《てんじ》天皇）らが紀伊に出かけている間に彼は都の留守官を務めていたが、有間皇子に謀反をそそのかしたという。だが、皇子が謀反を決意すると天皇側に寝返り、有間皇子を捕らえて紀伊に送り、皇子は絞首されている（180ページ）。この事件では、赤兄がもともと中大兄皇子と通じていた疑いがもたれている。赤兄は蘇我氏で、中大兄皇子は蘇我氏を衰微させた張本人だが、赤兄は中大兄皇子の将来性を見込んで動いていたのだろうか。

事件後、赤兄は中大兄皇子に信任されたようで、彼の娘は天智天皇妃となり、天智天皇10年（671）には左大臣に任じられ、太政大臣《だいじょうだいじん》の大友皇子《おおとものみこ》（天智天皇の子）をよく輔佐している。

だが、天智天皇の没後（672年）に起きた壬申《じんしん》の乱では大友皇子（近江《おうみ》朝廷）方につき、近江の瀬田《せた》（滋賀県大津市瀬田）で大海人皇子《おおあまのみこ》（天武《てんむ》天皇）軍と対決したが、敗走。大友皇子は首をくって自死し、やがて赤兄は捕らえられ、乱後、子孫とともに配流された。

「化外」として登場する「まつろわぬ民」

——熊襲、隼人、蝦夷、土蜘蛛など

記紀にはヤマト王権・大和朝廷への服従を拒む民族・種族が随所に登場する。神武《じんむ》天皇による東征をはじめとして、そうした「化外《けがい》の民《たみ》」を服従させて支配地域を広げてゆくことが天皇・朝廷の重要な使命であり、そのプロセスが記紀のストーリーの眼目を占めているといっても過言ではない。では、具体的に、記紀にはどんな民族が登場しているのだろうか。

◉**熊襲**《くまそ》：記紀では南九州は熊襲（熊曾）と呼ばれ、この地域の居住民の称としても用いられた。朝廷への服従をかたくなに拒む種族とみなされ、景行《けいこう》天皇、日本武尊《やまとたけるのみこと》、仲哀《ちゅうあい》天皇、神功《じんぐう》皇后は熊襲征討のために九州へ遠征している。語源については、地名のクマとソを併せたものとする説（肥後《ひご》国球磨《くま》郡、大隅《おおすみ》国贈《そ》於《お》郡など）、たけだけしい様を熊にたとえ、ソは勇ましい意のオゾの略とする説などがある。『魏史《ぎし》』「倭人伝」にみえる狗奴《くな》国を熊襲の国とする説がある。

◉**隼人**《はやと》：熊襲は記紀では応神《おうじん》朝以後には登場しなくなるが、その代わりに、朝廷に比較的従順な南九州の居住民として登場するのが隼人だ。そのため、隼人はヤマト王権に服した熊襲の後身のひとつととらえる考え方がある。神話では、山幸《やまさち》に敗れた海幸《うみさち》の子孫が隼人で、天皇の先祖である山幸に服従したことが機縁で、彼らは宮廷の衛兵になったと説かれている。

◉**蝦夷**《えみし》：エミシはもともとは「勇者」の意味だが、東日本に居住する朝廷に服さない種族を指し、未開・野蛮な人々とみなされた。書紀では、景行朝の日本武尊東征、斉明《さいめい》朝の阿《あ》倍比羅夫《へのひらぶ》遠征などの記事に征討の対象として言及されている。

◉**土蜘蛛**《つちぐも》：朝廷側から異族視されていた集団。「神武天皇紀」では「からだが短く、手足が長く、侏儒《しゅじゅ》に似ていた」と形容され、「景行天皇紀」では、石窟に住んで皇命に従わない人物のこととなっている。

◉**国樔**《くず》：国巣、国栖などとも書かれる。朝廷に属さない山の民を指し、神武東征に登場する吉野の山中にいた国樔が代表的である。大《だい》嘗祭《じょうさい》で奏される「国栖奏《くずのそう》」は、国樔の天皇への服属の表現を演技化したものともいわれる。

◉**粛慎**《みしはせ》：「粛慎」は中国では東北辺境外に住む民族を指し、ツングース族のことと推定されているが、書紀では日本列島の北方に住む種族の称として用いられ、また蝦夷とは区別されている。欽明《きんめい》天皇5年（544）12月条の佐渡島の粛慎人の記録が初見。

これらの種族・民族はあくまで記紀における政治的・文化的観念であって、必ずしも彼らを人類学的に区分できるわけではない。

第2部

『日本書紀』を彩る古代人物群像

第5章

古代日本に影響を与えた官僚・学者・軍人

いかに優秀な統治者・政治家であっても、
自らの手足となって動いてくれる、
有能で信頼できる側近や部下をかかえていなければ、
その本領が発揮できないものだ。
『日本書紀』は朝廷に仕えた
能吏・勇将たちの活躍も点描しているが、
有名無名の彼らがとった、時に死を賭した行動が、
古代日本の屋台骨を形作ってきたのだ。

時に秦造《はだのみやつこ》河勝《かはかつ》、進みて曰《まを》さく、

『臣《やつかれ》、拝《をろが》みまつらむ』とまをし、

便《すなは》ち仏像を受く。因《よ》りて蜂岡寺《はちをかてら》を造る。

——『日本書紀』推古《すいこ》天皇11年11月1日条

秦《はた》氏の築造に由来する葛野大堰《かどのおおい》（京都市西京区）。秦氏は葛野（京都の桂川流域一帯）を本拠とし、秦河勝《はたのかわかつ》は厩戸皇子《うまやとのみこ》から賜った仏像のためにこの地に蜂岡寺《はちおかでら》（広隆寺《こうりゅうじ》）を創建した

日本を変えたテクノクラート

大田田根子《おおたたねこ》

崇神朝の祭祀を司った大物主神の末裔

❶?

原始ヤマト王権の守護神にまつわる大神神社の縁起譚

奈良盆地東南部の三輪《みわ》地方を本拠とした豪族三輪氏の祖。崇神《すじん》天皇7年条によると、当時の都は磯城瑞籬宮《しきのみずかきのみや》（奈良県桜井市金屋）にあったが、しばしば災害に見舞われることに悩んだ崇神天皇が占いを行うと、三輪山の神大物主神《おおものぬしのかみ》が、巫女《みこ》の倭迹迹日百襲姫命《やまとととひももそびめのみこと》を介して「もし私を敬い祀《まつ》るならば天下は平穏になるだろう」という神託を伝えた。そこで崇神天皇は神託どおりに祭祀を行ったが、一向に効験があらわれない。すると夢の中に大物主神が現れ、「もし我が子大田田根子に私を祀らせるならば、たちどころに天下は平穏になるだろう」と告げた。その後、倭迹迹日百襲姫命らも同じような夢を見て天皇に奏上した。天皇が国中に大田田根子を探させたところ、茅渟県《ちぬのあがた》の陶邑《すえのむら》（大阪府堺市東南部）で見つけ出された。崇神天皇が「そなたはいったい誰の子か」と尋ねると、彼は「父は大物主神、母は陶津耳《すえつみみ》の娘活玉依媛《いくたまよりびめ》です」と答えた。

天皇は神託に従って大田田根子を大物主神を祀る神主とし、また長尾市《ながおち》という人物を倭大国《やまとのおおくに》魂神《たまのかみ》を祀る神主とし、八十万《やそよろず》の神々を祀り、天社《あまつやしろ》・国社《くにつやしろ》と神地《かむところ》・神戸《かんべ》を定めた。するとようやく疫病が途絶え、国内は平穏となり、五穀豊穣となって人々は豊かになった。

同8年12月、天皇は大田田根子に再び大物主神を祀らせ、神酒《みき》を捧げて、「神宮」で酒宴を催した。ここでいう「神宮」とは三輪山をご神体として大物主神を祀る大神《おおみわ》神社の原形を指しているのだろう。つまり、この説話は日本最古の神社ともいわれる大神神社の縁起譚でもある。

古事記にも似たような説話があるが、そこでは大田田根子は大物主神の5世孫となっていて、見つけ出されたのは、茅渟県の陶邑ではなく河内《かわち》の美《み》努村《ののむら》（大阪府八尾市上之島町周辺か）であり、また大物主神と活玉依媛の伝奇的な神婚譚が綴られているなど、書紀との違いもみられる。

大田田根子は大物主神の神裔となっているが、彼の居地の茅渟県の陶邑は土器の生産地であった。大神神社に奉献する祭祀土器を製作する一族が、ある時期、祭政一致社会における祭司王からの脱皮を試みる天皇（大王）から王権祭祀も託されるようになった。そんな流れがこの説話には示されているのではないか。

大田田根子を祀る大直禰子神社（大神神社摂社。奈良県桜井市）

日本を変えたテクノクラート

野見宿禰《のみのすくね》

❶?

埴輪・土器制作の祖とされる謎の出雲人

天皇の喪葬を司った土師氏の祖

埴輪《はにわ》や土器の製作、また葬礼・陵墓などの管理を行った土師《はじ》氏の祖とされる人物。

垂仁《すいにん》天皇7年7月、当麻邑《たぎまのむら》（奈良県葛城市北部）に当麻蹶速《たぎまのけはや》という勇者がいて、垂仁天皇がこれに適う者を探すと、出雲《いずも》国に野見宿禰という勇者がいるという報告があったので、召し出した。そして2人に力比べをさせると、野見宿禰は当麻蹶速を倒し、蹴り殺してしまった。当麻蹶速の土地は没収されて野見宿禰に与えられ、野見宿禰は朝廷に仕えることになった。

これは、奈良・平安時代、毎年7月に宮中で行われた*相撲節会《すまいのせちえ》の起源説話になっている。

野見宿禰は、このあとの埴輪の起源説話でも重要な役回りで登場する。

同28年11月条によると、垂仁天皇の同母弟倭彦命《やまとひこのみこと》が亡くなって墓に葬られた際、古来の風習にしたがって故人の側近たちも墓に生き埋めにされて殉死した。しかし、殉死者が泣きわめく声を聞いた天皇は深く悲しみ、殉死の禁止を命じた。4年後の同32年7月、皇后の日《ひ》葉《ば》酢《す》媛命《ひめのみこと》が亡くなった。このとき天皇が群卿たちに「殉死の代わりにどんな葬礼を行ったらよいだろうか」と問うと、野見宿禰が、生きた人間の代わりに、人や馬などの形をした土器、すなわち埴輪を陵墓に立て並べることを提案した。天皇はこの意見を容れ、皇后の墓に埴輪が立てられ、以後はこのやり方にならうことになった。野見宿禰は埴輪製作の職に任じられ、土部《はじ》（土師）氏と称するようになり、またこうした由縁で土師氏は天皇の喪葬も司るようになったという。これは埴輪起源説話になっているが、考古学的にみると、墳丘に並べられた埴輪に関しては、4世紀までに円筒埴輪が出現し、5世紀に入って人物埴輪が出現したことがわかっているし、古墳の発掘からは古代の日本で殉死が行われていた事実はほとんど証明されていない。この説話は喪葬を担った土師氏が先祖を顕彰するために生じたものとみるべきだろう。

野見宿禰と当麻蹶速による相撲が行われた地と伝わる相撲神社（大兵主神社内。奈良県桜井市）

『続日本紀《しょくにほんぎ》』によれば、野見宿禰は天穂日命《あめのほひのみこと》の14世孫だという。天穂日命は出雲氏の祖神であり、野見宿禰が出雲出身であることと符合する。土師氏は奈良時代に改姓して菅原、秋篠、大枝《おおえ》の3氏に分かれた。菅原道真《みちざね》はこのうちの菅原氏の出である。

＊相撲節会：毎年７月、諸国から力持ちを集めて宮廷で行われた天覧相撲。一時は隆盛したが、平安時代末期には廃絶した。

日本を変えたテクノクラート

秦河勝《はたのかわかつ》

厩戸皇子のブレーンとなった渡来系の有力者

❶6世紀末～7世紀前半

『日本書紀』にはわずか3ヵ所にしか登場しない

有力渡来系氏族秦《はた》氏の族長的人物で、一般には厩戸皇子《うまやとのみこ》（聖徳太子）の側近・ブレーンとしてよく知られているが、書紀で彼が登場するのは、わずかに次の3カ所にすぎない。

推古《すいこ》天皇11年（６０３）11月、秦河勝は厩戸皇子から仏像を賜り、これを安置するために蜂岡寺《はちおかでら》（京都太秦《うずまさ》の広隆寺《こうりゅうじ》）を造った。同18年10月、河勝は新羅《しらぎ》からやって来た朝廷への使者の案内役を務めた。皇極《こうぎょく》天皇3年（６４４）7月、東国富士川のほとりで大生部多《おおうべのおお》という人物が「常世神《とこよのかみ》」への信仰を人々に勧め、それがもとで住民が貧困に陥るという事件が生じるが、河勝が大生部多を討ってこの騒動を鎮めた。一種の新興宗教弾圧事件である。このうち河勝と厩戸皇子の直接的なつながりに言及しているのは、推古天皇11年11月条ひとつにすぎない。

ところが、平安時代初期に成立したと考えられている聖徳太子の伝記（『上宮聖徳太子伝補《じょうぐうしょうとくたいしでんほ》闕記《けつき》』『聖徳太子伝暦《りゃく》』）では、用明《ようめい》天皇2年（５８７）の蘇我《そが》・物部《もののべ》戦争（丁未《ていび》の乱）において

代表的な渡来氏族

氏族名	由来	代表的人物
西文氏（かわちのふみ）	応神朝に百済から渡来した王仁を祖とする。河内国を本拠とし、文筆を専門とする史として朝廷に仕えた。	書根摩呂
東漢氏（やまとのあや）	応神朝に百済から渡来した阿知使主を祖とする。後漢の霊帝の末裔と伝えられる。大和国の檜前付近を拠点とした。	東漢駒
秦氏（はた）	応神朝に百済から渡来した弓月君を祖とする。秦の始皇帝の末裔と伝えられる。山背国葛野を本拠とした。	秦大津父、秦河勝
船氏（ふね）	6世紀中頃の百済系渡来人の王辰爾を祖とする。海運関係を管掌した氏族か。	船恵尺

河勝は厩戸皇子の側近として従軍し、皇子の矢を受けて倒れた物部守屋《もりや》の首を斬っている。「聖徳太子の側近」という河勝へのイメージは、こうした後世の史料にもとづく面が大きい。ただし、『上宮聖徳太子伝補闕記』によれば河勝は厩戸皇子が制定した冠位十二階で上から2番目の「小徳」に任じられている。もしこれが事実であれば、彼は中央の有力豪族と肩を並べる地位に抜擢されたわけで、能吏であったことにはなろう。

なお秦氏は、記紀にもとづけば、応神《おうじん》朝に百済《くだら》から渡来した弓月君《ゆづきのきみ》を祖とする。秦氏は秦《しん》の始皇帝の末裔とも伝えられているが、これに言及する最初の文献は平安初期成立の『新撰姓氏録《しんせんしょうじろく》』だ。こうしたことから、秦氏はたしかに渡来氏族としては古参組だが、同じ渡来系氏族のライバルでより古い歴史をもつ東漢《やまとのあや》氏と張り合うために、東漢氏に先立つ渡来伝承、始皇帝後裔伝説などが作り出されたのではないか、という見方がある（関晃『帰化人』）。

日本を変えたテクノクラート

司馬達等《しまのたちと》

❶6世紀

公伝に先立ち仏教の布教に努めた知識人

日本仏教の黎明期に活躍した鞍作氏の祖

渡来系氏族鞍作《くらつくり》氏の氏祖と考えられる人物。書紀によれば、日本に仏教が公伝したのは欽明《きんめい》天皇13年（５５２）のことで、百済《くだら》の聖明王《せいめいおう》が欽明天皇に仏像・仏具・経論を献上したことにはじまる。近年ではこの仏教公伝年を、『元興寺《がんごうじ》伽藍縁起《がらんえんぎ》』『上宮聖徳法王帝説《じょうぐうしょうとくほうおうていせつ》』などにもとづき西暦５３８年とする説が有力だが、いずれの史料も時代を欽明朝とする点は共通している。

しかし、仏教の日本への伝来については、公伝（外交使節的なものを介しての国家的伝来）の以前に私伝（私的な信仰による伝来）があったとみるのが常識的な見方であり、事実、それを裏づける史料もあり、そこには司馬達等が登場する。

平安時代後期成立の歴史書『扶桑略記《ふそうりゃっき》』をみると、『法華験記《ほっけげんき》』に引かれた「延暦寺僧禅岑《えんりゃくじぞうぜんしん》の記」という本からの引用というかたちで、「大唐の漢人である司馬達等は継体《けいたい》天皇16年（５２２）に入朝し、大和国高市《たけち》郡坂田原（奈良県高市郡明日香村阪田）に草堂を造り、本尊を安置して帰《き》依礼拝《えらいはい》した」という記述があるのだ。「草堂」は鞍作氏の氏寺坂田寺《さかたでら》（金剛寺）の前身とみられ、同寺は奈良時代までは尼寺として大いに繁栄したが、中世には衰亡している。

『扶桑略記』は記紀よりもはるか後世に成立した書であり、「延暦寺僧禅岑の記」がどういう書物であるかも不明なので、この記述がどこまで史実を伝えているのかはわからない。だが、大陸あるいは朝鮮半島から渡来したばかりの一族が、出身地で信仰していた仏教を日本でも引き続き信仰しようとした、ということは大いにありうることだろう。そしてそれが、『扶桑略記』が記すように、公伝に先立つ時期であったとしてもまったく不思議ではない。

達等の名は、書紀の敏達《びだつ》天皇13年（584）条にも登場している。この年、百済からもたらされた仏像2体を請い受けた大臣《おおおみ》の蘇我馬子《そがのうまこ》は、達等と池辺氷田《いけへのひた》を四方に遣わして仏法修行の経験者を探させた。そして播磨国《はりまのくに》で僧から還俗《げんぞく》していた高句麗《こうくり》からの渡来人恵便《えべん》を見つけ出し、彼を師としてひとりの女性を得度させた。それが達等の娘の島（善信尼《ぜんしんに》）だった。さらに馬子は自宅のそばに仏殿を造営し、馬子、氷田、達等は仏法を信仰して修行を怠らなかったという。こうした記述は、達等が馬子の側近的な地位にあったこと、鞍作氏と蘇我氏が近しい関係にあったことも示し出している。

達等の息子多須奈《たすな》も出家して坂田寺を建立し、多須奈の子は飛鳥《あすか》の仏師として活躍した鳥《とり》（止利）である。達等の一族は日本仏教の黎明期に重要な役割を果たしている。

日本を変えたテクノクラート

小野妹子《おののいもこ》

隋の煬帝に国書を渡した遣隋使の代表的人物

❶6世紀後半～7世紀前半

隋からの返書を紛失したのは偽りなのか？

推古《すいこ》朝の遣隋使《けんずいし》として知られる官人。小野氏は5～6世紀に后妃を多数出した和珥《わに》氏(春日氏)の同族で、『新撰姓氏録《しんせんしょうじろく》』(815年成立)によれば、敏達《びだつ》朝に妹子が近江国《おうみのくに》滋賀郡小野村(滋賀県大津市)に住んだので小野氏を称するようになったという。

書紀によれば、推古天皇15年(607)7月、小野妹子は遣隋使として中国(隋)に派遣された。当時の彼の冠位は大礼《だいらい》で、冠位十二階の上から5番目の位である。書紀はこの遣隋使を第1回とするが、中国側の史書『隋書』「倭国伝《わこくでん》」によれば、これ以前の西暦600年に「倭王」の「阿《あ》毎多利思比狐《めたりしひこ》」が隋の文帝に遣使している。「阿毎多利思比狐」は推古天皇もしくは厩戸皇子《うまやとのみこ》(聖徳太子)を指しているといわれているが、とにかく小野妹子が最初の遣隋使ではなかった。

妹子は隋の都長安に入り、煬帝《ようだい》に国書を提出した。その国書が「日出《ひい》ずる処の天子、書を日没する処の天子に致す。恙《つつが》無きや」の書き出しではじまる有名なものだが、書紀には記載はなく、

『隋書』にのみみえる。『隋書』によれば、煬帝はこの国書を見て、倭国王が中国皇帝と同様に「天子」を称し、対等の関係を結ぼうとしていることに怒り、「蛮夷からの手紙のくせに無礼だ。2度と奏上させるな」と言ったという。

書紀に戻ると、推古天皇16年4月、妹子は隋の使者裴世清《はいせいせい》らを連れて九州に帰着し、6月には難波津《なにわのつ》に着いた。妹子は一足先に飛鳥《あすか》の都に戻って復命したが、このとき「帰国の途中、百済《くだら》を過ぎるとき、煬帝から授かった返書を百済人にかすめとられてしまいました」と奏上したのだった。群臣たちは妹子を流刑に処するべきと訴えたが、推古天皇は妹子を罰したら返書を失ったことが隋の使者にばれてかえってよくないと考え、妹子の罪を許した。

この返書紛失事件をめぐっては、隋の返書が日本を見下す内容のものだったので、妹子はこれをはばかって百済に盗られたと偽り、文書を破棄したのではないか、という見方もある。なお、隋の使者も煬帝の国書を持参し、飛鳥の朝廷で言上しているが、そこでは遣隋使は「朝貢」とみなされている。つまり、隋は日本の対等外交を認めなかったことになる。ともあれ、隋使によってもたらされた先進的な大陸の文物が推古朝のさまざまな政治改革を推進させたことは想像に難くない。

同年9月、妹子は隋使の帰国にあわせて再び隋に渡ることになった。翌年9月に帰朝しているが、その後の消息は不明である。

田道間守《たじまもり》

❶?

◎常世国から不老不死の霊薬を入手

新羅《しらぎ》から渡来した天日槍《あめのひほこ》の子孫で、三宅《みやけ》氏の祖。垂仁《すいにん》天皇は田道間守を常世国《とこよのくに》（海の彼方の神仙が住むとされた理想郷）に遣わし、不老不死の霊薬「非時香菓《ときじくのかくのみ》」を探させた。田道間守は常世国に渡ってこれを手に入れ、出発から10年後に帰朝したが、その前年に垂仁天皇は没していた。田道間守は天皇への復命が叶わない無念さを嘆き、御陵の前で号泣して自死した。

渡来系氏族も天皇の忠臣たりえたことを示す格好の説話だったのかもしれない。

身狭村主青《むさのすぐりあお》

❶5世紀後半

◎大陸に派遣された雄略天皇の寵臣

記録・文書の職務に従事して朝廷に仕えた史《ふひと》部《べ》に属した。雄略《ゆうりゃく》天皇8年2月には呉国《くれのくに》（中国の江南地方。宋《そう》か）に遣わされ、同10年9月には呉が献上した2羽の鵞鳥《がちょう》を持って筑紫《つくし》に帰国。同12年4月には再び呉に遣わされ、同14年正月には呉国使とともに呉の献上した技術者を率いて帰国した。たびたび呉に派遣されているので、彼自身が大陸系の渡来系氏族の出身だった可能性が高い。『宋書』「倭国伝《わこくでん》」に見える倭王武《ぶ》（雄略天皇）の宋への遣使（478年）や上表文の作成に彼が関係している可能性も濃厚だ。

日羅《にちら》

❶?～583

◎敏達天皇に召された日本生まれの百済高官

父は大伴金村《おおとものかなむら》によって百済《くだら》に派遣された火《ひの》葦北国《あしきたのくに》(肥前国《ひぜんのくに》の古称)の国造《くにのみやつこ》阿利斯登《ありしと》で、おそらく日羅は、6世紀前半、百済の女性を母に百済で生まれ、育ったものとみられる。その才を認められて百済王に仕え、達率《だちそち》（百済の冠位十六階の第2）の官位を与えられた。敏達《びだつ》天皇12年（583）、任那《みまな》を再興しようとした敏達天皇は評判の高い日羅を召そうとしたが、百済王は日羅の才を惜しんで帰国させなかった。しかし天皇は再度使いを百済に送り、日羅を来日させた。だが来日後、日羅は百済の対日政策を朝廷に暴露してしまったため、監視役として同行していた百済高官によって暗殺されてしまった。死後、いったん蘇生して「これは私の部下の仕業です。新羅がしたのではありません」と言い残して死んだという。朝鮮外交に翻弄されて犠牲となった、百済と母国を股にかけた官人だったといえよう。

鞍作鳥《くらつくりのとり》　❶7世紀前半

◎今も姿を残す飛鳥大仏を造った名仏師

飛鳥《あすか》朝の仏教興隆に関わった渡来人司馬達等《しまのたちと》の孫で、父は出家して坂田寺《さかたでら》を建立した多須《たす》奈《な》。推古《すいこ》天皇13年（605）4月、推古天皇の願いによって銅と繡《ぬいもの》の丈六《じょうろく》の仏像各1体が造られることになり、鞍作鳥が造仏の工匠に任じられた。同14年4月、これらの仏像が完成し、銅像は法興寺《ほうこうじ》（飛鳥寺）の金堂《こんどう》に安置された。同年5月、こうした鳥の功績や一族が仏教興隆に務めた功が賞されて、鳥は冠位十二階で上から2番目の大仁《だいにん》の位と領地を授けられた。

鳥が造った飛鳥寺の本尊は、後世の補修を受けているが、今も同寺に「飛鳥大仏」として残っている。また、法隆寺金堂の釈迦三尊像も鳥の作で、光背の銘文によれば、推古天皇31年に厩《うまや》戸《との》皇子《みこ》の冥福を祈るために王后・王子らが諸臣とともに造立を発願したものだという。

南淵漢人請安《みなぶちのあやひとしょうあん》 ❶7世紀前半

◎大陸留学後、中大兄皇子の師となった学問僧

渡来系氏族東漢《やまとのあや》氏の出身で、推古《すいこ》天皇16年（６０８）、遣隋使《けんずいし》小野妹子《おののいもこ》に従って高向漢人《たかむくのあやひと》玄理《げんり》、僧旻《そうみん》ら7人とともに隋に渡った。舒明《じょめい》天皇12年（６４０）10月、玄理とともに新羅《しらぎ》経由で帰国した。つまり、30年以上中国に留まっていたことになるが、その間、隋が滅亡し（６１８年）、唐《とう》が興っている。

皇極《こうぎょく》天皇3年（６４４）正月条によれば、中大兄皇子《なかのおおえのみこ》と中臣鎌足《なかとみのかまたり》は「南淵先生」のもとで周公・孔子の教えを学び、往還の途中で蘇我《そが》氏討伐の計画を相談し合ったというが、南淵先生はおそらく請安のことであり、当時彼は飛鳥《あすか》で私塾を開き、大陸で学んだ最新の学問を皇族・貴族に講じていたのだろう。

犬上御田鍬《いぬかみのみたすき》 ❶7世紀前半

◎最後の遣隋使にして最初の遣唐使

推古《すいこ》天皇22年（６１４）、遣隋使《けんずいし》として中国・隋に渡り、翌年9月に帰国した。隋はその後政情の混乱が続き、同26年に滅亡して唐《とう》が新たに興ったので、これが最後の遣隋使となった。

舒明《じょめい》天皇2年（630）8月、今度は初代の遣唐使として再度中国に渡った。そして同4年8月に答礼使の高表仁《こうひょうじん》を伴って帰国している。

阿倍倉梯麻呂《あへのくらはしまろ》　❶?～649

◎仏寺と関係が深い左大臣第1号

孝元《こうげん》天皇の皇子大彦命《おおびこのみこと》を祖とする阿倍氏の官人。皇極《こうぎょく》天皇4年（645）6月の乙巳《いっし》の変後に発足した孝徳《こうとく》天皇の新政権では新設された左大臣に就き、大化改新《たいかのかいしん》を進めた（右大臣は蘇我倉山田石川麻呂《そがのくらやまだのいしかわまろ》）。大化4年（648）2月には難波《なにわ》の四天王寺で仏事を営んだ。また、『大安寺伽藍縁起《だいあんじがらんえんぎ》』には、皇極（斉明《さいめい》）天皇の命により百済大寺《くだらのおおでら》（大安寺）の造寺司に任命されたとあり、仏寺との関係が深い。同5年3月に亡くなり、孝徳天皇は深く悲しんだという。彼の死の1週間後に石川麻呂の謀反事件が発生している。

伊吉博徳《いきのはかとこ》　❶7世紀

◎書紀の参考資料を記した外交官

斉明《さいめい》天皇5年（659）の遣唐使《けんとうし》に随行し、洛陽《らくよう》に入って皇帝に謁し、同7年に帰朝した。この時の記録を中心とした『伊吉連博徳書《いきのむらじはかとこがふみ》』は書紀に分注というかたちで数カ所で引用されている。朱鳥《しゅちょう》元年（686）、大津皇子《おおつのみこ》謀反事件に連座して捕らえられたが、皇子の死後に赦され、持統《じとう》天皇9年（695）、遣新羅《しらぎ》使に任じられている。文武《もんむ》朝では『大宝律令《たいほうりつりょう》』の編纂に携わった。

戦乱で名を馳せた武将

道臣命《みちのおみのみこと》

神武東征の先鋒を務めた大伴氏の祖

❶?

祖神がニニギを護衛した天孫降臨神話の再現

大伴《おおとも》氏の祖。『新撰姓氏録《しんせんしょうじろく》』によれば高魂命《たかみむすびのみこと》の9世孫。

神武《じんむ》東征の途次、熊野の山中で天照大神《あまてらすおおみかみ》が天から頭八咫《やた》烏《からす》を神武天皇一行のもとに遣わすと、日臣命《ひのおみのみこと》は大来目《おおくめ》（久米氏の祖）を率いて頭八咫烏の行方を追い、一行は菟田《うだ》（奈良県宇陀市）に進むことができた。神武天皇はこの先導の功績を賞して日臣命に道臣命の名を賜った。その後、神武天皇の命令で土豪の兄猾《えうかし》・弟猾《おとうかし》と戦って兄猾を殺し、神武天皇が川辺で高皇産霊尊《たかみむすひのみこと》の顕斎《うつしいわい》の祭祀（36ページ）を行った際には、斎主を務めた。その後も、大来目を率いて神武天皇の手足となって賊を討ち、東征の勇将・参謀として活躍している。

無事東征を果たし論功行賞が行われると、神武天皇は道臣命に対して築坂邑《つきさかのむら》（奈良県橿原市鳥屋町付近）に宅地を与えて、その功に報いている。

このような神武東征での道臣命と大来目の活躍は、天孫降臨神話で両者の祖神が瓊瓊杵尊《ににぎのみこと》の護

大伴氏略系図

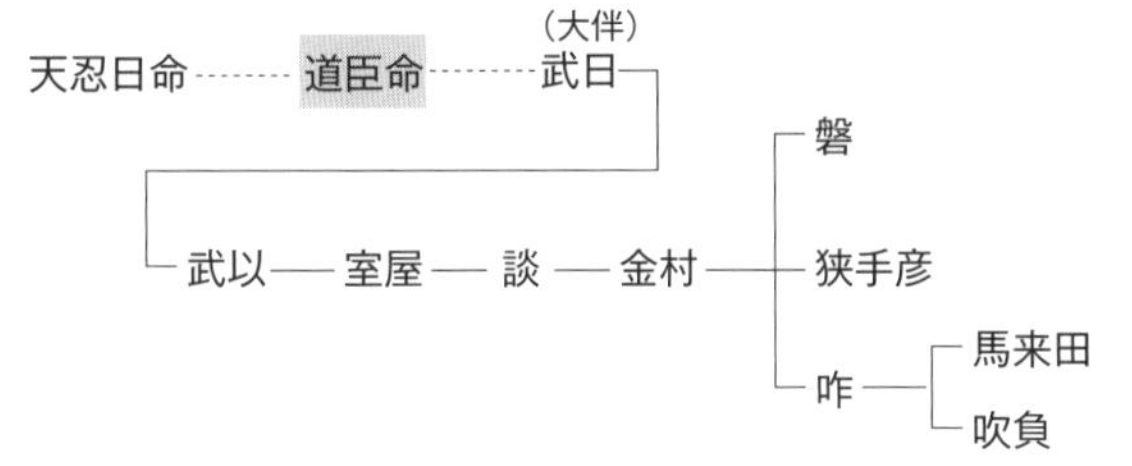

衛にあたったことを再現したものであるともいわれている。書紀の神代巻によると、瓊瓊杵尊が天界から高千穂《たかちほ》に降臨するとき、大伴氏の遠祖である天忍日命《あまのおしひのみこと》は久米氏の遠祖 天槵津大来目《あまのくしつおおくめ》を率いて、弓矢を持ち、剣を帯びて、天孫の先払いを行ったという。また古事記では、天忍日命と天津久米命《あまつくめのみこと》の2人が武装して天孫を先導したという（書紀では天忍日命・道臣命が大来目を率いるというかたちになっているが、古事記では両者が対等の関係になっていて、若干の相違がみられる）。

　これらの伝承は、宮門《きゅうもん》の警固を担当した軍事氏族大伴氏の起源説話にもなっている。

　継体《けいたい》朝の磐井《いわい》の乱で天皇に討伐を命じられた物部麁鹿火《もののべのあらかひ》は「私たちは昔から道臣命より室屋《むろや》（大伴金村《おおとものかなむら》の祖父）に至るまで、天皇を助けて戦い、民を苦しみから救ってきました」と述べている（継体天皇21年〔527〕8月条）。名門軍事氏族大伴氏の祖道臣命の伝説は、中央豪族のあいだではよく知られていたのである。

戦乱で名を馳せた武将

四道将軍《しどうしょうぐん》

❶?

王権の支配地拡大を担った4人の皇族将軍

北陸・東海・中国地方を平定したとされるが、伝説色が濃い

崇神《すじん》天皇10年7月、大和の地だけでなく僻遠の国々も王化することを望んだ崇神天皇は、群卿から人を選んで四方に派遣することを決めた。

そして9月、大彦命《おおびこのみこと》を北陸に、武渟川別《たけぬなかわわけ》を東海に、吉備津彦《きびつひこ》を西道（山陽道）に、丹波道主命《たにはのみちぬしのみこと》を丹波（山陰道）に遣わすこととし、「もし教化に従わない者がいれば、兵を起こして討伐せよ」と命じて、それぞれに印綬《いんじゅ》を授けて将軍に任命した。彼らは10月に揃って出発し、同11年4月には帰京し、平定の状況を奏上したという。

この4人の将軍はしばしば四道将軍と総称される。

北陸に派遣された大彦命は孝元《こうげん》天皇の皇子で、母は鬱色謎命《うつしこめのみこと》。開化《かいか》天皇の同母兄にあたり、阿《あ》倍《へ》氏・筑紫国造《つくしのくにのみやつこ》ら7族の始祖だという。古事記では大毘古命と書かれる。

東海に派遣された武渟川別は、古事記では建沼河別命と書かれ、大毘古命（大彦命）の子だと

いう。

西道に派遣された吉備津彦は、孝霊《こうれい》天皇の皇子で吉備津彦命《きびつひこのみこと》という別名をもつ彦五十狭芹彦命《ひこいさせりびこのみこと》と同一人物と考えられる。古事記では大吉備津日子命と書かれ、吉備氏の祖とされる。書紀では崇神天皇60年に武渟川別とともに出雲《いずも》に派遣され、朝廷に歯向かった出雲振根《いずものふるね》を誅殺《ちゅうさつ》している。

丹波に派遣された丹波道主命は丹波道主王《きみ》とも書かれ、開化《かいか》天皇の孫彦坐王《ひこいますのみこ》の子で、一説に彦湯産隅王《ひこゆむすみのみこ》（開化天皇の皇子）の子だという。垂仁《すいにん》天皇の皇后日葉酢媛命《ひばすひめのみこと》の父にあたり、日葉酢媛命を母とするのが景行《けいこう》天皇である。古事記では日子坐王と書かれる。

書紀全体では、初代神武天皇によって大和の支配が確立し、第10代崇神天皇の時代に支配権が皇族将軍の活躍によって本州全般に及んだ、という展開になる。ところが、古事記をみると、崇神朝で派遣されたのは、大彦命（北陸）、武渟川別（東海）、丹波道主命（丹波）の3人になっていて、西道への吉備津彦の派遣はそれより3代も前の孝霊天皇の時代になっており、しかも弟の若建吉備津日子命《わかたけきびつひこのみこと》も同行したことになっている。

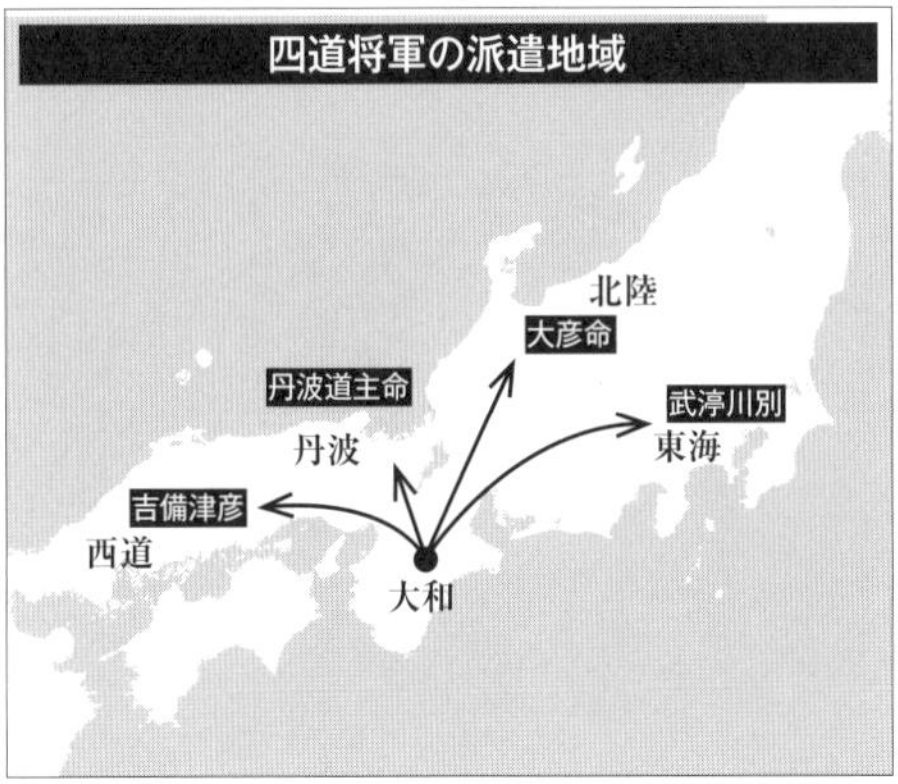

四道将軍の派遣地域

このような記紀の所伝の違いからすれば、おそらく古事記の所伝のほうが古くて原形に近く、それを「ヤマト王権が崇神朝に版図を一気に拡大する」という展開に整えたのが、書紀に採録された四道将軍伝説なのだろう。

また、記紀ともに四道へ派遣された将軍の戦闘についてはほとんど具体的な記述をせず、対照的に、派遣直前（あるいは直後）に生じた武埴安彦《たけはにやすびこ》の反乱と大彦命の活躍について詳細な叙述がなされていることは（212ページ）、四道将軍派遣の史実性を疑わせている。

ローカルな征討伝承を合成したものか

もっとも、仮に四道将軍伝説が史実ではないからといって、各将軍の実在までもが否定されるわけではない。

埼玉県行田《ぎょうだ》市の稲荷山《いなりやま》古墳から出土した鉄剣（5世紀後半～6世紀前半）の銘文には「獲加《わか》多支鹵大王《たけるのおおきみ》（雄略《ゆうりゃく》天皇）」に仕えた「乎獲居臣《おわけのおみ》」へ至る8代に及ぶ系譜が刻まれていたが、その始祖の名は「意富比垝《おおひこ》」だった。このオオヒコは、有力な首長を意味する普通名詞と解する説もあるが、大彦命のことを指しているとみるのが通説となっている。始祖の系譜に名前があったからといってその人物の実在がただちに確証されるわけではないが、記紀の編纂から約２００年前の西暦５００年前後には、伝承の中とはいえ、大彦命がすでに姿をあらわしていたのだ。

　ここで注目されるのは、鉄剣銘では始祖が大彦命となっていて、彼の父である孝元天皇（オオヤマトネコヒコ）の名が刻されていない点である。歴史学者の直木孝次郎も指摘しているが、もし、鉄剣が製作された当時、大彦命が皇子であることが知られていたならば、当然銘文の系譜は天皇からはじまっていたはずだ。だが、そうなっていないということは、大彦命は本来は天皇の系譜とはつながっていない独立した伝説的英雄だったが、のちの時代になって（鉄剣が作られた時代よりもあとになって）、「欠史八代《けっしはちだい》」と呼ばれる実在性の薄い天皇のひとりである孝元天皇の皇子に位置づけられるようになり、それにもとづいて記紀の所伝も形成された、ということを示しているのではないだろうか。

吉備津彦を祀る吉備津神社（岡山市北区）

　おそらく、同じようなことは大彦命以外の将軍についてもいえるはずである。はじめはローカルな征討伝承が語られていたが、その伝承の英雄がやがて天皇の系譜に接続され、「皇族将軍が遠征して王権を拡大させた」という四道将軍伝承が形成されていったのだろう。そしてその伝承は、景行天皇の時代のヤマトタケル（景行天皇の皇子）の西征・東征伝説の伏線にもなっているのだ。

戦乱で名を
馳せた武将

大伴金村《おおとものかなむら》

6世紀の王権を支えた軍事の主導者

❶5世紀末～6世紀前半

外交政策でミスをし、晩年は失脚する

軍事氏族大伴《おおとも》氏の有力者で、雄略《ゆうりゃく》天皇から武烈《ぶれつ》天皇まで5代にわたって大連《おおむらじ》を務めた室屋《むろや》の孫。金村は武烈・継体《けいたい》・安閑《あんかん》・宣化《せんか》天皇の4朝に大連として仕えたが、その年代は5世紀末～6世紀前半になる。金村はこの時期の内政・外交の両面で大きな働きをみせているが、まず内政面をみると、時の皇太子（のちの武烈天皇）の命で専横的な大臣《おおおみ》平群《へぐりの》真鳥《まとり》と鮪《しび》の父子を討って武烈即位を実現させ、武烈天皇没後に皇統断絶の危機が迫ると、北陸から応神天皇の5世孫だという継体天皇を迎えて擁立した。継体天皇21年（527）に九州で磐井《いわい》の乱が起きると、継体天皇は金村と物部《もののべの》麁鹿火《あらかひ》・許勢《こせの》男人《おひと》らに「誰を征討の将軍にすればよいか」と尋ねたが、このとき金村は麁鹿火を推挙した。これを受けて麁鹿火は大将軍に任じられ、激しく抵抗する磐井を討った。

外交面をみると、継体の時代には朝鮮半島南部には任那《みまな》（加羅《から》諸国）・百済《くだら》・新羅《しらぎ》があったが、同6年、領土拡大をはかる百済が使者を日本に派遣し、日本の影響下にあった任那のなかの4県

の割譲を要求してきた。「４県は日本から遠いので、近接する百済と合わせたほうが４県を保つうえで賢明」というのが表向きの理由だった。百済との連携を考えていた金村はこれに賛同し、４県は百済に割譲されることになった。しかし朝廷内には反対意見もあったため、「金村は百済から賄賂を受けた」という噂が流れるようになった。しかも割譲によって任那は急速に衰えて弱体化することになり、任那を狙う新羅と通じた九州の有力豪族磐井が乱を起こす要因にもなった。

大伴金村を祀る金村神社（奈良県葛城市）

宣化朝では、金村は息子の磐《いわ》と狭手彦《さでひこ》を朝鮮半島に送り込んで、新羅の侵略を受ける任那を救援させたが、それでも新羅の攻勢を止めることはできなかった。そして欽明《きんめい》天皇元年（５４０）９月には、大連《おおむらじ》の物部尾輿《もののべのおこし》らが「任那４県を百済に割譲したことで新羅は日本を恨んでいるので、新羅征討は容易ではありません」と欽明天皇に奏上し、金村の失策を訴えた。責任を追及された金村は失脚し、朝政を離れることになった。これによって軍事氏族大伴氏の凋落がはじまり、政治の実権は蘇我《そが》・物部の両氏が握ることになったのである。

戦乱で名を馳せた武将

阿倍比羅夫《あへのひらぶ》

幾度もの北方遠征を指揮した北陸の首長

❶7世紀後半

四道将軍の大彦命の末裔とされる

孝元《こうげん》天皇皇子の大彦命《おおびこのみこと》を祖とする阿倍氏の出身で、大化改新《たいかのかいしん》（646年）の時期には阿倍《あへの》倉梯麻呂《くらはしまろ》が左大臣の地位にあって阿倍氏のリーダー的存在になっていたが、麻呂が大化5年（649）に亡くなると、傍系の比羅夫がその地位に代わったとみられる。

書紀によれば、斉明《さいめい》天皇4年（658）から同6年にかけて、越国守《こしのくにのかみ》（北陸の首長）に任じられていた比羅夫は毎年180〜200艘の大船団を率いて日本海を北上し、蝦夷《えみし》・粛慎《みしはせ》（アイヌ、あるいは大陸から渡来した民族）の征討を行っている。

最初の同4年4月の遠征では、鰐田《あぎた》（秋田）と渟代《ぬしろ》（能代《のしろ》）の蝦夷を従わせ、さらに渡島《わたりのしま》（津軽半島、あるいは北海道）の蝦夷を集めて饗応したという。7月には蝦夷200人余が朝廷に参上して物を献上しているが、彼らは比羅夫に伴われて都に上ったのだろう。また、この年、比羅夫は粛慎を討伐し、天皇にクマ2頭・クマの皮70枚を献上したという。同5年3月の遠征でも蝦

阿倍比邏夫の遠征一覧

斉明天皇４年（658）	４月、船軍 180 艘を率いて北上し、秋田・能代の蝦夷を降伏させる。また、この年に粛慎（北方系民族）を討つ。
斉明天皇５年（659）	３月、船軍 180 艘を率いて蝦夷国あるいは粛慎を討伐する。
斉明天皇６年（660）	３月、船軍 200 艘を率いて粛慎国を討伐する。
斉明天皇７年（661）	８月、百済救援の後軍の将軍となり、翌年、百済へ。
天智天皇２年（663）	３月、新羅征討の後軍の将軍となる。

夷あるいは粛慎を討伐し、後方羊蹄《しりへし》（岩木川河口付近、あるいは北海道のどこか）を政所とした。３度目の同6年3月の遠征では、粛慎と渡島で交戦し、粛慎は敗れて自分たちの妻子を殺したという。5月、帰京した比邏夫は蝦夷50人余を天皇に献じている。

比邏夫の北方遠征は必ずしも蝦夷・粛慎の討伐が目的ではなく、交易も重要な目的だったのではないかという指摘もある（工藤雅樹『蝦夷の古代史』）。また、これらの北方遠征の書紀の記事には混乱が感じられ、同じ遠征を重複して記述したものでは、という説もあるが、この時期に比邏夫が蝦夷を征して秋田・津軽周辺地域が大和朝廷の支配下に組み込まれたのは事実なのだろう。

天智《てんじ》天皇元年（662）5月には将軍として百済《くだら》救援に向かい、翌年3月には大軍を率いて新羅《しらぎ》征討に赴いた。8月には唐《とう》軍との白《はく》村江《すきのえ》の戦いに臨んだと思われるが、日本軍は敗れている。

阿倍氏の祖である大彦命の将軍伝説が記紀に収められたのは、このような7世紀の将軍比邏夫の活躍によって阿倍氏の評価が高まったことも関係しているのかもしれない。

戦乱で名を馳せた武将

高市皇子《たけちのみこ》

壬申の乱を指揮した天武天皇の第1皇子

❶654(655)～696　❷天武天皇の皇子

不運に泣いたポスト天武天皇の有力候補

天武《てんむ》天皇の第1皇子で、母は胸形徳善《むなかたのとくぜん》の娘尼子娘《あまこのいらつめ》。

天武天皇元年（672）6月、壬申《じんしん》の乱が起こったとき、当初は近江《おうみ》にいたが、父大海人皇子《おおあまのみこ》（天武天皇）に呼び出され、25日、伊賀《いが》（三重県西部）で一行と合流。26日に不破《ふわ》（岐阜県不破郡）へ行って道を塞ぐ指揮をとり、27日はそこで一行を迎えた。そのとき父が「近江朝廷には左右大臣と知略にたけた群臣が協議しているが、私には相談できる者がおらず、幼少の子どもがいるばかりだ」と嘆くと、高市皇子は腕まくりして剣を握りしめ、「近江の群臣がいかに大勢いても、天皇（大海人皇子のこと）の霊力に逆らえましょうか。仮に天皇おひとりでも、私が神々の加護のもと、天皇の命令にもとづいて諸将を率いて討伐します」と言った。これを聞いた大海人皇子は高市皇子をほめて励まし、全軍の統帥を皇子に委ねた。そして戦いは大海人皇子側の勝利に終わり、8月には高市皇子は大海人皇子の命令で近江側の群臣の処罰を行っている。

天武朝では、天武天皇の皇子としては最も年長で、壬申の乱の功績もあったが、母親の身分が低かったせいか、皇太子の草壁皇子《くさかべのみこ》、大津皇子《おおつのみこ》につぐ第3の地位に留まった。しかし、朱《しゅ》鳥《ちょう》元年（686）に天武天皇が没すると、謀反を企てたとして大津皇子が死に追いやられ、さらに持統《じとう》天皇3年（689）に草壁皇子が若くして病没。すると翌4年7月、太政大臣《だいじょうだいじん》に任じられ、10月には公卿《くぎょう》や諸役人を率いて藤原宮《ふじわらのみや》の建造地を視察している。同6年には封戸《ふこ》が合計5000戸となり、翌7年正月にはかつての草壁皇子とならぶ浄広壱《じょうこういち》の位階（諸皇子中で筆頭格の位）を授けられた。だが、同10年7月、42もしくは43歳で亡くなっている。翌年、持統天皇は草壁皇子の子の文武《もんむ》天皇に譲位した。

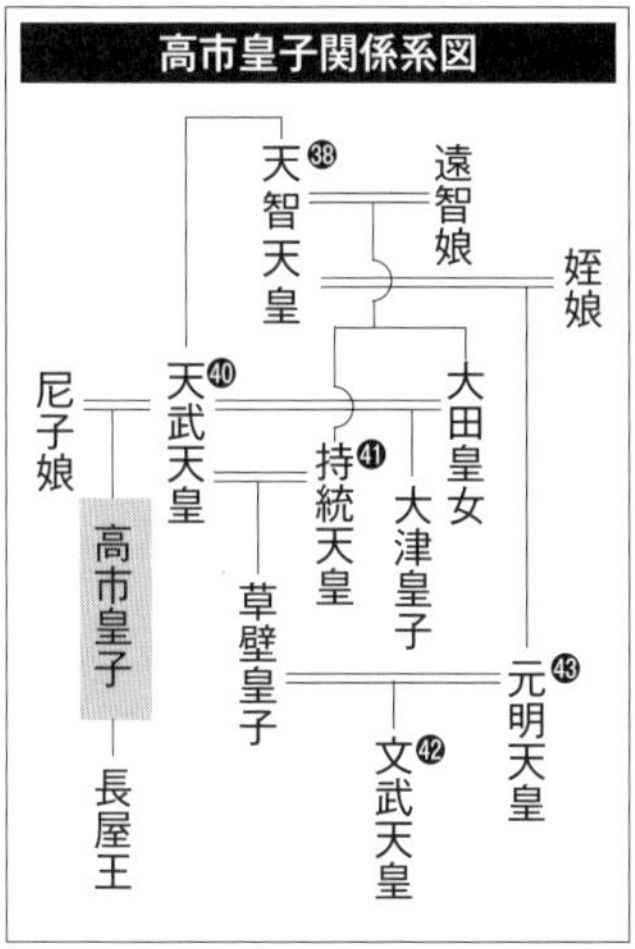

『懐風藻《かいふうそう》』（751年成立）によると、高市皇子没後、空席のままだった皇太子を誰にするかをめぐり朝議が紛糾したが、葛野王《かどののおう》（大友皇子《おおとものみこ》の子）が「兄弟相承は揉め事の原因。子孫相承こそが正当」と意見して弓削皇子《ゆげのみこ》(天武の第6皇子)の発言を抑えた。これによって文武天皇が擁立される流れになったという。もし高市皇子が長生きしても、皇位が彼にまわってきたかどうかは微妙なところだろう。

物部大前宿禰《もののべのおおまえのすくね》

❶5世紀？

◎履中天皇の窮地を救った

仁徳《にんとく》天皇没後、皇位継承争いが生じて、住吉《すみのえの》仲皇子《なかつみこ》が皇太子の去来穂別皇子《いざほわけのみこ》（のちの履中《りちゅう》天皇）を殺そうとして難波《なにわ》の彼の宮を囲んだとき、物部大前宿禰は、平群木菟宿禰《へぐりのつくのすくね》・阿知使主《あちのおみ》とともに去来穂別皇子に急を告げ、皇子を馬に乗せて大和《やまと》に難を逃れさせた。その後、去来穂別皇子は、朝廷の武器庫でもあった物部氏が管理する石上《いそのかみ》神宮（奈良県天理市布留町）に避難している。

履中《りちゅう》の2代後の允恭《いんぎょう》天皇の没後に起こった皇太子木梨軽皇子《きなしのかるのみこ》と穴穂皇子《あなほのみこ》（のちの安康《あんこう》天皇）との皇位継承争いでは、木梨軽皇子をかくまったが、このときは皇子を救うことができず、木梨軽皇子は大前宿禰の家で自害している。ただし古事記では、大前小前宿禰という人物が自分の家に逃げ込んだ木梨軽皇子を捕らえて穴穂皇子に差し出し、木梨軽皇子は伊予《いよ》に流されたことになっていて、伝承に混乱がみられる。

近江毛野《おうみのけな》

❶？～530

◎任那復興のために朝鮮半島へ遠征

継体《けいたい》天皇21年（527）6月、近江の豪族であった毛野は、新羅《しらぎ》に奪われた南加羅《から》・喙己呑《とくことん》（朝鮮半島南部）を復興しようと、6万の兵を率いて任那《みまな》へ渡ろうとしたが、新羅と結んだ筑紫国造《つくしのくにのみやつこ》磐井《いわい》に阻まれて果たせなかった。磐井の乱が収まると、同23年3月に朝鮮半島へ勅使として遣わされ、任那と新羅・百済の和解を画策するが、結局、失敗。この間に毛野は住民に対して誓湯《くかたち》（熱湯の中に手を入れさせて正邪を判断する占い）をしきりに行って多くの人を死に至らしめるなどして任那人を苦しめたため反発を招く。任那の使者からそのことを聞いた継体天皇は毛野を召還するが、毛野は応じず、やがて任那王の要請を受けた百済・新羅の攻撃を受けることになった。同24年10月、毛野はついに継体天皇の召還を受けて対馬《つしま》に帰着したが、その地で病死し、近江《おうみ》に葬送された。

物部麁鹿火《もののべのあらかひ》

❶?～536

◎征討将軍として磐井の乱を鎮める

武烈《ぶれつ》朝に大連《おおむらじ》になり、武烈天皇没後の皇統断絶の危機に大伴金村《おおとものかなむら》らとともに継体《けいたい》天皇の擁立をはかり、その功により大連に再任された。

継体天皇6年（512）の任那《みまな》4県割譲事件（252ページ）では宣勅使に任じられたが、妻の諫言で病気と詐称してこの任を辞退している。

同21年の磐井《いわい》の乱では金村の推挙によって征討将軍に任じられ、継体天皇から斧と鉞《まさかり》を授けられ、筑紫《つくし》以西の統御を任された。翌年、筑紫の御井《みい》郡（福岡県久留米市）で磐井を斬り、乱を鎮めた。安閑《あんかん》・宣化《せんか》朝でも大連に任じられたが、宣化天皇元年（536）に没。

麁鹿火の活躍によって物部氏は中央政権内での地位を確立したが、彼の没後に登場し、蘇我《そが》氏に対抗して物部氏をさらに興隆させた尾輿《おこし》・守屋《もりや》父子は、『先代旧事本紀《せんだいくじほんぎ》』にもとづけば、麁鹿火とは同族ではあるものの、直系のつながりはない。

大伴狭手彦《おおとものさでひこ》 ❶6世紀

◎万葉集に詠まれた出兵時の悲話

大伴金村《かなむら》の子。宣化《せんか》天皇2年(537)10月、新羅《しらぎ》が任那《みまな》を侵略したので、宣化天皇は金村に命じて、彼の子の磐《いわ》と狭手彦を朝鮮半島に遣わして任那を救援させた。狭手彦は半島に渡って任那を鎮め、百済《くだら》を救ったという。また、欽明《きんめい》天皇23年(562)8月には数万の兵を率いて高句麗を破り、宮殿に入って種々の財宝や美女を奪い、欽明天皇と蘇我稲目《そがのいなめ》に献じたという。

書紀は触れていないが、狭手彦については妻との別離の悲話が知られている。

『肥前国風土記《ひぜんのくにふどき》』によれば、宣化朝で、任那に派遣されることになった狭手彦は、肥前国《ひぜん》松浦郡《まつら》(佐賀県・長崎県の北部)までやって来ると、絶世の美女だった弟日姫子《おとひめこ》に妻問いして結婚した。狭手彦がいよいよ船出して任那に渡ろうとしたとき、弟日姫子は山に登り、褶《ひれ》(古代の女性が肩にかけた薄い布)を振りながら別れを惜しんだという。

『万葉集《まんようしゅう》』にはこの伝説をモチーフにして詠まれた和歌が収められているが(巻5・868以下)、ここでは弟日姫子は松浦佐用比売《さよひめ》という名で呼ばれている。

大伴吹負《おおとものふけい》 ❶?〜683

◎大和を平定した壬申の乱勝利の功労者

大伴金村《かなむら》の孫。壬申《じんしん》の乱(672年)の直前は近江《おうみ》朝廷にいたが、大海人皇子《おおあまのみこ》(天武《てんむ》天皇)の即位を期待して、兄の馬来田《まくた》とともに病気と称して大和《やまと》の家に退いた。大海人皇子が挙兵すると馬来田は東国に赴いて従軍したが、吹負はとどまって近江側の飛鳥寺《あすかでら》の軍営を急襲し、飛鳥古京を占拠して、その報を受けて感激した大海人皇子に将軍に任じられた。

そして諸豪族を配下に加えて軍勢を整え、乃《な》楽山《らやま》（奈良市北郊の丘陵地帯）で近江方の将大野果安《おおののはたやす》と戦ったが、敗走。しかし援軍を得ると陣容を立て直し、反撃して大和の地を平定した。その後、難波《なにわ》に向かい、西の諸国の国司たちに官鑰《かぎ》（諸国の倉や兵庫の鍵）・駅鈴《すず》（駅馬・伝馬を出させるのに必要な鈴。許可証にあたる）・伝印（伝馬の徴発に必要な印）を進上させた。天武天皇12年（683）に亡くなるが、壬申の乱での功を賞されて、大錦中《だいきんちゅう》の位（天智《てんじ》朝制定の冠位二十六階制で上から8番目）が追贈されている。

大伴氏の祖・道臣命を祀る伴林氏神社（大阪府藤井寺市）

『日本書紀』はどう読まれてきたか

――大古典に取り組んだ碩学たち

書紀研究の金字塔、『釈日本紀』

国家の正史として編まれた『日本書紀』は、古典としては珍しく、朝廷内で早くから講読や研究が行われた。それは、宮中で書紀の語句の訓読の仕方や語義について学者が講義する「講書《こうしょ》」というかたちをとった。書紀の講書は、書紀完成の翌年である養老《ようろう》5年（721）には早くも行われ、平安時代には弘仁《こうにん》3年（812）から康保《こうほう》2年（965）まで、ほぼ30年間隔で6回の講書が行われている。

講書ののちには「日本紀竟宴《にほんぎきょうえん》」が開かれて、和歌が詠まれた。

また、講書の成果は『日本紀私記』として記録されたが、こうした『私記』を集大成したのが鎌倉時代の卜部兼方《うらべのかねかた》（生没年不詳）によって編まれた『釈日本紀《しゃくにほんぎ》』である。卜部氏は元来は亀卜《きぼく》を司る家柄で、神祇官《じんぎかん》（神祇行政を司った役所）の下級官僚だったが、しだいに地位を高め、古典伝承を家学とするようになった。

『釈日本紀』は『私記』のほかに兼方の父兼文《かねふみ》が前関白《かんぱく》らに行った講義内容ももとにし

ているが、『風土記《ふどき》』などの散逸《さんいつ》した古典の逸文《いつぶん》が多く引用されている点でも貴重な書物となっている。

中世にも書紀研究は行われたが、神代巻を中心とした神仏習合論的な解釈が主流となった。

江戸時代に入ると書紀全巻の刊本が出版されるようになり、それにあわせて優れた注釈書が登場するようになった。代表的なのは『日本書紀通証《つうしょう》』（全35巻／1762年刊）で、伊勢の国学者谷川士清《たにかわことすが》（1709〜76年）によって編まれ、漢語の分析と出典の解明において多くの成果をあげた。尾張《おわり》藩士で国学者でもあった河村秀根《かわむらひでね》（1723〜92年）を中心として編まれた『書紀集解《しゅうげ》』（全30巻／1804年刊）も高い評価のある書紀全巻の注釈書で、出典のより精細な解明が行われている。

明治期にも書紀全巻の注釈書として『日本書紀通釈』（全70巻／1892年刊）が出版されている。平田篤胤《ひらたあつたね》没後の門人で国学者の飯田武郷《いいだたけさと》（1827〜1900年）によって編まれたもので、近世の注釈書からの引用が多いが、活字本として広く普及することになった。

近代の書紀研究で画期をつくったのは歴史学者の津田左右吉《つだそうきち》（1873〜1961年）で、『神代史の研究』『古事記及日本書紀の研究』（1924年）などのなかで記紀の文献批判を行い、神話の政治的創作性、初期天皇の記述の非史料性を論証し、大きな反響を呼んだ。

第2部

『日本書紀』を彩る古代人物群像

第6章

東アジアと日本を結んだ王侯と賢者

日本は古来、朝鮮半島や中国大陸と一衣帯水の関係をもってきた。
意外に思う人もいるかもしれないが、
『日本書紀』は、歴代朝廷と東アジア諸国との交流、
あるいは諸国の政情に関する記事を豊富に収録している。
そして、大陸・半島からやって来て日本に住み着いた、いわゆる渡来人が、
日本の政治や文化の発展に大きな影響を与えたことも明記している。
つまり、『日本書紀』は、たんに日本の正史であるだけでなく、
東アジア全体を視野に入れたグローバルな史書でもあるのだ。

大唐使人《もろこしのつかひ》裴世清《はいせいせい》・下客《しもべ》十二人、
妹子《いもこ》臣《おみ》に従ひて筑紫《つくし》に至る。
―『日本書紀』推古《すいこ》天皇16年4月条

古くから東アジアからの使節を迎える玄関口としてにぎわった博多湾。
遣隋使《けんずいし》・遣唐使《けんとうし》も往来した

古代東アジアとの交流

都怒我阿羅斯等《つぬがあらしと》

❶? 任那王子の来朝譚が示す日朝交流の黎明

さまざまな伝説を生んで謎を秘める朝鮮半島の貴人

垂仁《すいにん》天皇2年条の、崇神《すじん》朝に朝鮮半島南部の任那《みまな》の使者として来日した蘇那曷叱智《そなかしち》の帰国記事の後に、分注として次のような2つの興味深い所伝が記載されている。

「崇神朝に、意富加羅国《おおからのくに》（任那、加羅諸国）の王子都怒我阿羅斯等が日本に聖皇がいると聞いて海を渡り、越国《こしのくに》の笥飯浦《けひのうら》（福井県敦賀市）に上陸した。彼の額に角が生えていたのでその地は角鹿《つぬが》と名づけられた。彼は別名を于斯岐阿利叱知干岐《うしきありしちかんき》といい、崇神天皇没後は垂仁天皇に3年間仕え、帰国に際しては崇神の諱《いみな》『ミマキ』を国名にするよう詔《みことのり》があった。このとき赤絹を賜ったが、新羅《しらぎ》の人がこれを奪ってしまい、それがもとで両国は憎しみ合うようになった」

「都怒我阿羅斯等が母国にいたとき、飼っていた黄牛が殺されて食べられてしまった代償として村長たちから白い石を得た。白い石が美しい童女となったので、まぐわいをしようとしたら、童女は姿を消し、日本へ渡ったので、後を追った。童女は難波《なにわ》に来て比売語曾社《ひめごそのやしろ》の神となり、また豊国《とよくに》（大分県）の比売語曾社にも神として祀《まつ》られた」

　前者の所伝はこの後、日本が深い関わりをもつことになる任那の国名起源譚となっている。

　後者は、古事記の応神《おうじん》天皇段にみえる天之日矛《あめのひほこ》（268ページ）の話と非常によく似ている。また、この所伝を裏づけるように、難波の比売語曾社は大阪市東成区に比売許曾神社として今も鎮座し、大分県の姫島には比売語曾神を祀る比売語曾神社が鎮座している。こうしたことから、任那の王子と新羅の王子という相違はあるものの、都怒我阿羅斯等と天之日矛を同一人物と見、書紀の所伝を古事記の一異伝に位置づける見方もある（松前健『日本神話の謎』）。

新羅ゆかりの比売許曾神社（大阪市東成区）

　意富加羅国の王子だという都怒我阿羅斯等の名を古代朝鮮語で分析すると、ツヌガは新羅の最高官位「角干」、アラは小児または卵の意、シトは敬称だという。任那の使者蘇那曷叱智と都怒我阿羅斯等を同一人物とする説もある。都怒我阿羅斯等は日本と朝鮮半島の交渉の黎明期を象徴する人物で、また蘇那曷叱智に関する記事は、書紀においては、外交記事の初出にあたる。ヤマト王権初期に半島から貴人が来朝した歴史的事実がこうした伝承の核にあるのだろう。

古代東アジアとの交流

天日槍《あめのひほこ》

❶?

8種の神宝とともに来朝した新羅の王子

独特の祭祀伝統をもつ新羅系の伝承が核にあるのか

書紀は都怒我阿羅斯等《つぬがあらしと》の伝承を記す垂仁《すいにん》天皇2年条の次は3年3月条に移るが、そこに登場するのが、今度は任那《みまな》ではなく新羅《しらぎ》からやって来たという天日槍だ。

垂仁天皇3年3月、新羅の王子天日槍が来朝した。そのとき彼は、羽太《はふと》の玉、足高《あしたか》の玉、鵜鹿《うか》鹿《か》の赤石の玉、出石《いずし》の小刀《かたな》、出石の桙《ほこ》、日鏡《ひのかがみ》、熊の神籬《ひもろき》の合わせて7つの宝物を将来し、但馬国《たじまのくに》（兵庫県）に納めて神宝とした。これは天日槍と彼が将来した宝物を神として祀《まつ》る出石神社（兵庫県豊岡市出石町）の縁起譚になっている。書紀はさらに分注で次のような所伝を載せる。

「天日槍は新羅の国王の子で、日本に聖皇がいると聞いて帰属したいと願い、播磨国をへて宇治川をさかのぼって近江《おうみ》に向かい、さらに若狭《わかさ》をへて但馬に入り、そこに居を定めた」

またこの分注は、天日槍が将来した神宝が8つで、天日槍の子孫が垂仁天皇の忠臣田道間守《たじまもり》であることも記されている。同88年7月条には後日譚があり、天皇が但馬にある天日槍の神宝を所望したため、天日槍の曾孫清彦《きよひこ》が神宝を献上し、神府《みくら》（石上神宮《いそのかみ》）に納められたという。

古事記にも、応神《おうじん》天皇段に「今（応神朝）より昔のこと」として似た所伝があるが、神宝は8つとなっていて、また天日槍（古事記では天之日矛《あめのひほこ》）の来歴について詳述されている点も特徴で、「もとは赤い玉だった美貌の妻が日本に逃げたため、天之日矛はその後を追って新羅から日本に渡り、但馬に行きついた」となっていて、都怒我阿羅斯等の伝承と酷似している（266ページ）。

天日槍および将来した８種の神宝を祀る出石神社（兵庫県豊岡市）

7つ（8つ）の神宝については、船乗りたちが海神の祭祀に用いた呪具ではないかという指摘がある（森浩一『記紀の考古学』）。アメノヒホコとは太陽祭祀に用いた呪具としての矛（日＋矛）で、それが擬人化したものとする説もある（三品彰英『増補・日鮮神話伝説の研究』）。こうした所説を踏まえて記紀の伝承を読み込めば、独特の祭祀伝統を有する新羅系グループが但馬に住み着き、天皇が彼らの神宝に興味を抱いたという事実があり、それが下敷きとなってアメノヒホコ説話が形成されたと考えることもできよう。そしてそのグループは、日本の政治や文化の発展に大きく寄与した渡来人のさきがけとなったのだろう。

古代東アジアとの交流

聖明王《せいめいおう》

非業の死を遂げた、仏像を贈った百済王

❶?〜554

仏教を伝えた目的は、日本からの軍事的支援

朝鮮半島西南部の百済《くだら》の第26代王（在位523〜554年）で、武寧王《むねいおう》の子。中国の梁《りょう》とよく通交して文物の移入に務め、「持節都督《じせつととく》百済諸軍事綏東将軍《すいとう》百済王」に任じられた。また当時、朝鮮半島では諸国間が緊張関係にあったが、聖明王は新羅《しらぎ》に対抗し、新羅の侵略を受けていた任那《みまな》諸国を復興させるべく、日本ともよく通交し、その支援を得ようとした。その通交の結実が、日本への仏教公伝だ。

欽明《きんめい》天皇13年（552）10月条にみえる百済からの仏教伝来を「仏教公伝」と呼ぶのは、このとき、聖明王が怒唎斯致契《ぬりしちけい》という百済第2位の官職（達率《だちそち》）にある高官を日本に遣わし、次のような「表《ひょう》」（公式な手紙）を添えて仏像・仏具・経巻を欽明天皇に献上したからである。

「この仏法は諸々の法のなかで最も優れています。難解で、かの周公《しゅうこう》・孔子も知ることができないほどでしたが、仏法は無量無辺の福徳果報を生じ、無常の菩提《ぼだい》をなします。たとえば、人が

如意宝珠《にょいほうじゅ》を抱くと何でも思いどおりになるように、この妙法の宝を手にすれば、祈願は思いどおりに達し、充足しないことなどありません。また、遠く天竺《てんじく》（インド）から三韓（百済・高句《こうく》麗《り》・新羅）に至るまで、この教えを信仰し、信仰しない国などありません。

百済の歴史

4世紀前半	百済建国。
371年	平壌城を陥落させて、高句麗を討つ。
475年	王都漢山城（京畿道広州）が高句麗に攻め落とされ、熊津（公州）に遷都。
6世紀初頭	武寧王が日本（大和朝廷）と国交を開く。
538年	聖明王が扶余に遷都。
552年	聖明王、日本の欽明天皇に仏像･経巻を贈る（日本書紀）。
554年	聖明王が新羅との戦いで戦死。
660年	唐・新羅の連合軍に攻撃され、百済滅亡。
663年	日本が百済復興を支援するも、白村江の戦いで日本軍が唐・新羅に敗れ、百済復興軍も降服。

それゆえ、百済王の臣・明（聖明王）は謹んで陪臣怒唎斯致契を遣わして帝に伝え、国中に流布していただけるようお願い申し上げます。これは仏が『我が法は東に伝わるだろう』と言われたことを果たすためなのです」

ただし書紀にみえるこの表文は703年に漢訳された仏典『金《こん》光明最勝王経《こうみょうさいしょうおうきょう》』の文言が用いられて構成されているため、仏典に通じた書紀編者による造作があるとみるのが通説になっている。また、実際の仏教公伝年は538年とするのが有力となっている（80ページ）。

いずれにしても聖明王が日本に仏教を伝えたのは、その見返りに日本の軍事的支援を得たいがためであった。ところが日本の援軍を得ても百済の状況は好転せず、554年、聖明王はみずから兵を率いて新羅に侵攻するも、伏兵に遭って首を斬られている。

古代東アジアとの交流

裴世清《はいせいせい》

遣隋使の返礼と国風視察のために来朝

❶6世紀後半〜7世紀前半

飛鳥王朝に歓迎された中国の名門貴族

中国の名族裴氏の出身で、隋《ずい》王朝の文林郎《ぶんりんろう》（秘書官の属官）・鴻臚寺掌客《こうろじしょうきゃく》（外国使節の接待係）の職を務めた。

６０７年、推古《すいこ》天皇が派遣した小野妹子《おののいもこ》らの遣隋使が長安に来たが、翌年、裴世清が返答使として日本に派遣されることになった。書紀によると、推古天皇16年（６０８）４月、部下12人、妹子らとともに筑紫《つくし》に到着し、６月、30艘の飾船《かざりぶね》の歓待を受けて難波津《なにわのつ》に入り、８月に飾馬75匹に迎えられて飛鳥《あすか》の都に入った。朝廷に召されると、隋からの進物を渡し、煬帝《ようだい》からの親書を推古天皇に提出した。その書の内容は、書紀によれば「私は天命を受け、天下に君臨し、徳を広めて人々に及ぼそうと思っている。美しい忠誠心をもつ倭皇《わこう》が遠くからはるばると朝貢してきたことがうれしい。裴世清らを遣わして往訪の意を述べ、進物を贈る」というようなものであったという。

中国側の史料『隋書』「倭国伝《わこくでん》」によると、このとき世清は「倭王」と会見し、「私は野蛮人で礼儀を知らない。どうか隋国の新しい教化の方法を聞かせてほしい」と聞かれると、こう答えたという。「皇帝（煬帝）の徳が明らかなことは日月と並び、その恩沢は四海に流れ込んでいる。倭国王は皇帝の教化を慕っているので、皇帝は使者をこの国に遣わし、ここに宣《の》べ諭《さと》させる」。

その後、饗応を受け、9月には帰国の途についたが、今度は妹子が送使として同行することになり、高向漢人玄理《たかむくのあやひとげんり》、南淵漢人請安《みなぶちのあやひとしょうあん》、僧旻《そうみん》らも留学生・僧として伴われた。

世清の日本派遣については、妹子が隋に提出した国書が「日《ひ》出《い》ずる処の天子、書を日没する処の天子に致す。恙《つつが》無きや」という無礼な内容だったので煬帝が不審に思い、その国風を視察するためだったのではないかという説がある。もっとも、『隋書』では世清は「倭王（天皇？）」と会見しているが、書紀にはそれにあたる記述がないため、世清が会見した相手は外交を掌握していた厩戸皇子《うまやとのみこ》（聖徳太子）、あるいは蘇我馬子《そがのうまこ》だったのでは、といった見方もある。

聞海西菩薩天子重興佛法故遣朝拜兼沙門數十人
來學佛法其國書曰日出處天子致書日沒處天子無
恙云云帝覽之不悅謂鴻臚卿曰蠻夷書有無禮者勿
復以聞明年上遣文林郎裴清使於倭國度百濟行至
竹島南望聃羅國經都斯麻國迥在大海中又東至一
支國又至竹斯國又東至秦王國其人同於華夏以爲
夷洲疑不能明也又經十餘國達於海岸自竹斯國以
東皆附庸於倭倭王遣小德阿輩臺從數百人設儀仗
鳴鼓角來迎後十日又遣大禮哥多毗從二百餘騎郊
勞既至彼都其王與清相見大悅曰我聞海西有大隋

萬曆二十六年刊　隋書卷八十一　列傳

『隋書』「倭国伝」にみえる裴世清の記事

世清は、書紀上では、中国王朝が日本に派遣した最初の公式使節である。

古代東アジアとの交流

豊璋《ほうしょう》

❶7世紀

白村江の戦いの原因となった百済の王子

百済遺民の希望となるも白村江の戦いで日本側とともに大敗

父は百済《くだら》第31代王の義慈《ぎじ》王（在位641～660年）。豊章、余豊《よほう》などともいう。舒明《じょめい》天皇3年（631）3月、父王の意向で百済から人質として日本に送られた。おそらく弟の善光《ぜんこう》（禅広）も一緒だったと思われる。日本との協力関係の強化を望む百済が、その意志の証しとして送り込んだのだった（来朝年については異説もある）。

斉明《さいめい》天皇6年（660）7月、百済は新羅《しらぎ》・唐《とう》の連合軍によって滅ぼされた。このとき、義慈王は太子らとともに唐に連行されてしまった。もはや百済の命脈は完全に絶たれたかにみえたが、雄将鬼室福信《きしつふくしん》を中心とする百済の遺民は一縷《いちる》の望みを託して日本に使者を送った。日本にいた王子豊璋を呼び戻し、彼を王に迎えて百済再興を遂げようとしたのだ。

日本の朝廷は百済側の要請に応じた。同7年9月、斉明天皇死去の直後だったが、百済救援のために九州にいた皇太子中大兄皇子《なかのおおえのみこ》（のちの天智《てんじ》天皇）は豊璋に織冠《しょっかん》を授け、5000人余もの軍兵を彼に与えて帰国させた。日本側も豊璋の活躍と百済の再興に期待を寄せたのだろう。百済に入った豊璋は福信らに出迎えられ、国政を委ねられることになった。翌天智天皇元年（662）5月には、日本からの支援のもとに百済王に即位し、母国復興をめざした。しかしやがて豊璋と福信が反目し、同2年6月、豊璋は福信を惨殺した。新羅・唐はこれを好機とみて攻略をはじめ、8月には錦江《クムガン》河口付近で唐の水軍と百済救援の日本軍が激突する白村江《はくすきのえ》の戦いが起こったが、日本側は大敗。陸上でも百済再興軍は新羅軍に打ち破られた。豊璋は高句麗《こうくり》に逃れ、やがて行方不明となった。

　この時点で、日本にはまだ豊璋の弟善光がいたが、彼が故国に旅立つことはなかった。こうして300年ほどの歴史をもって百済は完全に滅亡した。日本に残った善光は晩年、持統《じとう》天皇から「百済王《くだらのこにきし》」の氏称を与えられた。以後、百済王氏は王族級の優遇を受け、平安時代の桓武《かんむ》天皇は百済氏出身の複数の女性を後宮に迎えている。

百済王氏の祖霊を祀る百済王神社（大阪府枚方市）

弓月君《ゆづきのきみ》　❶4世紀?

◎始皇帝の末裔を名乗った任那人

代表的な渡来系氏族で、日本全国に分散してさまざまな産業に貢献した秦《はだ》氏の祖。応神《おうじん》天皇14年条によると、この年に弓月君が百済《くだら》から来てこう奏上した。「私は自国の人夫《たみ》１２０県分を率いて帰化しようとしました。ところが、新羅《しらぎ》人が妨げたので、人夫はみな加羅国《からのくに》に留まっています」。そこで応神天皇は葛城襲津彦《かずらきのそつひこ》を派遣し、弓月君の人夫を加羅から召そうとしたという。

「加羅」は日本の勢力下にあった任那《みまな》（加羅諸国）を指すのが通例だが、ここでは加羅諸国の有力国高霊《こうれい》加羅を指しているとみられる。

『新撰姓氏録《しんせんしょうじろく》』（８１５年成立）の太秦公宿禰《うずまさのきみのすくね》（左京諸蕃《しょばん》）の条によれば、弓月君は融通王《ゆうずうおう》とも称し、秦《しん》の始皇帝の末裔だという。ただし古事記では、応神朝に秦造《はだのみやつこ》の祖が渡来したと簡潔に記されるのみで、弓月君の名は見えない。秦氏が秦の始皇帝の裔《すえ》とするのは、同じ渡来系氏族で後漢の霊帝の末裔という東漢《やまとのあや》氏と対抗するために自称したもので、実際は新羅または加羅系の氏族とみられるという。

王仁《わに》　❶4世紀?

◎『論語』を伝え、文字の普及に努めた博士

応神《おうじん》天皇15年8月、百済《くだら》王が派遣し、太子菟《う》道稚郎子《じのわきいらつこ》の師となった阿直岐《あちき》に、応神天皇が「あなたより優れた学者はいないか」と尋ねると、阿直岐が「王仁がいます」と答えたので、翌年

2月に王仁が招かれて百済から来朝し、菟道稚郎子の師となって典籍を講じたという。古事記では和邇吉師《わにきし》と書かれ、『論語』と『千字文《せんじもん》』（中国の字書）を献じたという。朝廷の文筆に従事した西文《かわちのふみ》氏の祖とされ、一族は河内《かわち》の古市《ふるいち》（大阪府羽曳野市）に住み、文字の使用、普及に貢献した。ただし、『千字文』は6世紀の成立なので、古事記の記述には疑念ももたれている。

阿知使主《あちのおみ》　❶4世紀?

◎大陸系渡来氏族東漢氏の祖

秦氏とならぶ有力な渡来系氏族東《やまとの》（倭）漢《あや》氏の祖。応神《おうじん》天皇20年9月、子の都加使主《つかのおみ》とともに17県の党類を率いて来朝したという。記紀は阿知使主の出身地がどこであるか明記していないが、『続日本紀《しょくにほんぎ》』延暦《えんりゃく》4年（785）6月条によれば、阿智王（阿知使主）は後漢の霊帝の曾孫で、後漢が滅びた際に帯方郡《たいほう》（朝鮮半島中部西岸に置かれた中国の郡名）に移り、さらに7姓の漢人と多数の人民を連れて日本に渡来したのだという。

霊帝の子孫というのは誇称の可能性が高いが、大陸系の渡来人として朝廷に重用されたらしく、有力な豪族に成長した。

武寧王《むねいおう》　❶462〜523

◎友好関係をもった筑紫生まれの百済王

百済《くだら》の第25代王（在位501〜523年）。諱《いみな》は斯麻《しま》。聖明王《せいめいおう》の父。

雄略《ゆうりゃく》天皇5年4月・6月条によると、百済の加須利君《かすりのきし》（蓋鹵王《こうろおう》）の弟軍君《こにきし》が、加須利君の子を身ごもった女性を伴って日本に派遣された

武寧王陵（韓国公州市）

とき、その女性は筑紫《つくし》の各羅島《かからのしま》（佐賀県東松浦半島沖にある加唐島《かからしま》か）で子を産んだ。これにちなんで島君《せまきし》と名づけられたその子は、母とともに百済に送られた。これがのちの武寧王であるという。つまり彼の諱「斯麻」は日本の「島」で生まれたことにちなんだということになる。

武烈《ぶれつ》天皇4年、百済の末多王《またおう》が暴政を行ったため、廃されて武寧王が立てられた。武寧王は末多王の異母兄であるというが、異説もある。武寧王は国力の充実に努め、また日本に対しても継体《けいたい》天皇7年（513）に五経博士《ごきょうはかせ》を送るなどして友好的な関係をもった。1971年、韓国公州《コンジュ》の宋山里《ソンサンニ》古墳群で「斯麻王」と記した墓誌が発見され、武寧王の陵墓と確認された。

慧慈《えじ》 ❶?～622?

◎弟子の厩戸皇子に殉じた高句麗の僧

高句麗《こうくり》出身の僧侶で、推古《すいこ》天皇3年（595）5月に来朝し、厩戸皇子《うまやとのみこ》（聖徳太子）の師となった。百済《くだら》から来朝した慧聡《えそう》とともに日本に仏教を広め、「三宝の棟梁《とうりょう》」と称されたという。同4年11月には慧聡とともに法興寺《ほうこうじ》（飛鳥寺《あすかでら》）に住した。同23年11月、母国に帰った。

しかし同29年、高句麗で厩戸皇子の死を聞いて深く悲しみ、「来年の命日に自分も死んで浄土で太子に仕える」と予言し、翌年そのとおりに亡くなったという。

高表仁《こうひょうじん》

❶7世紀

◎歓待を受けた唐が遣わした最初の使節

唐《とう》から来日した最初の使節。舒明《じょめい》天皇４年（６３２）10月、初の遣唐使犬上御田鍬《いぬかみのみたすき》らの一行を送って難波津《なにわのつ》に来着した。盛大な歓待を受けたが、舒明天皇に謁見することなく、翌５年正月に帰国してしまった。『旧唐書《くとうじょ》』「倭国伝《わこくでん》」によれば、表仁は儀礼のいきちがいから倭国の王子といさかいを起こしたため、国書を読み上げることなく帰国してしまったのだという。

郭務悰《かくむそう》

❶7世紀後半

◎白村江の戦いの戦後処理で来朝した唐の官人

唐《とう》の官人。天智《てんじ》天皇３年（６６４）以来、白《はく》村江《すきのえ》の戦いの戦後処理交渉のためなどで度々来日した。同10年11月には総勢２０００人、船47隻で来日し、対馬《つしま》あるいは筑紫《つくし》に滞在した。このとき唐と新羅《しらぎ》は対立していたため、彼の目的は、新羅攻撃への支援の要請であったとも考えられる。人数からして、かなり威圧的なものだったのだろう。

だが、天武《てんむ》天皇元年（６７２）３月に郭務悰らは天智天皇の死を知らされ、５月には甲冑・弓矢、絁《あしぎぬ》・布・綿を与えられて帰国の途についた。その後まもなく日本では壬申《じんしん》の乱が発生している。

飛鳥に来たペルシア人
——孝徳・斉明朝に起きた異文化交流

謎の国「トカラ」はどこにあったのか？

まずは、次の3つの『日本書紀』の記事を紹介したい。

❶孝徳《こうとく》天皇の白雉《はくち》5年（654）4月条：吐火羅国《とからのくに》の男2人・女2人、舎衛《しゃえ》の女1人が、風に遭って日向《ひむか》に流れ着いた。

❷斉明《さいめい》天皇3年（657）7月条：3日、筑紫《つくし》に漂着していた覩貨邏国《とからのくに》の男2人・女4人が「私どもははじめは海見島《あまみのしま》（奄美島）に漂着していました」と言った。彼らはすぐに駅馬《えきば》によって都（大和《やまと》の飛鳥《あすか》）に召された。15日、須弥山《しゅみせん》の像を飛鳥寺の西に造り、また盂蘭盆会《うらぼんえ》を営み、夕べに覩貨邏人を饗応した。

❸斉明天皇5年（659）3月10日条：吐火羅人が妻の舎衛婦人とともに朝廷に伺候《しこう》した。

❷の「覩貨邏」は❶❸の「吐火羅」の別表記と考えられる。そこで、❶❷❸を総合すると、「トカラ国の人が2隊に分かれて出発したが、途中で別れ別れになり、一つは日向に漂着した。もう一つは遅れて筑紫に漂着したが、ほどなく都の飛鳥に迎え入れられた。その後、『舎衛』という女性を含む筑紫組も飛

鳥にやって来た」という流れが類推できる。

ここで問題となるのは「トカラ国」とはどこかである。これについては諸説があるが、唐《とう》にしばしば使節を送った、現在のタイにあった東南アジアの王国トヴァーラヴァティとする説が有力とされている。

これに対し、豊富な古代ペルシア語の知識を駆使して、トカラ国とはペルシア人の植民地があった中央アジアのトカーレスターンにほかならないと力説したのが、イラン学者の

飛鳥の須弥山石の像（レプリカ。奈良県明日香村）

伊藤義教《ぎきょう》だ（『ペルシア文化渡来考』）。

伊藤によれば、「舎衛」はペルシア語で「王」を意味するシャーフの音写で、「舎衛の女」とは王妃のことであるという。伊藤はこうした論証を積み重ねながら、7世紀の朝廷が饗応したトカラ人とは、中国経由でやって来た、ペルシア王族の血を引くゾロアスター教徒だったと結論づけている。

彼らはその後どうしたのだろうか。斉明天皇6年7月16日条によると「覩貨邏《とから》人《ひと》乾豆波《けんずは》斯達阿《しだちあ》」（伊藤によれば「トカーレスターンの住人で、クンドゥズ在のペルシア人ダーラーイ」）が再び仕えることを条件に母国へ帰ることを朝廷に願い出、妻を人質代わりに差し出して、西へ船出したという。乾豆波斯達阿のその後の消息は杳として知れない。

第2部

『日本書紀』を彩る古代人物群像

第7章

謎に包まれた神々と人物の伝説

『日本書紀』には無数の神、人物が登場する。
そのなかには、何度も繰り返し登場する人物もいれば、
たった一場面にしか登場しないものの、
異様な存在感を放つキャラクターもいる。
あるいは、『日本書紀』ではさして目立たないが、
後世の文献や史料では重要視されているものもいる。
最後の章では、ミステリアスだが、ユニークで魅力的でもある、
古代史の「トリックスター」たちをピックアップしてみたい。

天照大神《あまてらすおほみかみ》、天皇《すめらみこと》に訓《をし》へまつりて曰《のたま》はく、
「朕《われ》今し頭《や》八《た》咫烏《からす》を遣《つかは》さむ。
以《も》ちて郷導者《くにのみちびき》としたまへ」とのたまふ。
──『日本書紀』神武天皇即位前紀戊午《ぼご》年6月23日条

頭《や》八《た》咫烏《からす》ゆかりの熊野本宮《くまのほんぐう》大社の旧社地・大斎原《おおゆのはら》（和歌山県田辺市）。
頭八咫烏は熊野の山中で道に迷った神武《じんむ》天皇を導き、東征を助けたと伝えられている

人代に
現れた神々

饒速日命《にぎはやひのみこと》

❶?

「もうひとつの天孫降臨」をした物部氏の祖

『先代旧事本紀』に記された絢爛な降臨伝承

軍事・警備を司る氏族として天皇家に仕えた古代豪族の雄物部《もののべ》氏の祖神として知られる。

「神武《じんむ》天皇紀」によると、天《あま》つ神《かみ》の子孫である神武天皇が九州を発って東征をはじめたとき、すでに大和《やまと》の地は、饒速日命と、彼の義兄にあたる土豪《どごう》の長髄彦《ながすねびこ》によって支配されていた。大和に入った神武天皇に対し、饒速日命を奉じてこれに抵抗する長髄彦は、「饒速日命は天つ神の子であり、天磐船《あまのいわふね》に乗って天界から降臨した神だ。おまえは天つ神の子孫などではなく、偽物に違いない」と告げた。神武天皇は当初、長髄彦が奉じる神が天つ神の子であることに疑念を抱いたが、饒速日命が所持する神宝（天羽羽矢《あまのははや》と歩靫《かちゆき》）を長髄彦が提示すると、驚いた。その神宝はその所持者がたしかに天つ神の子であることを証するものであり、神武天皇自身も同じものを持っていたからだ。

長髄彦も、神武もまた天つ神の子であることを知って恐れ畏まったが、それでも彼は戦いを止めなかった。ところが、饒速日命はあっさり長髄彦を裏切って殺害し、部下たちを率いて神武天皇に帰順してしまった。神武天皇は饒速日命の忠心をほめ、寵愛した。この饒速日命が物部氏の遠祖となった。古事記にもこれと似たような伝承が記されている。

　饒速日命の降臨伝承は、平安時代初期に物部氏の人間によって編まれたとみられる『先代《せんだい》旧事《くじ》本紀《ほんぎ》』には、さらに詳しく、かつ絢爛に叙述されている。同書によれば、天界にあった饒速日命は、32人の武将、25部の物部（軍隊）など、あまたの従者に供奉《ぐぶ》されながら、死者をも蘇らせる呪力をもつ10種の神宝を携えつつ、天磐船に乗って天降り、河内国《かわちのくに》の河上の哮峰《いかるがのみね》に堂々と降臨し、さらに大和国の鳥見《とみ》の白山《しらやま》に遷ったという。

　また同書は、饒速日命は天照大神《あまてらすおおみかみ》の孫で、瓊瓊杵尊《ににぎのみこと》の兄にあたるとしているが、この所伝は、皇室との結びつきを強めるために、物部氏側が天照大神の系譜に自分たちの祖神を接続させようとして生じた可能性がある。

　天皇家の権威を示すために編まれた記紀にとって、「神武東征以前の大和に、神武とは別系の天つ神が降臨し、君臨していた」という説話はあまり触れたくないものであるはずだが、記紀は不思議なほど饒速日命を特別扱いする。この問題について、神話学者の松前健は、おそらく饒速日命の天降りは、畿内地方にあまりにも古くから知られていた神話で、これを無視することができなかったからだろうと指摘している（『日本神話の謎』）。

人代に現れた神々

大物主神《おおものぬしのかみ》

原始ヤマト王権と深く関わる大神神社の祭神

❶ ?

出雲とのつながりが濃い三輪山の神

奈良盆地東南部の三輪山《みわやま》の神で、同山をご神体とする大神《おおみわ》神社の祭神。崇神《すじん》天皇7年条によると、三輪山西麓に宮居した崇神天皇はしばしば災害に見舞われることに悩んだが、「もし我が子大田田根子《おおたたねこ》に私を祀《まつ》らせるならば、たちどころに天下は平穏になるだろう」という大物主神の神託を得た。そこで、大田田根子を探し出し、彼に大物主神を祀らせると、ようやく疫病が途絶え、国内は平穏となり、五穀豊穣となって人々は豊かになった（232ページ）。

大神神社の境内や三輪山の山中には巨岩が散在し、周囲からは勾玉《まがたま》、土器などの遺物が発見されている。巨岩を神霊が降臨する「磐座《いわくら》」とみなして原始神道的な祭祀が行われていたことを示していると考えられているが、これが大神神社のルーツなのだろう。出土した祭祀遺物のうち最古のものは4世紀後半まで年代をさかのぼるという。そして、三輪山西麓一帯には、纒向《まきむく》遺跡（3世紀前半）や箸墓《はしはか》古墳（3世紀なかば）などがあり、ヤマト王権の発祥地とも目されている。

こうしたことからすれば、当初はゆるい氏族連合的なものにすぎなかったヤマト王権が、地主《じぬし》神《がみ》である三輪山の神への祭祀を大王《おおきみ》（天皇）が管理することで基盤を固め、畿内各地の豪族をも支配下に置いて、徐々に原始的な国家を形成させていったプロセスを想定することができる。

また、書紀の「神代巻」によれば、大物主神は出雲《いずも》の大国主神《おおくにぬしのかみ》（大己貴神《おおなむちのかみ》）の幸魂《さきみたま》・奇魂《くしみたま》、すなわち大国主神の分身で、奈良の三輪山に住むことを望んだため、三輪山に宮が造営されたという。これもまた大神神社の縁起譚なのだろう。大和《やまと》を代表する神大物主神と、出雲を代表する神大国主神のこのような親和性に関しては、「出雲地方の氏族が大和に移住したことを示している」といった見方もあれば、逆に「大和には出雲族がもともと住み着いていたが、天皇系勢力によって山陰の出雲に駆逐された」という見方もある。大和には出雲系の神を祀る神社や出雲関連の地名が散見されるが、「出雲は狭義の出雲国に限定することがむずかしいほど、移動性あるいは拡散性に富んだ地名とみてよい」（森浩一『記紀の考古学』）という示唆に富む指摘もある。

大物主神と三輪山への信仰史にはヤマト王権成立をめぐるさまざまな謎を解く鍵が眠っている。

大物主神が鎮まる三輪山（奈良県桜井市）

人代に現れた神々

事代主神《ことしろぬしのかみ》

❶?

重要場面でたびたび登場する託宣神

神功皇后に憑依した謎の神

「神功《じんぐう》皇后摂政《せっしょう》前紀」によると、九州遠征中に夫の仲哀《ちゅうあい》天皇が急逝すると、同行していた神功皇后は中臣烏賊津使主《なかとみのいかつのおみ》を審神者《さにわ》（神託の神意を判断する人）として神憑《かみがか》りし、自らに依《よ》り憑《つ》いた神の名を口走るが、そのひとつに「天事代《あめにことしろ》虚事代《そらにことしろ》玉籤入彦《たまくしいりびこ》厳之《いつの》事代神《ことしろのかみ》」という神名があった。厳めしい神名だが、これは神言を代行する託宣神である事代主神のことだろうとされている。事代主神は新羅《しらぎ》親征から帰還した神功皇后が難波《なにわ》で難に遭って占いを行った際にも登場し、「私を長田国《ながたのくに》（神戸市長田区）に祀《まつ》れ」という託宣をもたらしている（神功皇后摂政元年2月条）。

事代主神は記紀神話では出雲の大国主神《おおくにぬしのかみ》（大己貴神《おおなむちのかみ》）の子とされているが、その神名は「神の言葉を受け、その神の代わりに託宣することを司る主役」という意味をもち、「天事代虚事代玉籤入彦厳之事代神」という神名には、「天にも空にも託宣の威力が満ちていること、その神霊が神聖な棒に入る男性神であること、そういう霊威のある託宣の神（である）」という意味が示されているという（西宮一民校注『古事記』）。

事代主神は、壬申《じんしん》の乱にも登場する。天武《てんむ》天皇元年（672）7月23日条によると、この乱の最中、大和《やまと》の高市《たけち》郡（奈良盆地南部）の大領《こおりのみやつこ》（郡の長官）である高市県主許梅《たけちのあがたぬしこめ》が神憑り状態になり、大海人皇子《おおあまのみこ》（天武《てんむ》天皇）側に「私は高市社にいる神で、名は事代主神である。また身狭社《むさのやしろ》にいる神で、名は生霊神《いくみたまのかみ》である」と託宣し、さらに「神日本磐余彦《かむやまといわれびこ》天皇（神武《じんむ》天皇）の陵《みささぎ》に、馬および種々の武器を奉納せよ」と告げ、敵軍の襲来を予言したという。そこで大海人皇子側は神憑りからさめた許梅を神武天皇陵に遣わして馬と武器を奉納させ、また高市社・身狭社を祀らせた。その結果、戦況は大海人皇子側に有利となり、勝利が導かれた。

ちなみに、この記事は、一般に神武天皇について信用できる最初の記事とされている。神の託宣を重んじた古代の祭政一致社会では、託宣そのものを司る神である事代主神は非常に重要な神であり、霊威の強い神として篤い信仰を受けていたのだろう。「神武天皇紀」によれば、神武の皇后となった媛蹈韛五十鈴媛命《ひめたたらいすずひめのみこと》の父は事代主神だという。初代天皇の皇后が託宣神の娘であるという設定もまた、古代日本における事代主神の地位の高さをよく示している。

その後、事代主神は皇室の守護神的性格を強めていったらしく、宮廷の守護神として祀られて重視された「宮中八神」の1柱となっている（興味深いことに、このなかに天照大神は含まれていない）。

塩土老翁《しおつちのおじ》 ❶?

◎神武天皇に東征を促した航海の神

「神武《じんむ》天皇紀」によれば、九州にいた神武天皇は、東方に美地があることを塩土老翁に教えられて東征を決意したという。塩土老翁は一般に潮流や航海を司る神とされ、神名のシオツチは「潮つ路」あるいは「潮つ霊」と解釈されている。さらに海の交通を熟知しているという性格から「物知り」「老賢者」というイメージがもたれ、それが「老翁」の称をもたらしたのだろう。

　塩土老翁は「神代巻」にも海幸山幸《うみさちやまさち》神話で兄の釣り針をなくして困っている山幸（彦火火出《ひこほほで》見尊《みのみこと》）に海神《わたつみ》の宮への道を教える神として登場している。神武天皇の別名に神日本磐余彦《かむやまといわれびこ》火火出見尊もあることも考え合わせると、本来は海幸山幸神話と神武東征譚が直接つながっていた可能性も浮上する。

頭八咫烏《やたからす》 ❶?

◎苦境の神武天皇一行を先導した賀茂氏の祖神

神武《じんむ》東征で、苦境に陥った神武一行を救うため天照大神《あまてらすおおみかみ》が遣わした霊鳥。「郷導者《くにのみちびき》」として空から舞い降りた頭八咫烏は神武一行を熊野から宇陀《うだ》へと巧みに導き、東征の成功に大いに貢献している。

　豊かな飛翔力をもち、日の出とともに現れて夜明けを告げる鳥は、古代の日本では瑞鳥《ずいちょう》と信じられていたらしい。大和平定を終えて即位した神武天皇は功臣に論功行賞を行っているが、頭八咫烏もこれにあずかっている。

『新撰姓氏録《しんせんしょうじろく》』（815年成立）によれば頭八咫烏は鴨建津身命《かものたけつのみのみこと》の別名で、山城《やましろ》の賀茂《かも》氏（鴨県主《かものあがたぬし》）の祖神だという。

賀茂氏は、宮中の雑務を司り、天皇の行幸《ぎょうこう》にも供奉《ぐぶ》した「主殿《とのもり》」の職を世襲した。そんな賀茂氏にとって、天皇を先導した頭八咫烏の伝承は職掌起源譚としての要素ももっているのだろう。

一事主神《ひとことぬしのかみ》 ❶?

◎葛城氏とともに没落した葛城地方の地主神

雄略《ゆうりゃく》天皇4年2月、雄略天皇が葛城山《かずらきやま》で狩りをしていると、自分と顔や姿がよく似ている神と出会った。

雄略天皇が「私は幼武尊《わかたけるのみこと》だ」と名乗ると、神は「私は一事主神だ」と告げた。雄略天皇と神はともに日暮れまで狩りを楽しみ、最後には神は来目《くめ》川まで雄略天皇を見送った。神に見送られたので、人々は雄略天皇のことを「有徳の天皇だ」と称えたという。

古事記では一言主神と書かれ、やはり雄略天皇と交流する似たような説話が記されている。一事主神は一般に、葛城を本拠とした葛城氏が奉斎した同地の地主神《じぬしがみ》とされている。したがって、その葛城氏の神が雄略天皇に見出されたという展開は、かつては天皇家の外戚《がいせき》として朝廷で重きをなした葛城氏が没落し、その氏神の祭祀権を天皇が奪ったことを表象しているという見方がある。

各地に残る謎の伝承

両面宿儺《りょうめんすくな》

書紀では悪役、地元飛騨では英雄

❶4〜5世紀?

異形の悪人か、領民の救世主か

仁徳《にんとく》朝に飛騨国《ひだのくに》（岐阜県北部）にいた宿儺という名の怪人で、顔が2つあったということから「両面宿儺」と通称される。仁徳天皇65年条によると、飛騨国に宿儺という人がいた。彼は胴体はひとつだが顔が2つあり、互いに反対を向いていた。頭の頂はひとつになり、うなじがなかった。それぞれに手足があり、膝はあるが、ひかがみ（膝のうしろのくぼみ）や踵《かかと》がなかった。力は強く敏捷で、左右に剣を佩《は》き、4本の手で弓矢を使った。皇命に従わず、人民を略奪して楽しんでいた。そこで、和珥《わに》氏の祖武振熊《たけふるくま》が朝廷から派遣した。

記述はわずかこれだけだが、古事記にはまったくみられない伝承で、古代の飛騨に関する情報としては非常に貴重である。もっとも書紀の記述にもとづけば、両面宿儺は、ひとことでいえば飛騨を蹂躙《じゅうりん》したために天皇が派遣した将に誅された悪党ということになる。

ところが、飛騨やその隣の美濃《みの》の各地には数多くの両面宿儺伝承が伝えられていて、そこでの宿儺は、書紀とは対照的に、悪神や悪鬼を退治して領民を救うヒーローになっている。たとえば、岐阜県高山市にある真言宗の古刹千光寺《せんこうじ》は両面宿儺を開山としていて、江戸時代初期に編纂された寺伝『袈裟山《けさざん》千光寺記』には、次のような宿儺伝承が記されている。

「仁徳天皇の御世、飛騨の岩窟から両面宿儺という異形の人が出現した。人々は恐れおののいたが、宿儺が『私は仏法守護、王法の契約により出現した』と告げたので人々は仕え、千光寺が草創された。だが、飛騨に鬼神が出たとの報せが都の天皇のもとに届いたので、天皇は将を遣わして鬼神を退治させようとした。ところが、宿儺は『私は過去世で、釈迦から、仁徳天皇に天皇即位の大事を伝授しなさいと告げられた』と天皇軍に手紙を書き送った。さらに飛騨の位山《くらいやま》（高山市一之宮町）に将を招き、天皇即位の大事を伝授し、笏木《しゃくぎ》を作って進上した」

岐阜県高山市の千光寺に所蔵されている円空作の両面宿儺像（イラスト）

この伝承は仏教色が濃く、造作された部分が多いと思われるが、新天皇の即位にあたっては、位山のイチイの木で謹製された笏（儀礼の際に右手に持つ細長い枝）が献上されるのが、平安時代以来の慣例となっている。

各地に残る謎の伝承

浦島子《うらのしまこ》

浦島太郎のモデルとされる丹波の青年

❶5世紀？

神仙思想への憧れが生んだ伝説

竜宮城伝説で知られる浦島太郎のモデルになったとされる伝説的人物。

雄略《ゆうりゃく》天皇22年7月条によると、丹波国余社郡管川《たんばのくによざのぐんつつかわ》（京都府与謝郡伊根町旧筒川村）の人水江《みずのえの》浦島子は舟に乗って釣をしたとき、大きな亀を得た。亀はたちまち乙女と化し、浦島子は感動してこれを妻とし、一緒に海に入り、蓬莱山《とこよのくに》に至り、仙《ひじり》たちをめぐりみたという。

ごく簡単な記述だが、とにかくここでは浦島子は竜宮城ではなく、蓬莱山に行ったことになっていて、しかも故郷に帰還するくだりがない。「蓬莱山」といえば、中国の民族宗教である道教《どうきょう》において、中国からみて東海彼方に浮かぶ神仙が住んでいると信じられた理想郷のことだが、訓の「とこよのくに」は、日本からみて海の彼方にあると信じられた理想郷（常世国）のことである。書紀の「蓬莱山《とこよのくに》」には両者のイメージが混淆しているのだろう。

浦島子伝説は『万葉集《まんようしゅう》』にもみえるが、これを物語的に詳述するのは『丹後国風土記《たんごのくにふどき》』逸文《いつぶん》で、同書では、浦島子は五色の亀から変じた麗しい婦人によって海中の「蓬山《とこよのくに》」へ連れていかれる。そして3年後に故郷が恋しくなって丹波に帰るが、そこではすでに３００年以上の歳月が流れていた。浦島子が玉匣《たまくしげ》（櫛を入れる箱）の蓋を開くや、彼の若々しいからだは風雲とともに天空に飛んでいってしまった。同書には「この伝説は伊預部馬《いよべのうま》養《かい》が書いたものを参照した」とも付記されているが、これは、『丹後国風土記』編纂以前に、持統《じとう》・文武《もんむ》朝（６８６〜７０７年）の学者・文人であった伊預部によって、浦島伝説のプロトタイプとなる『浦島子物語』がすでに撰述されていた可能性を示している。おそらく、書紀の編者も伊預部の『浦島子物語』を参照したが、『浦島子物語』自体は散逸してしまったのだろう。

浦島子を祀る浦嶋神社（京都府伊根町）

　その『浦島子物語』は、丹後の民間伝承をもとにしていると考えるのがふつうだろうが、『丹後国風土記』の浦島子伝説が、道教色を濃くもち、伝奇性に富むことを考えると、当代一級の知識人であった伊預部がものした純然たるフィクションである可能性も捨てきれない。

椎根津彦《しいねつひこ》 ❶?

◎造船航海を司る大和の豪族

神武天皇が東征の途につき、速吸之門《はやすいなと》（九州と四国のあいだの豊予《ほうよ》海峡）に至ったとき、小舟に乗った一人の漁師に出会った。神武天皇が「おまえは誰か」と問うと、「私は国つ神で、珍彦《うずひこ》といいます」と名乗って出迎え、一行の先導役を務めた。神武天皇は椎でできた竿を彼につかまらせて船に引き入れたので、彼に椎根津彦という名を与えたという。

椎根津彦が現れた速吸之門に比定される豊予海峡

椎根津彦は倭《やまと》氏の祖とされる。倭氏は大和《やまと》国城下《しきのしも》郡大和郷（奈良県天理市）を本拠とした豪族で、記紀の説話は造船航海を司った大和の土着民が古くから王権に仕えていたことを暗示する。崇神《すじん》朝まで天照大神《あまてらすおおみかみ》と並んで宮中で祀《まつ》られていたという倭大国魂神《やまとのおおくにたまのかみ》は彼らが奉斎した神だったと考えられる。

磐鹿六鴈《いわかむつかり》 ❶?

◎宮中の料理を司った伝説的人物

景行《けいこう》天皇53年10月、景行天皇が東国を巡幸し、上総国《かずさのくに》の淡水門《あわのみなと》（房総半島の南端）に至ったとき、海で白蛤《うむぎ》（ハマグリ）を得た。これを随行していた磐鹿六鴈が膾《なます》（魚介や獣の生肉を細かく切り、酢に浸したもの）にして献上し、天皇に誉められたという。

磐鹿六鴈は宮中の食膳を司った膳氏《かしわで》（高橋氏）の祖とされる伝説的人物で、料理の神としても信仰されている。延暦《えんりゃく》年間（782〜806年）成立の高橋氏の家記『高橋氏文《たかはしうじぶみ》』逸《いっ》文《ぶん》は磐鹿六鴈の伝承を詳しく載せていて、景行天皇72年に彼が没すると、天皇は深く悲しみ、親王《しんのう》の式になぞらえて葬儀に宣命使《せんみょうし》を派遣したという。

五十迹手《いとて》　❶4世紀

◎九州に定住した天日槍の子孫

筑紫《つくし》の伊覩《いと》（福岡県糸島市および福岡市の一部）の県主《あがたぬし》を務めた豪族。仲哀《ちゅうあい》天皇8年正月、仲哀天皇が筑紫に赴いたとき、船首と船尾に五百枝《いおえ》の賢木《さかき》を立て、上枝には八尺瓊《やさかに》（大きな玉）を、中枝には白銅鏡《ますみのかがみ》を、下枝には十《と》握剣《つかつるぎ》を掛けて奉迎し、これらを献上したという。神話で天岩屋《あまのいわや》に籠った天照大神《あまてらすおおみかみ》を招き出すために神々が行った祈禱《きとう》の様子と同じだが、五十迹手の場合は天皇への服従の儀礼だった。

これとほぼ同じ話が『筑前国風土記《ちくぜんのくにふどき》』逸文《いつぶん》にあるが、そこでは五十迹手は、自分は「高句《こうく》麗《り》の意呂山《おろやま》に天降った日桙《ひぼこ》の末裔」だと仲哀天皇に告げている。「日桙」は「高句麗」を故地としているが、記紀にみえる新羅《しらぎ》の王子アメノヒホコを連想させる。朝鮮半島から来たアメノヒホコを奉じる渡来系集団には九州に定住した者もいて、五十迹手はそのひとりだったのではないか。伊覩と『魏志』「倭人伝《わじんでん》」にみえる伊《い》都《と》国の関係も気にかかる。

少子部蜾蠃《ちいさこべのすがる》　❶5世紀?

◎雄略天皇の側に仕えた道化役

少子部氏（少子部連《むらじ》）の祖。名の蜾蠃はジガバチのことだという。

雄略《ゆうりゃく》天皇6年3月、蜾蠃は雄略天皇に蚕を集めてくるように命じられたが、間違えて小さい子どもを集めてきてしまった。雄略天皇は大笑いし、その子どもを蜾蠃に与えて「自分で養え」と言い、またこれによって少子部連の名を賜ったという。

また同7年7月、雄略天皇が蜾蠃に「三諸《みもろの》岳《おか》（三輪山《みわやま》）の神の姿を見たいので、捕らえてこい」と命じたところ、蜾蠃は三諸岳に登り、神（大物主神《おおものぬしのかみ》）の化身である大蛇を捕らえて天皇に見せた。だが天皇は斎戒《さいかい》をしていなかったので、大蛇は雷音を轟かせ、目を輝かせた。天皇は恐れて殿中に隠れ、大蛇を山に放った。そこで蜾蠃は雷《いかずら》という名を賜った。

少子部氏は少子部を管理した氏族であり、少子部は宮廷内で雷神制圧の呪術や祭祀に従事した部民《べのたみ》で、小さな子どもたちによって組織されたという。天皇身辺の雑務や護衛を担当したという説もある。

雄略朝の蜾蠃説話は奇譚めいて目を惹くが、そのような少子部あるいは少子部氏の職掌の起源譚として伝承されたのだろう。

豊国法師《ほうこくほうし》　❶6世紀末

◎宮中に召された九州のシャーマン

用明《ようめい》天皇2年（587）4月、病気になった用明天皇は仏教に帰依《きえ》したいと思い、群臣にはかった。物部守屋《もののべのもりや》は「どうして国つ神に背き、他神を敬われるのですか」と反対したが、蘇我《そが》馬子《うまこ》は「詔《みことのり》に従って天皇をお助けするべきだ」と仏教帰依に賛成し、その結果、豊国法師が内《だい》裏《り》に入った。守屋はこれを横目で見て激怒したという。この騒動は、用明天皇没後の蘇我・物部両氏間の火種となった。

「豊国」は九州の豊前《ぶぜん》・豊後《ぶんご》(福岡県・大分県)を指し、「法師」とは僧侶のこと。病気治しの験力《げんりき》で評判の豊国の祈禱《きとう》僧が宮中に召され、天皇の治病にあたったということなのだろう。豊国法師はひとりではなく集団だったという説もある。豊国にはもともとシャーマニズム的な医術の伝統があったともいう。

蜂子皇子《はちこのみこ》

❶6世紀末

◎出羽三山の開基となった異貌のプリンス

崇峻《すしゅん》天皇の皇子で、書紀では崇峻天皇元年3月条に名前が出てくるだけだが、修験道《しゅげんどう》の世界では出羽《でわ》修験の祖として知られている。修験側の伝説によれば、物部守屋《もののべのもりや》の排仏を嘆いた皇子は敏達《びだつ》天皇14年（585）、厩戸皇子《うまやとのみこ》のすすめで仏門に入り、翌年諸国行脚《あんぎゃ》に出発。推古《すいこ》天皇元年（593）に出羽に入り、その後、出羽三山(羽黒山《はぐろさん》・月山《がっさん》・湯殿山《ゆどのさん》)を開いたという。崇峻天皇暗殺後、蘇我馬子《そがのうまこ》の追跡を逃れて北上したという伝説もある。蜂子皇子という名は、その姿が醜悪だったことによるという。人々の病苦を能《よ》く除いたことから能除《のうじょ》太子とも呼ばれた。

『日本書紀』に登場するおもな地域

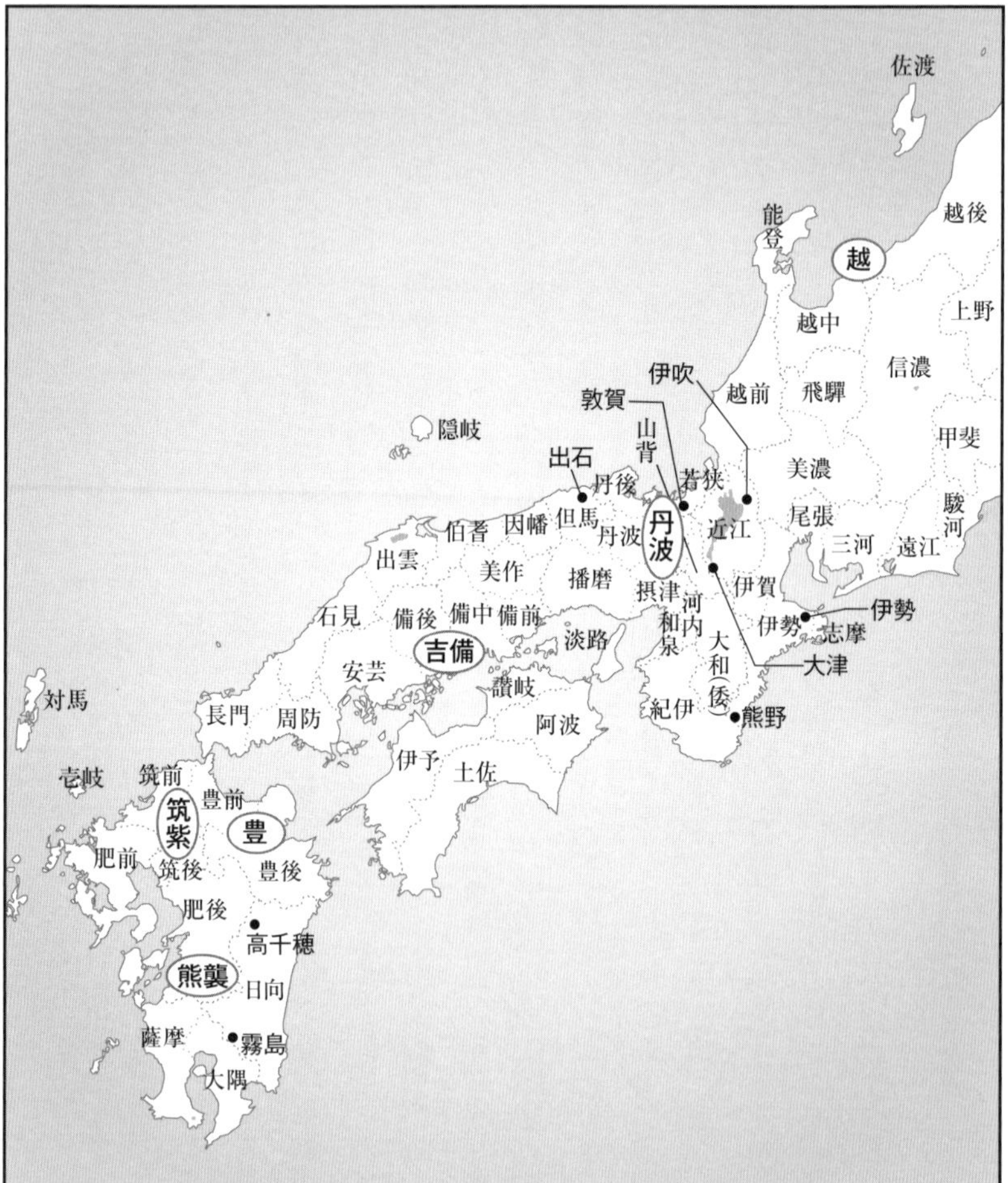

【畿内】

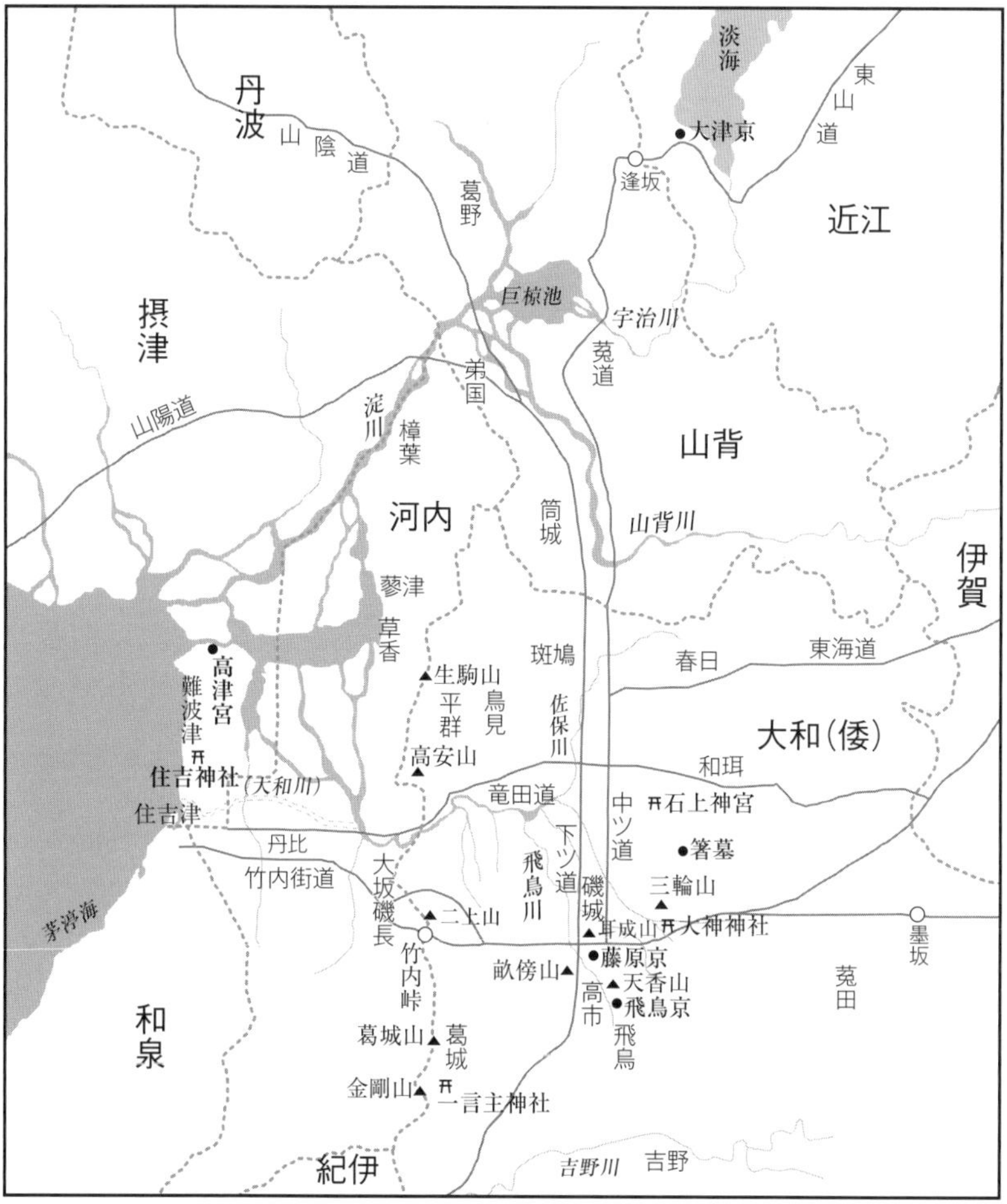

淡海
東山道
丹波
山陰道
大津京
逢坂
葛野
近江
巨椋池
宇治川
摂津
菟道
弟国
淀川
樟葉
山陽道
山背
河内
筒城
山背川
伊賀
蓼津
草香
東海道
春日
斑鳩
高津宮
生駒山
難波津
平群
鳥見
佐保川
大和(倭)
高安山
住吉神社
(大和川)
和珥
竜田道
中ツ道
石上神宮
住吉津
丹比
下ツ道
箸墓
竹内街道
大坂
飛鳥川
磯城
三輪山
磯長
二上山
耳成山
大神神社
墨坂
茅渟海
藤原京
竹内峠
畝傍山
菟田
高市
天香山
飛鳥京
和泉
葛城山
葛城
飛鳥
金剛山
一言主神社
紀伊
吉野川
吉野

主要参考文献

〈原典・史料・事典〉

小島憲之ほか校注『新編日本古典文学全集2　日本書紀』(全三巻) 小学館、一九九四〜一九九八年
坂本太郎ほか校注『日本書紀』(全五巻) 岩波文庫、一九九四〜一九九五年
中村啓信訳注『新版　古事記』角川文庫、二〇〇九年
西宮一民校注『新潮日本古典集成　古事記』新潮社、一九七九年
中村啓信監修・訳注『風土記』(全二巻) 角川文庫、二〇一五年
飯田季治校訂『標註　先代旧事紀校本』明文社、一九四七年
佐竹昭広ほか校注『万葉集』(全五巻) 岩波文庫、二〇一三〜二〇一五年
東野治之校注『上宮聖徳法王帝説』岩波文庫、二〇一三年
沖森卓也ほか『藤氏家伝　注釈と研究』吉川弘文館、一九九九年
沖森卓也ほか編著『古代氏文集』山川出版社、二〇一二年
江口孝夫訳注『懐風藻』講談社学術文庫、二〇〇〇年
藤堂明保ほか訳注『倭国伝』講談社学術文庫、二〇一〇年
坂本太郎ほか監修『日本古代氏族人名辞典　普及版』吉川弘文館、二〇一〇年
國學院大學日本文化研究所編『縮刷版　神道事典』弘文堂、一九九九年

伊藤義教『ペルシア文化渡来考』ちくま学芸文庫、二〇〇一年
上田正昭『私の日本古代史』(全二巻) 新潮社、二〇一二年
遠藤慶太ほか編『日本書紀の誕生』八木書店、二〇一八年
大津透『天皇の歴史1巻　神話から歴史へ』講談社学術文庫、二〇一七年
大山誠一『聖徳太子と日本人』角川文庫、二〇〇五年
倉本一宏『蘇我氏』中公新書、二〇一五年
倉本一宏『藤原氏』中公新書、二〇一七年
神野志隆光『「日本」国号の由来と歴史』講談社学術新書、二〇一六年

佐藤信編『古代史講義』ちくま新書、二〇一八年
佐藤信編『古代史講義　戦乱篇』ちくま新書、二〇一九年
関晃『帰化人』講談社学術文庫、二〇〇九年
高城修三『神々と天皇の宮都をたどる』文英堂、二〇〇一年
谷川健一『古代学への招待』日経ビジネス文庫、二〇一〇年
津田左右吉『古事記及び日本書紀の研究』毎日ワンズ、二〇一二年
直木孝次郎『直木孝次郎古代を語る３　神話と古事記・日本書紀』吉川弘文館、二〇〇八年
直木孝次郎『日本古代国家の成立』講談社学術文庫、一九九六年
平林章仁『謎の古代豪族　葛城氏』祥伝社新書、二〇一三年
古川順弘『古代神宝の謎』二見書房、二〇一八年
北郷泰道『古代日向・神話と歴史の間』鉱脈社、二〇〇七年
松前健『日本神話の謎』大和書房、一九八五年
水谷千秋『謎の渡来人　秦氏』文春新書、二〇〇九年
水野祐『日本古代王朝史論各説』（水野祐著作集第二、三巻）早稲田大学出版部、一九九二〜一九九三年
森浩一『記紀の考古学』朝日文庫、二〇〇五年
森浩一『敗者の古代史』中経の文庫、二〇一六年
森博達『日本書紀の謎を解く』中公新書、一九九九年
矢澤高太郎『天皇陵の謎』文春新書、二〇一一年
山岸良二・松尾光『争乱の日本古代史』新人物文庫、二〇一〇年
洋泉社編集部編『古代史研究の最前線　日本書紀』洋泉社、二〇一六年
吉村武彦『日本の歴史３　古代王権の展開』集英社、一九九一年
『歴史読本』編集部編『ここまでわかった！　日本書紀と古代天皇の謎』新人物文庫、二〇一四年
『歴史読本』編集部編『消えた古代豪族「蘇我氏」の謎』中経の文庫、二〇一六年
若井敏明『「神話」から読み直す古代天皇史』洋泉社歴史新書、二〇一七年

著者
古川順弘
ふるかわ・のぶひろ。1970年神奈川県生まれ。早稲田大学第一文学部卒。宗教・歴史分野をメインとする編集者・ライター。著書に『神と仏の明治維新』（洋泉社歴史新書）、『神社に秘められた日本史の謎』（新谷尚紀監修、洋泉社歴史新書）、『物語と挿絵で楽しむ聖書』（ナツメ社）、『古代神宝の謎』（二見書房）、『古事記と王権の呪術』（コスモス・ライブラリー）、『地図とあらすじで歩く『古事記』』（新人物文庫）などがある。

装丁・組版　グラフ

【写真提供】
朝日新聞社、西都市観光協会、桜井市役所、天理市観光協会、奈良国立博物館、奈良文化財研究所、フォトライブラリー、PIXTA

人物《じんぶつ》でわかる日本書紀《にほんしょき》
歴代天皇《れきだいてんのう》、后妃《こうひ》、有力豪族《ゆうりょくごうぞく》、渡来人《とらいじん》、神々《かみがみ》——

2019年12月20日　第1版第1刷発行
2020年 2 月10日　第1版第2刷発行

著　者　古川順弘
発行者　野澤伸平
発行所　株式会社山川出版社
東京都千代田区内神田 1-13-13　〒 101-0047
振替 00120-9-43993
電話　03(3293)8131（営業）
03(3293)1802（編集）

印刷所　株式会社太平印刷社
製本所　株式会社ブロケード

https://www.yamakawa.co.jp/

造本には十分注意しておりますが、万一、乱丁・落丁本などがございましたら、小社営業部宛にお送りください。送料小社負担にてお取替えいたします。
定価はカバーに表示してあります。

© Furukawa Nobuhiro 2019　Printed in Japan
ISBN 978-4-634-15159-8